河北省高等学校人文社会科学重点研究基地经费资助

近代汉字研究（第一辑）

河北大学传世字书与出土文字研究中心　编

河北大学出版社
·保定·

图书在版编目（CIP）数据

近代汉字研究．第一辑 / 河北大学传世字书与出土文字研究中心编．-- 保定：河北大学出版社，2018.6
ISBN 978-7-5666-1019-5

Ⅰ．①近… Ⅱ．①河… Ⅲ．①汉字－近代－文集 Ⅳ．① H12-53

中国版本图书馆 CIP 数据核字（2018）第 113660 号

JINDAI HANZI YANJIU
近代汉字研究（第一辑）

出 版 人：耿金龙
责任编辑：韩立霞
装帧设计：张彦琪
责任印制：靳云飞
出版发行：河北大学出版社
地址：河北省保定市七一东路 2666 号　邮编：071000
电话：0312-5073033　0312-5073029
邮箱：hbdxcbs818@163.com　网址：www.hbdxcbs.com
印　　刷：保定市北方胶印有限公司
开　　本：185mm×260mm　1/16
印　　张：14.25
字　　数：250 千字
版　　次：2018 年 6 月第 1 版
印　　次：2018 年 6 月第 1 次印刷
书　　号：ISBN 978-7-5666-1019-5
定　　价：48.00 元

目　录

释“竿匠”

张涌泉

摘　要：吐鲁番出土文书中有“竿匠”一词，“竿”当是“筭”之俗字，“筭匠”与“筭师”“筭博士”词语结构相同，应当也是指会计人员。

关键词：吐鲁番文书　竿匠　筭匠

吐鲁番出土文书66TAM61：16（a）《唐憙安等匠人名籍（一）》有“竿匠”一词：“二人竿匠：吴文护、吴进军。”①

此词字面生涩，颇费思量。冻国栋《吐鲁番出土文书所见唐代前期的工匠》一文释云：“‘竿匠’之‘竿’字义不明，疑为‘竿’字之误。《集韵》：‘竿，竹器。’则竿匠似为制作竹器的工匠。但西北地区只天水近四川之山区才有竹，西州地区并不产竹，这类竿匠从何而来？不明。也可能是来自内地的匠人。”②

稍后盛余韵《中国西北边疆六至七世纪的纺织生产：新品种及其创制人》进一步发挥说：“吐鲁番文书揭示了七世纪时的多种匠人：木匠、缝匠、铁匠、泥匠、皮匠、杀猪匠、画匠，可能还有织工。一些缝匠姓曹，他们是从Kabudhan来的粟特人，而一个木匠姓石，显示他是个来自塔什干的粟特人。有趣的是，还有一类竿匠（竹匠）。两个竹匠有中国名字：吴文护和吴进军，分别意为‘保护文化’和‘开动军队’。冻国栋敏锐地指出，吐鲁番并不生长竹子，它生长于四川边界地区。由此他认为这些竹匠可能来自中国内地。由于几个同时存在的因素，我猜想这些竹匠事实上是织工。首先，普通织机但特别是传统上为纺织经面显花平纹重组织（A）如尼雅锦袜所用的织机是在

---

① 唐长孺：《吐鲁番出土文书》（图录本）第三册，文物出版社1992年，第240页。

② 唐长孺：《敦煌吐鲁番文书初探二编》，武汉大学出版社1990年，第310页。

四川用竹子制成的。其次，当时四川以主要的蚕丝业地区而闻名，成都则是其纺织业中心，在政治动荡的南北朝时期（420—589），由于西北边界地区不断增长的危险，对于向往中国的国际旅行者而言，四川的重要性日渐增加。第三，除了制造复杂的织机外，竹子并未被以任何其他精细的方式来制成工具。这些竹匠们还会制造什么其他值得记录的东西呢？”①

以上二说，颇多猜测之词，未必完全可信。窃谓要破解此词的含义，首先需要扫除字形的迷障。冻国栋疑“笇”为“笇”字之误，甚是。敦煌写本台图 102 号《药师琉璃光如来本愿功德经》：“尔时彼王推问其人，笇计所作随其罪福而处断之。”其中的“笇”字亦为“笇”的讹字，该经异本斯 135 号作“笇”，北敦 14150 号作“笇”，楷定正是“笇”字。不过“笇”又是“筭”的俗字。“弄”俗字作“卡”，又讹变作“卡”“下”等形，故“筭”俗字作“笇”（“笇”字六朝碑刻已见），而“笇”又为“笇”字讹变。伯 2653 号《燕子赋》：“若实夺燕子宅舍，即愿一代贫寒，朝逢鹰夺，暮逢鸥笇。”伯 2319 号《大目乾连冥间救母变文》：“纵（踪）由笇当更无人。”伯 2053 号《礼记音·杂记下》：“笇，苏乱。”凡此“笇”皆为“筭”的俗字。后例为《礼记·杂记下》“君问之无筭”句音，阮元刻《十三经注疏》本正作“筭”。唐颜元孙《干禄字书》：“笇筭：上俗下正。”是也。同样，冻文引《集韵》“笇，竹器”的“笇”也是“筭”的俗字，非别有专为“竹器”所造之“笇”字也。所以，从字形演变的角度而言，“笇匠”即“笇匠”，亦即“筭匠”。②

初步扫除了字形的迷障，紧接着需要解决的一个问题是《集韵》“笇”字竹器义的来源。查《集韵·换韵》苏贯切：“笇，竹器。或作遵。”③ 考《玉篇·竹部》：“筭，苏乱切，计筭也，数也。笇，同上。亦竹器。”又云：“遵，息乱切，器也。”胡吉宣校释：“笇，俗筭字。此遵为匴之讹字。匚部：匴，盝米籔。形误为遵。”按《说文·匚部》：“匴，渌米籔也。从匚，算声。”这也就是说，《集韵》竹器义的“笇”为“筭”的俗字，其字《说文》本作“匴”，乃“渌米籔”（淘米的竹器）。

① 季羡林：《敦煌吐鲁番研究》第四卷，北京大学出版社 1999 年，第 336 页。

② 《碑别字新编》“算”字下载《魏元融墓志》有“笇”字，《中华字海》据以谓“笇”同“算”。查《北京图书馆藏中国历代石刻拓本汇编》该碑拓本有“密笇潜畐”句，其中“密”后一字拓本字形不太明晰，字形兼于“笇”“笇”之间，作“笇”者显即“笇”的讹变字，亦即“筭”字。“筭”“算”《说文》字别，虽后世此二字多混用不分，但就字形演变的角度而言，“笇”只能是“筭”的讹俗字。

③ 末字上海古籍出版社 1985 年影印述古堂影宋抄本《集韵》作“遵”，《中华字海·竹部》据以收“簻”字，称同“笇”。其实“遵”乃“遵”字手民之小误，中国书店 1983 年影印清扬州使院本《集韵》该字作“遵”，正作“遵”字不误。《中华字海·辶部》既据《集韵》收“遵”，竹部又据同一书收“簻”字，后字当删。

那么“筭”与“匴”又是什么关系呢？考《说文·竹部》：“筭，长六寸，计历数者。从竹从弄，言常弄乃不误也。”又云：“算，数也。从竹从具。读若筭。”段玉裁于“筭”字下注云：“此谓筭筹，与算数字各用。计之所谓算也。古书多不别。”王筠《说文释例》：“‘算’下云：‘读若筭。’此区别之词也。二字经典通用。”也就是说，“筭”指算器（筭筹，古代计数的筹码），“算”指计算，本非一字，但此二字古多混用不别。从古人的实际使用情况来看，唐代以前似多用“筭”字，宋以后多用“算”字。①“算”古亦可指竹器。《史记·汲郑列传》：“然其馈遗人，不过算器食。”裴骃集解：“徐广曰：算音先管反，谓竹器。”司马贞索隐：“算音先管反。按：谓竹器，以言无铜漆也。”这个指称竹器的“算”和《集韵》用作“遵”异体的“笇（筭）”与“匴”字的音义密合，很可能都是“匴”的同音借字。事实上，《集韵》指称竹器的“笇（筭）”很可能就是据古本《史记》“算器”古注收入，而这个“算”字唐宋古抄本也许本来写作“筭”或其俗字“笇”，因而被《集韵》所收入，并直接被定作“遵（匴）”字异体，只是到了宋代以后，刻本古书出现了改“筭”为“算”的倾向，“筭”或“笇”才被改刻作了“算”。

根据上述论证，“竿”为“笇”字之误，“笇”又为“筭”的俗字；“筭”“算”古书混用不别，“笇（筭）”或“算”的竹器义大约来源于“匴”，或指淘米具，或指食器，而“筭”或“算”本身并不含“竹器”之义。冻文据《集韵》“笇”字把吐鲁番文书中的“竿（笇）匠”释作“制作竹器的工匠”，既与吐鲁番不产竹的事实背离，又缺少字义词义引申发展的坚实基础，显然是靠不住的，所以连他自己也不得不用一系列的疑似之词来否定自己；盛文进而把它定作制造织机的“织工”，则更是牵强附会，全然无据。

那么吐鲁番文书中的“笇（筭）匠”究竟指什么呢？传世文献中未见“筭匠”或“算匠”的用例。查佛典屡见“筭师”一词。如吴支谦译《撰集百缘经》（金藏广胜寺本）卷四出生菩萨品第四梵豫王施婆罗门谷缘：“时梵豫王闻是语已，甚怀忧愁。作是念言：我当云何活此民众？即敕笇师，试笇仓谷及以民众，众各得几许？时诸笇师受王教敕，寻共笇竟，各得一斗，足供六年。”又后秦鸠摩罗什译《妙法莲华经》（金藏广胜寺本）卷三化城喻品第七：“是诸国土，若笇师，若笇师弟子，能得边际知其数不？”又北凉法众译《大方等陀罗尼经》（金藏广胜寺本）卷二：“又若供养读诵之者，此人功德复过于我二人所作，何况尽形修行受持读诵者耶！此人功德不可称计，若筭师若筭师弟子，筭数尽，计百千万分不能知一。”又北凉昙无谶译《大方等大集经》

---

① 参看拙作《敦煌卷子辨伪研究——基于字形分析角度的考察》，《文史》2003年第4期，第231页。

（金藏广胜寺本）卷十六虚空藏菩萨品第八之三："诸菩萨众无量无数，非筭师及筭师弟子所能筭知。"其中的"竿"和"筭"字《高丽藏》本同，《大正藏》本皆改作"算"。"竿师"即"筭师"，可以无疑；《大正藏》本改作"算师"，则是后世改"筭"为"算"的倾向在起作用。何谓"竿（筭）师"？宋闻达《妙法莲华经句解》（《卍新纂续藏经》本）卷三释云："若算师：计算之师。若筭师弟子：上云筭师，止是一人，今云弟子，其数众多。"此例"算师""筭师"前后错出，作"算"显然也是手民所改。世俗文献中又有"筭博士"，如唐张鷟《朝野佥载》（《宝颜堂秘籍》本）卷六："骆宾王文好以数对，如'秦地重关一百二，汉家离宫三十六'。时人号为美（筭）博士。""博士"是古代对具有某种技艺或专门从事某种职业的人的尊称。"筭博士"和"筭师"都是指会计方面的行家。"匠"是指在某一方面造诣高深的人，"筭匠"与"筭师""筭博士"词语结构相同，疑"竿（筭）匠"也是指会计人员。敦煌吐鲁番寺庙和官府文书颇有入破历一类的收支出纳账本，或许就是出自"筭匠"之手。这样解释，不但符合"竿""竿""筭"字形演变的脉络，也与"筭"字字义密合，不知读者诸君以为然否？

（张涌泉：浙江大学汉语史研究中心、古籍研究所，310028，杭州）

疑难字的负面影响

杨宝忠

摘　要：本文举例说明了大型字书疑难字在文献校勘、方言研究、汉语词汇研究、汉语音韵研究、汉字学研究以及汉字规范化与标准化工作等方面产生的负面影响。

关键词：大型字书　疑难字　负面影响

为人所不识或为人所误释的字称作疑难字。由于种种原因，无论是在汉字贮存领域，还是在汉字使用领域，都存在大量疑难字。疑难字的存在，不仅影响字书编纂质量和利用价值，还会带来多方面的负面影响。

一、疑难字与文献校勘

1. 杨琳先生《论因形求义法》（以下简称“杨文”）云：“字形讹误的一般规律是：不常见字易误作字形近似的常见字，相反的情况则属例外。”① 其例云：“清初学者钱曾《读书敏求记》（雍正四年松雪斋刻本）卷一‘字学’类记《百寿字图》一书云：‘百寿字，绍定己丑，静江令史渭刻于夫子岩。正德丁卯，昆明赵璧又得二十四体，编成一书，可谓无体不具矣。’这里的‘赵璧’，清俞樾《茶香室丛钞》（光绪二十五年刻春在堂全书本）卷九‘百寿字图’条引钱书作‘赵璧’。《丛书集成初编》本（据《海山仙馆丛书》本排印）及书目文献出版社 1984 年点校本（底本为乾隆十年沈尚杰双桂草堂

---

① 《中国文字研究》2008 年第一辑，第 185 页。又杨琳《文献字形讹误的判定原则》云：“在两个异文都能讲通的情况下，如果一个异文常见而另一个异文罕见，那么，根据讹误规律，一般可以把常见形式断为形误。”文载《中国典籍与文化》2009 年第 1 期，第 115 页。

刻本）《读书敏求记》也作‘赵璧’。《续修四库全书》影印的雍正六年濮梁延古堂刻本作‘⿱敝糸’①，被阅读者画了圈，旁边写一‘壁’字，表示原刻错误，正字应为‘壁’。清管庭芬、章钰《钱遵王〈读书敏求记〉校证》（《清人书目题跋丛刊四》，中华书局1990年）作‘赵璧’，管庭芬校：‘刊本作⿱敝糸，疑误。’章钰补：‘题词本、阮本、沈钞本均作璧。’赵璧（璺）其人无考，但其名之正误似不难判断。‘璺’字见《改并四声篇海·玉部》引《类篇》：‘璺，隙也。’音许缘切，今读 xuān。‘⿱敝糸’字不见字书及其他典籍②，应为‘璺’之讹误。③‘璺’‘璧’‘壁’三字之是非，根据文字讹误的一般规律，以及雍正四年松雪斋刻本在诸本中最早的特点，可以断定作‘璺’是对的，‘璧’和‘壁’均为不识‘璺’字者所臆改。”④

杨文谓赵璧其人无考、《百寿字图》编者作“赵璧”者为不识“璺”字者所臆改以及所谓“字形讹误的一般规律”，皆有可商。

《海山仙馆丛书》本、章钰所见题词本、阮本、沈钞本《读书敏求记》及俞樾《茶香室丛钞》所引《读书敏求记》，《百寿字图》编者均作赵璧，当以作赵璧为是。杨文谓“赵璧其人无考”者，乃疏于翻检。

雍正《云南通志》卷二十上《选举》成化壬辰科吴宽榜：“赵璧，昆明人，副使。”又卷二十一之一《人物》：“赵璧，字藺完，昆明人，成化壬辰进士，历官郎中。太监蒋宗诬奏南科后湖不法事，行璧勘直之，宗遂奏璧党科道，左迁吉安府通判，历四川副使，所至多善政。后乞归，著《茶花谱》及诗文集。”康熙《云南通志》卷十二、嘉庆《大清一统志》卷四百七十七亦作“赵璧”。清抄本万斯同《明史·艺文志》：“赵璧《巧对类编》一卷。字藺完（中国基本古籍库录作‘蔺光’，误）。”民国适园丛书本

---

① 杨琳《文献字形讹误的判定原则》“⿱敝糸”作“璺”，下引管庭芬校语“刊本作⿱敝糸”同。

② ［清］蒲松龄《日用俗字·庄农章》：“道上磦砬都揰碎，坌坌压去要深⿱敝糸（暄）。”（上海古籍出版社，路大荒整理，744）张树铮《蒲松龄日用俗字注》：“⿱敝糸，各字书均无此字，当是‘璺’字形讹……影印本作‘璺’，不误。”（山东大学出版社，第31—32页）又《饮食章》：“稍卖兜子真可口，馒头皫白又松⿱敝糸。”（747）此“⿱敝糸”字典籍用例。《日用俗字·自序》：“每需一物，苦不能书其名。旧有《庄农杂字》，村童多诵之。无论其脱漏甚多，而即其所有者，考其点画，率皆杜撰。故立意详查《字汇》，编为此书。土音之讹，如䝙读为脚、种耜读种使之类，悉从《正字通》。其难识者，并用音切于大字之侧；若偏旁原系谐声，例应读从半字，概无音切；或俗语有南北之不同者，偶一借用，要皆《字汇》所有，使人可以意会。”《字汇·玉部》：“璺，许缘切，音喧。隙也。”（95上）《正字通·玉部》：“璺，讹字。旧注音喧，隙也，并误。”（682下）“⿱敝糸”字原注音暄，与“璺”字形近音同。“璺”字训隙，《庄农章》“⿱敝糸（璺）”字义为土壤松软，《饮食章》“⿱敝糸（璺）”字用指馒头松软，义不相符，所谓“偶一借用”者也。《日用俗字》“⿱敝糸”字为“璺”字之误，“璺”又“磗”字讹变，雍正刻本《读书敏求记》“⿱敝糸”字则为“璧”字之误（详下文），二字同形而来源不同。

③ 《文献字形讹误的判定原则》删此句。

④ 《中国文字研究》2008年第一辑，第186页。

《千顷堂书目》卷三："赵璧《巧对类编》一卷。字藺（文渊阁、文津阁本作'藺'，误）完，成化丁未序。"上引诸书谓赵璧为昆明人，《百寿字图》编者亦昆明人；赵璧成化壬辰年（1472年）中进士，其《巧对类编》序文作于成化丁未年（1487年），《百寿字图》编成于正德丁卯年（1507年），假令赵璧30岁时中进士，则其《巧对类编》成书于45岁前，而编《百寿字图》时年龄在65岁，是《百寿字图》编者生活时代与赵璧亦相吻合；上引诸书虽未言赵璧撰《百寿字图》，但观其著《茶花谱》、撰《巧对类编》，则撰集《百寿字图》，亦其力所能及之事。

赵璧，字藺完，取义于藺相如完璧归赵，其名用字自当作"璧"。雍正四年刻本作"⿰忄彖"者，乃"璧"字形近之误；雍正六年刻本旁校作"壁"者，"壁"盖"璧"字误书（受"⿰忄彖"字从土影响）；其作"墍"者，出于《中国基本古籍库》误录。杨文谓《百寿字图》作者当以作"赵墍"为是，其作赵璧、赵壁者，均为不识"墍"字者所臆改，其说非是。

《中国基本古籍库·读书敏求记》："百寿字图一卷，百寿字，绍定己丑静江令史渭刻于夫子岩；正德丁卯，昆明赵墍又得二十四体，编成一书，可谓无体不具矣。宜附古文奇字之后。"其中"墍"字，雍正四年松雪斋刻本实作"**⿱𢀖土**"，雍正六年刻本作"⿰忄彖"，"**⿱𢀖土**""⿰忄彖"一字之误。杨文谓雍正四年松雪斋刻本作"赵墍"者，所据当是《中国基本古籍库》录文，而未细审原书字形。

"墍"是一个疑难俗字，其正字当作"罅"。"罅"字一变而为"⿰石虖"（表意部件替换），再变而为"⿰石乎"，三变而为"⿱孚土"，四变而为"⿰忄彖"，最后变作"墍"字。说之如下：

《说文》五篇下《缶部》："罅，裂也。从缶，虖声。缶烧善裂也。"大徐等引《唐韵》呼迓切。"罅"本器裂，引申为凡裂之称，故岩石裂缝亦名"罅"；以义涉岩石，故字变从石作。文渊阁《四库全书》本《全唐诗》卷六百十一载皮日休《茶中杂咏·茶坞》："石窪泉似掬，岩⿰石虖云如缕。"其中"⿰石虖"字，陆龟蒙《松陵集》卷四作"罅"。隶变"虍"作"[illegible]""[illegible]"，与雨旁形近相乱①，故"⿰石虖"俗讹作"⿰石雩"。《可洪音义》卷十五《十诵律》卷十一音义："孔⿰石雩，呼嫁反，正作⿰缶乎（罅）。孔⿰石雩，同上，缝也。"（59册1118上—中）大正藏《十诵律》卷十一并作"罅"。又《龙龛》卷四《石部》："⿰石卒、⿰石亭、⿰石雩，三俗；⿰石虖、⿰石赫，二或作。呼嫁反。今作罅。"此"⿰石虖"俗变作"⿰石雩"之例。于、手二旁形近相乱，草写"雨"字作"[illegible]"（《草书大字典》引《韵会》），与

① "䖸"字俗讹作"霱"，"虞"字俗讹作"䨞"，是其例，参看拙著《疑难字考释与研究》"⿱雨乚"字条（603—604）、《疑难字续考》"霱""䨞"条（287—288）。

“豕”字形略近，故“𥕞”变作“挐”字。《龙龛》卷二《手部》：“挐，俗，呼嫁反。”郑贤章云：“‘挐’俗音呼嫁反，疑乃‘罅’字之讹。”（《龙龛手镜研究》218）拙著《疑难字考释与研究》亦以为“挐”当是“𥕞（罅）”字俗讹。（452、833）邓福禄、韩小荆《字典考正》云：“郑贤章《龙龛手镜研究》和杨宝忠《疑难字考释与研究》皆认为此字（挐）是‘罅’字之讹，其说是也，惜无直接证据。《可洪音义》卷十七《大沙门百一羯磨法》音义：‘孔挐：呼嫁反，裂也，正作罅、𥕞①。’（60/54c）此其切证。”（212）“挐”字所从之“手”残误为“王”，因变作“𤥈”字。《新修玉篇》卷一《玉部》引《类篇》：“𤥈，许缘切，隙也。”玉旁居左者恒不带点，而居下者恒带点，故“𤥈”进而变作“璺”字。成化本《篇海》卷三《玉部》引《类篇》：“璺，许缘切。隙也。”（623上）泰和本、正德本同。“𥕞（罅）”训缝隙，乃其常义，“𤥈”“璺”训隙，与“𥕞（罅）”字义同；“𥕞（罅）”字呼嫁切，“𤥈”“璺”许缘切者，“呼”“许”声同，而“嫁”“缘”形近②，“缘”当是“嫁”字之误。自《篇海》据《类篇》收“璺”字，后世字书多承之。《字汇·玉部》：“璺，许缘切，音喧。隙也。”《康熙字典·玉部》同。③《汉语大字典·王部》：“璺，xuān，《改并四声篇海》引《类篇》许缘切。空隙。《改并四声篇海·玉部》引《类篇》：‘璺，隙也。’”（1139A）《字海·玉部》：“璺，xuān，音宣。见《篇海》。”（1014中—右）《正字通·玉部》云：“璺，讹字。旧注：音喧，隙也。并误。”张自烈以“璺”为讹字是也，然亦不知何字之讹。

《汉语大字典》（以下简称《大字典》）第一版收字54678个，见于《大字典》的字，方正超大字符集（至扩B）全部收录。《中国基本古籍库》录入《读书敏求记》，录入者以逍遥笔输入法录“𤥈”字，首选字形即“璺”字（字符集无“𤥈”字），因将“𤥈”字误录作“璺”④。杨文不顾“璺”字构形理据不可说解（构形理据不可说解之字大多为俗讹字），又未仔细复核《读书敏求记》原书，因被“璺”字带入歧途。

2.《汉书·王子侯表》有五據侯臞丘，颜师古注：“臞，音劬，又音惧。”中华书局点校本《汉书》改正注文“臞”为“曜”，校勘记云：“殿本作曜，景祐本误作曤。”

曜 jù 《集韵》衢遇切，去遇群。姓。《集韵·遇韵》：“曜，姓也。汉有曜丘。”《汉书·王子侯表》：“五據侯臞［曜］丘。”颜师古注：“臞［曜］，音劬，又音惧。”（《大字典》1542B/1654A）

---

① 原字作“罅”，当楷定作“罅”。《字汇·片部》：“罅，与罅同，隙也。”

② “缘”字俗书或作“𦄾”，《可洪音义》卷二十八：“之𦄾，余宣反，正作緣。”（60册489下）

③ 王力《康熙字典音读订误》：“许缘不切喧。”许缘切当音翾，“翾”“喧”中古读音有别，明代读音混同。明清字书据字书反切标注直音，其直音用字反映的是当时读音，而非中古音。

④ 此例又反映出疑难字对数字化工作带来负面影响。

《丛考》云：“《集韵》平声虞韵权俱切：‘瞿，人名，汉有瞿丘。’字又写作‘曜丘’。考《龙龛》卷四日部：‘曜，俗，其遇反，正作瞿。’据此，则似当以作‘瞿’字为典正。《汉书》‘臞’当亦是‘瞿’字之讹。颜注‘臞’字‘劬’‘惧’二音，故《集韵》‘瞿’字平声虞韵权俱切（与‘劬’同一小韵）、去声遇韵衢遇切（与‘惧’同一小韵）两收之，‘瞿’‘曜’之歧乃传刻之讹，非本有‘瞿’姓‘曜’姓之不同耳。”（604—605）

按：《集韵》诸本（金州军本、明州本、宋刻本、述古堂本、扬州使院重刻本）去声《遇韵》衢遇切并作“曜”，《类篇·日部》：“曜，衢遇切。姓也，汉有曜丘。”字亦从日作。《五音集韵》去声《遇韵》其遇切：“曜，姓也。汉有曜立（丘）。”宁忌浮校改“曜”作“瞿”，非是。《龙龛》卷四《日部》：“曜，俗，其遇反，正作瞿。”（428）凡是正字，皆当收录于同时代及前世字书，“瞿”字《龙龛》同时代及以前字书不收，而行均以“瞿”为“曜”之正字，其说可疑。《可洪音义》卷十四《见正经》音义：“羸曜，上力垂反。下瞿、具二音，少肉也，瘦也，正作臞、臞。”（59 册 1095b）大正藏《佛说见正经》作“羸臞”。《龙龛》所收之字多是佛经俗字，与《可洪音义》收字来源大致相同。以《可洪音义》证之，《龙龛》“曜”字当亦出自佛经（或即《见正经》）。①《龙龛》所谓“曜”正作“瞿”者，“瞿”当是“臞”字之误。《龙龛》“曜”字其遇反，与“臞”字音具读音相同。《汉书·王子侯表》：“五據侯臞丘。”颜师古注：“臞，音劬，又音惧。”（文渊阁、文津阁本正注文并作“曜丘”）《集韵》“瞿”“曜”与《汉书》“臞”字读音全同。俗书月、目、日三旁形近相乱，《尔雅·释言》：“臞、脙，瘠也。”郭璞注：“齐人谓瘠为脙。”陆德明释文：“臞字又作癯，同，求俱反。”明朱谋㙔《骈雅》卷二：“曜脙，瘠也。”“曜”即“臞”字俗讹，“瘠”即“瘠”字俗讹。“瞿”“翟”二旁俗书相乱，故“臞”字俗书又作“臛”，《玄应音义》卷十三《见正经》音义：“羸臛，又作臞，同。渠驹反。《尔疋》：臞，瘠也。《说文》：少肉也。”（56 册 1007 上）“臛”字俗又作“曜”，《可洪音义》卷二十五引《玄应音义》卷十三“臞，瘠也”之“臞”作“曜”，具于切（60 册 370 下）。可资比勘。盖丁度等所见《汉书》“五據侯臞丘”有误作“五據侯瞿丘”或“五據侯曜丘”者，因将“瞿”“曜”二字收入《集韵》。“臞丘”为济北式王刘胡之子，自当姓刘；“臞丘”误作“曜丘”，《集韵》乃以“曜”字为姓，大误。

---

① 唐《苑玄亮墓志》：“臞脙是殆。”其中“臞”字作“𣊤”，亦变从日作。参见梁春胜《楷书异体俗体部件例字表》，未刊。

进而论之，“臞丘”之“臞”恐亦有误。文渊阁本《史记索隐》卷七：“五欜侯臒[①]丘，《表》在泰山，旧作臞，音劬，刘氏音乌霍反。”上海古籍出版社《二十五史》本《史记·建元以来王子侯者年表》五據侯为济北贞王子，［元朔］“三年十月癸酉侯刘臒丘[②]元年”，索隐：“旧作臞，音劬。刘氏乌霍反。”隶变丹、月、舟三旁形近相乱，如“青”本从丹，隶变从月；故宫本《王韵》入声《铎韵》：“臒（臒），乌郭反。丹。”（525）又周伯琦《六书正讹》：“臒，屋郭切，善丹也。从丹，蒦声。俗作臒，非。”是其例，故“臒”字变作“臒”“臒”。本从“蒦”者或变从“矍”，《可洪音义》卷十八：“釜鑁，上音父。下户郭反，正作鑊。”（60册103C）《龙龛》卷二《女部》：“嬳，俗；嬳、嬳，二今。王缚反。作姿也。”《玄应音义》卷十：“妖嬳，又作媄，同，於骄反，壮少之皃也。《说文》：妖，巧也。下於缚反，今江南谓作姿名嬳伊，山东名作嬳也。”（56册965中）《慧琳音义》卷四十九同。对应佛经大正藏本《大庄严论经》卷四作“右手执杖，行步妖嬰”，其中“妖嬰”元明本作“妖嬳”。《慧琳音义》卷五十七：“媄嬳，上夭娇反，《毛诗》传云：媄，少也。马注《论语》云：和舒之貌也。顾野王云：谓女子好淑。《说文》：巧也。从女，芙声。下枉籰反，《文字典说》云：嬳，作姿态貌也。从女，蒦声。经从矍作嬳，误也。”（58册587下）对应佛经大正藏本《佛说分明经》作“谀谄妖嬳”，其中“妖嬳”明本、宫本作“妖嬳”。《广韵》入声《藥韵》：“嬳，忧缚切。作恣态也。嬳，上同。”（故宫本《王韵》同）《集韵·藥韵》鬱缚切：“嬳、嬳，作恣态也。或从矍。”又：“矆、矍，怳缚切。《说文》：大视也。或从矍。”故“臒”“臒”又变作“臒”“臒”[③]。文渊阁四库本《广雅·释器》：“臒（臒），丹也。”曹宪《博雅音》：“乌郭［反］，又于缚反。”司马贞引刘氏“臒丘”之“臒”音乌霍反，乌霍反与乌郭反音同，是刘氏所见《史记》五據侯名臒丘也。“臒”讹变作“臞”，遂读为劬音，音随形变也。王先谦《汉书补注》：“《史·表》臞、臒两见。索隐：旧作臞，音劬。刘氏乌霍反。”引索隐之“臞”当作“臞”，若从蒦声，则不得音劬也。笺注本《切韵》（斯2071）平声《虞韵》其俱反（与“劬”字同一小韵）：“癯（臞），少肉。”（77）敦煌本《王韵》去声《遇韵》其遇反（与“惧”字同一小韵）：“臞，癯。”（405）故宫本《裴韵·遇韵》其遇反：“臞，瘦。又音衢。”（588）“臞”字有平、去两读，颜师古“臞丘”之“臞”音劬又音惧，是颜氏所见《汉书·王子侯表》五據侯名固作“臞丘”。

① 原作“䨼”，乃“臒”之部件易位字，文津阁本作“臒”，中华书局点校本作“臒”，《康熙字典·肉部》：“臒，《玉篇》乌郭切，音臒，善肉也。又人名，《史记·王子侯表》：五據侯刘臒［丘］。”所引《史记》亦作“臒”。

② 文津阁本作“刘臒邱”。

③ 《康熙字典·肉部》：“臞，《字汇补》其居切，音劬。《史记·王子侯表》五據侯臞，注：旧作臞。”

清夏燮《二十五史补编·校汉书八表》："五據侯臞丘，按：臞，《史·表》作臒，是臞、臒二字同也。今殿本《史记》作臒，误。"《汉书》《史记》用字多有不同，五據侯《汉书》名臞丘，《史记》名臒（䑋）丘，夏燮据《汉书》谓殿本《史记》作"臒"为误字，恐有未当。

"臞"字俗书或作"曜"，故五據侯名又有误作"曜丘（或作'邱'）"者，文渊阁本《文献通考》卷二百六十六："五據侯曜邱，武帝时封，坐酎金免。"文渊阁本《册府元龟》卷二百六十三："二年十月封……济北式王子曜丘为五據侯。"

五據侯之名《汉书》作"臞丘"，《史记》作"䑋丘"，孰是孰非，虽不能遽定，然其不作"曜""矐"，似可必也。

二、疑难字与方言研究

方言词大致可以分为三类。一是音变方言词。中国幅员辽阔，不同地区语音的发展并不平衡，一些词在某一地域的读音与共同语的读音产生了较大差异，因而成为方言词。二是新造方言词。为了记录经济、政治、文化、名物、山川、风俗等，不同地域的人各自根据需要造了不同的方言词。三是外来方言词。指来自外语或其他方言的词。方言词流通范围有限，大量方言词开始只是在口语中使用，当时并没有为这些方言词造字；部分方言词有机会进入书面语，为了记录某个方言词，人们也往往是借用一个读音相同或相近的字来记录；音变方言词虽然原初有本字，但由于语音及语义发生了变化，音变方言词与记录该词的本字后来失去了联系。方言词有音无字或无本字，造成方言词构词理据不明，严重影响到方言词的正确使用和准确理解，因此，为方言词求本字便成为一项重要研究任务。

为方言词求本字，学者往往根据大型字书；如果方言词的音义与字韵书某字的语音、语义相同或相近，则学者往往以字韵书中的该字为方言词本字。由于大型字书存在大量疑难字，其提供的语音、语义信息多有失误，因而直接影响到为方言词寻找本字。

3.《广韵》平声《脂韵》喜夷切："脲，臀之别名。"

脲，即𦜆之后，脽之别。屎即吚之别，《唐韵》吚正馨香（大徐本《说文》引《唐韵》作"伊"）切，此书虚器切。（黄侃手批本第 49 页）

脲，臀之别名；屎，呻吟声。并喜夷切。皆吚之别。《唐韵》吚正馨伊切，此书虚器切。（《广韵校录》甲本第 247 页，《广韵校录》乙本第 311 页同）

按：《玉篇·肉部》："脲，许梨切。臀之别名。或呻也。"许梨、喜夷切音相同。

以音求之，并参考《玉篇》释义，此字当是“屎”字之变，“屎”合“殿”字训呻、训呻吟。《诗·大雅·板》：“民之方殿屎，则莫我敢葵。”毛传：“殿屎，呻吟也。”《尔雅·释训》：“殿屎，呻也。”其字或作“唸吚”，《说文》二篇上《口部》：“唸，吚也。从口，念声。《诗》曰：民之方唸吚。吚，唸吚，呻也。”段玉裁改二字释义为：“唸，唸咿，呻也。咿，唸咿也。”“唸吚（咿）”“殿屎”义同，联绵词也。季刚先生谓“脲”“屄”皆“吚”之别者，从《说文》也。“屎”或加旁作“脲”，《集韵》平声《脂韵》馨夷切：“吚，《说文》：唸吚，呻也。或作欭①、訲、脲、屎、欨、欭。”《篇海》卷十五《肉部》引《馀文》：“脲，喜眉切。呻吟声。”屎尿字或作戻，《玉篇·尸部》：“戻，施视切。粪也。与矢同，俗又作屎。”故“脲”又作“脲”。原本《玉篇》残卷《欠部》：“欨，许暗（脂）反。《广苍》：欨，呻吟也。《字书》：或戻字也。在尸部。或为吚字，在口部。或为脲字，在皮（肉）部。”《万象名义·肉部》：“脲，许梨反。屎、②。”（70上）《新撰字镜·肉部》：“脲，许梨反。屎字。呻吟。”（37）此“脲”为“屎”字所变之明证也。《广韵》殿屎之“屎”读喜夷切，“脲”“屎”读音全同。然则“脲（屎）”字当合“殿”字训呻也，《玉篇》“脲”字训臀之别名，又训呻，“臀之别名”当作“殿ㄹ”，“ㄹ”号字书释文代替标目字，或代替“也”字，“殿ㄹ”当读作“殿脲”，“呻也”即“殿脲”之义；误读作“殿也”，“殿”又涉上下文诸从肉之字误赘肉旁，因变作“臀”字，“脲”字因有“臀之别名”与“呻也”二训。《广韵》“脲”字仅存“臀之别名”一训，致使“脲”“屎”由异形字变为同音字，大误。

近读杨琳先生《论相邻引申》一文，文中引用拙著《疑难字考释与研究》“脲”字考释，文云：“说‘脲’为‘屎’之俗字，信而有征，但说‘脲’之训臀为‘殿脲’之误读，则出于想象之辞，并无实据。《篆隶万象名义》卷二十四《肉部》：‘脲，许梨反。屎。’《新撰字镜》卷一《肉部》：‘脲，许梨反。屎字，呻吟。’这两种与《玉篇》关系密切的字典中均无‘殿脲’之训。今既知‘脲’有女阴义，此义分明由臀部义引申而来，然则脲之臀义未可否定。”“我们认为‘希’（包括‘细’‘戏’等）的本字当为‘脲’。《玉篇·肉部》：‘脲，许梨切。臀之别名。或呻也。’《广韵·脂韵》：‘脲，臀之别名。’音喜夷切……臀部与阴部相邻，故引申指女阴。许宝华、宫田一郎《汉语方言大词典》：‘脲，女性生殖器。粤语。广东信宜。’”③ 对于杨琳先生“脲”有臀义、引申指女阴之观点，笔者未敢苟同。一、《尔雅·释训》：“殿屎，呻也。”郭璞注：“呻

---

① “欭”“屄”乃部件易位异写字。故宫本《裴韵·脂韵》：“屄，虚伊反。呻吟也。”“屄”为“屄”字之误。

② 此处“、”号亦代替“字”字。

③ 参见《古汉语研究》2016年第1期，第67页。

吟之声。"《经典释文・尔雅音义》:"殿屎,丁练反,下虚伊反。或作敜吹①,又作㲄脲,《说文》作唸吚(㕧)。郭上音香惟反,又音丁念反;下许利反②。"(1625)据《诗经》《尔雅》《说文》《经典释文》,"殿屎(敜𣢇、唸㕧、㲄脲)"为双音节单纯词(联绵词),合二字而为义,训呻吟;字书以单字说解为主,限于体例,联绵词用字往往拆成单字进行说解,其通例为:"被释字:由被释字(往往用'〻'代替)构成的联绵词,释义。"根据字书联绵词说解体例,"脲"字说解应当是:"脲,殿(㲄、敜、唸)〻,呻吟也。""殿〻(脲)"误读作"殿也"(或"〻"号传抄转录过程中脱落),"殿"受"脲"字影响而类化作"臀"③,陈彭年等不知"臀"为"殿"字俗讹,因转训作"臀"之别名。此说实非"想象之辞"。二、字书联绵词用字说解,往往拆骈为单,取联绵词之义为联绵词单字作训,原本《玉篇》引《广苍》"欿(屎、㕧、脲),呻吟也",是其例。《新撰字镜》"脲"字训呻吟,与《广苍》"欿"字训释同,亦拆骈为单也。《万象名义》《新撰字镜》"脲"字之下均无"臀之别名"之训,是原本《玉篇》"脲"字固不训臀。三、方言词大多本字不明,学者为方言词考本字,往往以方音为线索,在韵书(或字书)中寻找本字,韵书若有与方言词音义相近之字,则以该字为方言词本字。若韵书贮存的音义信息有误,便会给探求本字带来负面影响。粤语女阴之词音近"脲",而韵书"脲"字又训臀,臀与女阴义相近,故许宝华等以"脲"为粤语女阴之本字。"脲"字传世文献(使用领域)未见用例,仅见于历代字书(贮存领域)与《经典释文》,乃《诗》"殿屎"之"屎"变易字,"殿脲"为双音节单纯词,"脲"字不能单独使用,无实际意义。"脲"字既无臀义,自然不会引申出女阴义。

4. 埢 wēi 《玉篇》於归切。①决塘。《玉篇・土部》:"埢,决塘也。"②方言。掩盖,埋藏。明李实《蜀语》:"凡木石诸器为土沙所壅曰埢,鳖藏沙中曰埢沙。"(《大字典》461B/495B)

按:《万象名义・土部》未收此字。《玉篇・土部》:"埢,於归切。埢决塘也。"(《篇海》卷四《土部》引"埢决塘"作"决塘")胡吉宣云:"决塘也者,《切韵》:

---

① 敜吹,当作"敜𣢇"。

② 《集韵》去声《至韵》虚器切(与许利切音同)字作"脵","脵"为"脲"字传写之误。"脲"同"脲",犹"屎"同"屎"。

③ 联绵词用字存在表意部件趋同现象、字书注文用字存在受字头影响而增改表意部件现象。《说文》八篇上《人部》:"儳,儳互,不齐也。从人,毚声。"故宫本《裴韵》平声《衔韵》:"儳,〻伍,不齐。出《说文》。""伍"即"互"之加旁字。故宫本《裴韵》平声《支韵》武移反:"鸍,鸿鳥。"(547)故宫本《王韵・支韵》武移反:"鸍,鸩鳥。"(440)注文"鳥"为"鳧"字残误;"鸿""鸩"皆"沉(沈)"字之变,涉"鸍"字影响而变从鳥。"鸍"一名沈鳧,见《尔雅・释鸟》。《广韵》平声《支韵》武移切:"鸍,鸩鸟,又名沈鳧,似鸭而小。又式支切。"此不知"鸿鳥"即"沈鳧"讹变,故既从《切韵》系韵书训鸩鳥,又从《尔雅》而谓"一名沈鳧"。

械，决塘。本书《木部》：械，决塘木也。《广韵》《集韵》并无墄字。”（271）“墄”字列于《玉篇·土部》末，殆陈彭年等所增。以音义求之，此字当是“械”字之变。《万象名义·木部》：“械，於归反。堤也，通窦也。”笺注本《切韵》（斯 2055）平声《微韵》於非反：“械，决塘。”敦煌本《王韵》、故宫本《王韵》同。《广韵·微韵》於非切：“械，决塘木也。”《玉篇·木部》：“械，於归切。械窬，亵器。又决塘木也。”“墄”“械”音义相同。《淮南子·主术篇》：“夫防民之所害，开民之所利，威行也，若发墄决塘。”高诱注：“墄，水墄也。塘，堤也。皆所以畜水。”“墄”字《万象名义》《玉篇》《切韵》系韵书、《集韵》均未收录，《龙龛·土部》收之，以为“墄”之俗字。《龙龛》之“墄”与《淮南子》之“墄”当属同形异字。《淮南子》之“墄”高诱释为“水墄”，释义不明。张双棣校释引于省吾云：“墄乃坎之借字……注云‘墄，水墄也’即‘坎，水坎也’。”此说恐不足从。原文“发墄决塘”形容“威行”之势不可阻挡，若从于说读“墄”为“坎”，坎训坑，乃低于地表者，如何“发”之？张双棣校释又引陈昌齐曰：“墄，当作墄。《玉篇》：‘墄，於归切。决塘也。’又‘械，决塘木也。於归切。’《集韵》：‘械，通陂窦也。’”此说近是，然“墄”当作“械”，顾野王所见《淮南子》作“械”，故于《玉篇·木部》“械”字下训堤通窦、训决塘（“械”盖水闸，以木为之，“发械”与“决塘”义近）；以“械”与堤塘相关，故后世或变从土作“墄”。《大字典·土部》收“墄”，《木部》收“械”（1246A），而不能沟通二字关系，又于“墄”字下从于氏之说读《淮南子》之“墄”为“坎”，均欠妥当。又《大字典》引《蜀语》训“墄”为掩盖、埋藏，亦不确，“墄沙”之“墄”当用“偎”字，取义于依偎也，《蜀语》用“墄”字，亦不当。明谢肇淛《小草斋集》卷十一《七言古诗四·题林良㶉鶒图二首》（明万历刻本）：“㶉鶒双双真有情，谁其画者粤林生；高堂半壁变清沼，数枝红藕秋风清。秋风袅袅水清浅，露湿蒹葭飞不远；拍浪惊分锦翼齐，偎沙并宿寒烟晚……”此“偎沙”连言之例。

5. 瓬　（一）tǒu　《玉篇》丑口切。又《五音集韵》天口切。瓶。《玉篇·瓦部》：“瓬，瓶也。”（二）kǎo　《集韵》苦浩切，上晧溪。器名。《集韵·晧韵》：“瓬，器也。”（《大字典》1424A/1526A）

按：此字多有可疑：一、《万象名义》《广韵》及《切韵》系韵书均不收此字；二、古书未见用例；三、“瓬”从考声而读丑口切，形声不谐；四、《集韵》晚出，书中“瓬”字当据增益本《玉篇》收录，《玉篇》“瓬”字形声不谐，《集韵》改读苦浩切，声虽谐矣，然有妄改之嫌。① 今实考之，“瓿”即“瓻”字之误者。《万象名义·瓦部》：“瓻，丑尸反。瓶。”《玉篇》“瓿”字与“瓻”义同，此其一；“瓿”“瓻”形近，反切上字相同，反切下字“口”与“尸”亦形近②，均易致误，此其二；《玉篇》列字次第大致与《万象名义》相当，《万象名义》“瓻”字居“甄”“瓳”之下，“瓴”“瓷”之上，《玉篇》“瓿”字居“瓳”“瓴”“甄”之下，“瓷”之上，“瓻”字反居“甂”“甌”之后（《万象名义·瓦部》字止于“甂”），此其三。此当是陈彭年所据《玉篇》“瓻”误作“瓿”，“丑尸反”误作“丑口反”，又据他书补“瓻”字于部末也。“瓻”从希得声，俗书“希”字作“莃”（见《龙龛·巾部》），与“考”字形体略近，故“瓻”讹变作“瓿”。清蒲松龄《日用俗字》：“包工脱庝又露冃，不是瘸了便瓿之。”张树铮注：“瓿，散开。今方言仍说，音偷上声……此字意义与方言义并不相合，可能蒲氏只是借音而已，因为音偷上声的字极少。”（168）蒲氏以“瓿”记录音偷上声、表散开义之方言词，是不知“瓿”字本不音偷上声也。

6. 賗 chuàn 《中华大字典》读若串。支取财物的字据。明杨慎《丹铅杂录·俗言》：“《文字指归》云：‘支财货契曰賗。’今仓库收帖曰串子，省貝字。”（《大字典》3642B/3883A）

chuàn，音串。支取财物的字据。见杨慎《丹铅杂录·俗言》。（《字海》1393A）

按：《中华大字典·貝部》：“賗，读若串。俗字。贯钱之索也。”据其说解，“賗”乃钱串之“串”加旁俗字，与《丹铅杂录》所引之“賗”无涉。《丹铅杂录》所引之“賗”乃“贃”字之误。《广韵》去声《谏韵》乌患切：“贃，支财货。出《文字指归》。”“贃”音绾，不音串。《丹铅杂录》转引作“支财货契曰賗”，既误“贃”为“賗”字，复于释义中增“契”字，故杨慎谓俗言“仓库收帖曰串子”之“串”乃“賗”字之省，其说不足信，“仓库收帖曰串子”之“串”当是“券”之音变。《通雅》卷四十九：“賗即券。升庵曰：《文字指归》云支取货契曰賗，今仓库收帖曰串子。或作券。”《别雅》卷四：“賗，券也。杨升庵曰：《文字指归》云支取货契曰賗，今仓库收帖曰串子。或作券。”

《汉语方言大词典》：“痵，cáo ㄘㄠ 〈动〉腹中有一种饥饿的或需要油荤的感觉。㊀西南官话。四川成都［tsʻau²¹］青菜吃多了～人｜好久没吃肉了，心头～得很。张慎仪《蜀方言》：‘痟疾者腹常如饥曰～。’㊁吴语。江苏常州［zɐɯ²¹³］监两天油头勿足，

---

① 胡吉宣《玉篇校释》云：“丑口切误。《集韵》收晧韵，云：器也。苦浩切。厚韵不收。”（3122）胡氏指出“瓿”字音“丑口切”有误，是也；然引《集韵》苦浩切为证则非是。

② 原本《玉篇》残卷《食部》：“餛，无鬼反。《埤苍》：东（此字稍残）太夫子餛也。《字书》：或尾字也。尾，微也，鸟兽尾也。在《口部》。”“尾”字从尸，不当入《口部》，“口部”当是“尸部”之误。此其比。

老是心～最近几天菜里放油不多，整天觉得饥肠辘辘。江苏江阴、上海［zɔ13］、上海松江、崇明。1929《崇明县志》：‘俗谓腹如常饿曰心～。’浙江萧山、浦江、象山。”（5046A）

7.《康熙字典·疒部》：“痓，《字汇补》从陶切，音曹。《博雅》：痓，病也。”

痓　（一）cáo　《字汇补》从陶切。饥饿病。清翟灏《通俗编·杂字》：“腹常如饥曰痓。”清范寅《越谚》卷中：“痓，饿也。”（二）zhǒu　“疛”的讹字。《广雅·释诂一》：“疛，病也。”王念孙疏证：“各本疛字讹作痓。”（《大字典》2667B/2854B，《字海》1105C）

按：《字汇补·疒部》：“痓，从陶切，音曹。《广雅》：瘘、痓，病也。”此《大字典》“痓”字第一音所本。《广雅·释诂一》：“痓，病也。”《博雅音》：“痓，音曹。”此《字汇补》所本。王念孙《广雅疏证》改“痓”为“疛”，改“曹”为“肓”，云：“疛，［音］肓。《说文》：疛，小腹痛也。《玉篇》云：心腹疾也。《小雅·小弁篇》：我心忧伤，惄焉如擣。毛传云：擣，心疾也。释文：擣，《韩诗》作疛……各本疛字讹作痓，曹宪音内肓字又讹作曹。考《说文》《玉篇》《广韵》《集韵》《类篇》俱无痓字，《说文》云：疛读若纣。《玉篇》《广韵》《集韵》及《诗》释文纣字并与肓同音，《集韵》引《广雅》：疛，病也。今据以订正。”王说是也。“痓”本为“疛”字之讹，其字音曹乃音肓之误，《字汇补》“痓”字音曹，所据乃误本《广雅》，不可信从；翟灏谓“腹常如饥曰痓”，范寅释“痓”为饿，张慎仪谓“痟疾者腹常如饥曰痓”，恐皆从误本《广雅》《字汇补》《康熙字典》等为说。

8. 扠　chā　ㄔㄚ［扠喇］〈形〉办事精明干练。吴语。上海嘉定。1930年《嘉定县续志》：“俗言办事精明干练也，如曰手段～等。音插辣。”（4705A）

扠　chā　《改并四声篇海》引《川篇》初洽切。利。《改并四声篇海·手部》引《川篇》：“扠，利也。”（第一版1877B）

拙著《疑难字考释与研究》考释过此字，其略云：《直音篇》卷二《手部》：“扠，音臿。利也。”《篇海》卷十二《手部》引《川篇》：“扠，初洽切。利也。”《大字典》《字海》引作“扠”，字形失真。①“扠”当是“插”字讹变，“插”训刺，“扠”训利者，“利”当是“剌”字形误。（126—127）《新修玉篇》卷六《手部》引《川篇》：“扠，初洽切。剌也。”“剌”即“刺”字俗书，可为余说之证。“扠（扠）”既为“插”字俗讹，则吴语办事精明干练之词本字不应作“扠（扠）”。

9. 𩓾　yù　ㄩ［𩓾𩓾］〈名〉对小孩的昵称。吴语。浙江绍兴。清范寅《越谚》卷上：“父母呼婴为阿～。”孙锦标《南通方言疏证》：“《篇海》有‘𩓾’字，音‘玉’，

---

① 《大字典》第二版字形改作“扠”，说解未作修改。

宝也。绍兴呼小儿为～。”（7530B）

軉　yù　《改并四声篇海》引《俗字背篇》音玉。①道家指精气凝结。《改并四声篇海·身部》引《俗字背篇》：“軉，太上作。张道忠添注释曰……如人能将自己精气不散不乱，心性不惑不迷，便是长生不老，根蒂坚牢，此乃太上之家风也。”《字汇·身部》：“軉，珍贝，家之宝；精气，身之宝。故谓人身精气不散乱为軉。太上作。亳州碑有之。”（3814B/4067A）

按：《亳州老君碑》为一首七言诗，凡八句五十六字，字皆道家所造，韩道昭《篇海》收其首联十四字[①]，每字下均注“太上作”，下有韩氏门人张道忠“添注”，所添注文内容是：首先指出被释道家字与对应的通行汉字之区别，然后通过拆分被释字构形部件，解释道家字之“义理”。所作说解并非词义训释，且多牵强迂曲，不足据之立为义项。上揭14个道家字《大字典》俱收，而说解体例颇不一致。1.“某”，同“某（通行汉字）”。如：“舼”字注云：同“爐”。“烎”字注云：同“燒”。“桯”字注云：同“煉”。“秊”字注云：同“年”。“僌”字注云：同“興”。“㑏”字注云：同“壽”[②]。2.“某”，同“某（通行汉字）”，道家造字，取……之意。“𠂃”字注云：同“丹”。道家造字。取九转成真丹之意。3.或指出为道教字，然后释义。如：“𥽘”字注云：道教专用字，指自己口中津液。4.或从张道忠之说释义。如“䨅”字注云：品行纯正，不染邪曲。“䠓”字注云：①习；②进。“洊”字注云：添；满。5.或缺说解。如原版《汉语大字典》“僔”字（第二版据《古俗字略》注云：同“導”。误）。6.或从误说。“悆”字注云：“悆”的讹字。《正字通·心部》：“悆，古文怨作悆，悆即悆之讹。”（《正字通》不考《字汇》“悆”字之来历，但据字形相近以为“悆”之讹字，非是。参看《心部》“悆”字条）以上14字建议统一改作：某（道家字），道家“某（通行汉字）”字（下引《篇海》为首见书证）。如：軉，道家“玉”字。《篇海·身部》“俗字背篇”[③]：“軉，音玉。太上作。张道忠添注……”“軉”既为道家“玉”字，则绍兴、南通方言呼小儿用字不应作“軉”。

利用大型字书为方言词求本字，首先应当确定该方言词所属类型。属于音变方言

---

① “軉舼烎桯悆秊𥽘，䨅僔僌䠓洊㑏𠂃”。对应汉字为“玉爐燒煉延年藥，真道興修溢壽丹”。下句今人多释为“真道行修益壽丹”。参见路迪民《亳州老君碑古字谱》，《武当》2007年第6期、7期。

② 书证为：《篇海·人部》引《俗字背篇》：“㑏，与壽同。”按：《篇海》卷十五《人部》“俗字背篇”：“㑏，殖西切。太上作。张道忠添注：从人从在从内为㑏。与壽同呼，作用全异。㑏乃长也。考人能将好恶事恒在内思算，无有凶祸及身；又能常将心在，不得放逸，在内不能散失，即可入其道也。”“与壽同呼，作用全异”乃指明道家所制“㑏”字与“壽”字之异同——读音相同，作用不同，《大字典》引作“与壽同”，未免断章取义之嫌。

③ 由原见于正字注文中的变体转来的字或韩氏所增的俗字称作“俗字背篇”，《篇海》“俗字背篇”并非字书，《大字典》标作书名，非是。参看拙著《疑难字考释与研究》，第689页。

词的，可以以语音为线索，参考语义，利用大型字书寻求本字，但需注意大型字书存在严重的传抄、编纂失误，不要被大型字书的错误信息引入歧途；属于新造方言词和外来方言词的，本来没有为它们造专字，也就无须求本字。

三、疑难字与汉语词汇

“汉字是汉语的书写符号，古代汉语词汇以单音词为主，一般情况下，一个汉字记录汉语的一个音节，表示汉语里的一个单音词。词的声音和意义的结合是约定俗成的，二者之间没有必然的联系，但一经约定，词的声音便不能随意更改。由于传抄、编纂失误，字典辞书所收的字形体发生了讹变，它所记录的词的声音发生了更改，从而破坏了词的音义固有关系，造成大量‘假词’的出现，这些假词与新词的产生无关。”①大型字书存在大量“假词”，破坏汉语词汇系统，影响汉语词汇研究。

10. 骰　dù　《集韵》动五切，上姥定。头盖骨。《集韵·姥韵》：“骰，颅也。”清许梿《洗冤录详义》卷一坿《释骨》：“颅谓之髋，亦谓之骰。”②（《大字典》4415B）

dù，音渡。头盖骨。见《集韵》。（《字海》1600A—B）

按：《集韵》上声《姥韵》动五切：“骰，颅也。”③此《大字典》《字海》所本。《广韵》《玉篇》未收此字，《龙龛》卷四《骨部》：“骰，俗；髋，或作。许玉反。正作顴。～颅，即髑髗也。”行均以“骰”为“顴”字俗书，所言是也。今本《玉篇·骨部》：“髋，虚玉切。《声类》云：亦作顼。髋，颅也，谓髑髅也。”《万象名义·骨部》：“骰，虚玉反。髑髅也。”《万象名义》“骰”字与《玉篇》“髋”字音义相同，且列字次第相当，此“骰”为“髋（顴、顼）”字俗讹之明证。《万象名义·頁部》：“顼，虚玉反。缩也。顴（顴），同。”头颅字本作“顼”，以“顼”用作颛顼字，故易声作“顴”，复易旁作“髋”。“髋”本许玉反，形近误作“骰”，丁度等不知其字之来历，见其从度，因改读动五切，望形生音也。许梿云：“颅谓之髋，亦谓之骰。”乃为《集韵》所误。《篇海》卷十三《頁部》引《川篇》：“顴，音勖。禄也。”④俗书庶、鹿二旁形近相乱，“顴”音勖，与“髋”字读音相同，亦“顴”字俗讹。“顴”不训禄，《篇海》引《川篇》“顴”训禄，疑是反切下字误入释义。

---

① 参看拙作《“假词”略说》，《中国语文》2005年第4期，第355—361页。

② 《大字典》第二版改作：同“髋”。《龙龛手鉴·骨部》：“骰，俗；髋，或作。”清许梿《洗冤录详义》卷一坿《释骨》：“颅谓之髋，亦谓之骰。”（4705A）既然“骰”同“髋”，仍以《释骨》为文献用例则不妥。

③ 《篇海》卷二《骨部》引《馀文》同。

④ 《新修玉篇》卷四《頁部》引《川篇》同。

11. 稖 zhuō 《字汇补》侧角切。再生稻。《字汇补·禾部》："稖，《字林》：今年稻死，来年自生也。"明杨慎《丹铅续录·穭稖》："野稻不种而生曰穭，刈稻明年复生曰稖。"（《大字典》2608A/2792B，《字海》1082C 略同）

按：杨慎《古音附录》亦云："稖，侧角切。《字林》曰：稖，今年稻死，来年自生也。"《康熙字典·歹部》："殇，《玉篇》：古文殄字。注详五画。又《齐民要术》：稖殇稻，今年死来年自生曰稖。"此字唐代《切韵》系韵书、《万象名义》《玉篇》《广韵》《集韵》《类篇》均未收录，若《字林》果有此字，不应迟至明清始见之，此字来历可疑。以义求之，并参考字形，"稖"当是"秜"字俗讹。《说文》七篇上《禾部》："秜，稻今年落，来年自生谓之秜。从禾，尼声。"《万象名义·禾部》："秜，力尸反。今落来年自生稻也。"笺注本《切韵》平声《脂韵》力脂反："秜，稻死，来年更生。"宋·郭忠恕《佩觿》卷中："秜、柅，上力脂翻，稻死来年更生；下女移翻，木名。""稖""秜"义训相同。"秜"或作"秖"，《龙龛》卷一《禾部》："秖，力之反。稻死，来年更生也。"（144）形近误作"稖"也。《龙龛》卷四《木部》："椅，於蚁反，～掜也。又於离反，木名也。柅，女蚁反，椅～也。又足、你二音，亦木名也。"（379）其中"足"字，续古逸丛书本、文渊阁本、文津阁本作"尼"，是也。"秜"字力脂反（或力之反），"稖"字侧角切者，望形生音也。明抄本、文渊阁本《齐民要术·水稻》题下旧注引《字林》："秜（原注：力脂反），稻今年死，来年自生曰秜。"明纯白斋钞本元胡古愚《树艺篇·谷部》卷四引《字林》曰："稖殇稻，今年死来年自生曰秜。"上"秜"字误作"稖"，下"秜"字尚不误。明刻本、文津阁本《齐民要术·水稻》引《字林》两"秜"字并误作"稖"，注音"力脂反"脱"脂"字，"力反"二字又误合作"殇"（《农政全书》卷二十五引同）[①]，此"稖"为"秜"误之切证。清任大椿《字林考逸》（清光绪十六年江苏书局刻本）卷四："稖殇稻，今年死来年自生曰稖（《齐民要术》卷二〇）。案《说文》有'秜'字，云：'稻今年落来年自生谓之秜。'《广韵》《集韵》《类篇》并同。此文稖字当为秜字之误。"洪颐煊《读书丛录》卷十（清道光二年富文斋刻本）"稖殇稻"条云："稖殇稻，今年死来年自生曰稖。颐煊案：遍检字书无稖字，《说文》秜字注：稻今年落来年生谓之秜，从禾，尼声。稖当是秜字之讹。《后汉书·光武纪》：野谷旅生。李贤注：不因播种而生，故曰旅。今《字书》作稆。《玉篇》：稆，自生稻。殇，疑旅字之讹。"刘宝楠《释谷》（皇清经解续编本）卷二："《齐民要术》引《字林》曰：稖殇稻，今年死来年自生曰稖。稖即秜字形近之讹，今字书收入觉

[①] 《大字典》原版收"殇"字，据《字汇补》雄个切拼读作 hè；第二版增收"殇"字，音 bǎn，原版"殇"字说解改作："'殇'的讹字。""殇""殇"亦反切上字"力"与"反"字误合，说见杨琳《"棒"与"老板"考源》，《南开语言学刊》2012 年第 2 期。

韵，非。殇稻，据《玉篇》，殇即殄之古文。殄，绝也，与死落义相近。”任、洪、刘三氏以“秖”为“秜”字形误，是也；洪氏疑“殇”为“旅”字形误，刘氏以“殇”为古文“殄”，皆非是。

明虞淳熙《虞德园先生集》文集卷二十五（明末刻本）《与孙子长太守》：“第有非稂非莠非穞非秖，异新州未筛之米与阳平五斗之米者。”明来知德《来瞿唐先生日录》外篇二卷（明万历刻本）《酬李铁石》：“孤园谁寄八师经，翻于櫓（穞）秖长螟蛉。”此“秜”误作“秖”，又影响到书面语言者。

12. 清李元《蠕范》卷一：“鼵，兀鼠也，⿰鼠卜⿰鼠靈也。如家鼠而小，色黄尾短，缺唇似兔，蓬尾似鼬，与鵌同穴而处。”

“⿰鼠靈”字历代字书不收，亦不见于其他传世文献，当是“⿰鼠灵”字之变。《字汇补·鼠部》：“⿰鼠灵，□□切。音□。《禹贡合注》：鸟鼠同穴山，鼠名⿰鼠卜⿰鼠灵。”又云：“⿰鼠卜，□□切。音□。⿰鼠卜⿰鼠灵，鼠名。”“靈”字俗书作“灵”①，故《蠕范》“⿰鼠卜⿰鼠灵”回改作“⿰鼠卜⿰鼠靈”。

“⿰鼠卜”“⿰鼠灵”二字《字汇补》反切上下字与直音用字皆缺，音未详也。② 自《字汇补》收入“⿰鼠卜”“⿰鼠灵”二字，后世大型字书多收录，亦不知其字读音。《康熙字典·鼠部》：“⿰鼠灵，《字汇补》音未详。《禹贡合注》：鸟鼠同穴山，鼠名⿰鼠卜⿰鼠灵。”又云：“⿰鼠卜，《字汇补》音未详。⿰鼠卜⿰鼠灵，鼠名。详⿰鼠灵字注。”《中华大字典·鼠部》：“⿰鼠卜，音未详。～⿰鼠灵，鼠名。《字汇补》：《禹贡合注》：鸟鼠同穴山，鼠名～⿰鼠灵。”又云：“⿰鼠灵，音未详。⿰鼠卜～，鼠名。见《字汇补》。详‘⿰鼠卜’字。”《大字典·鼠部》：“⿰鼠卜，[⿰鼠卜⿰鼠灵] 与鸟同穴而居的一种鼠。《字汇补·鼠部》：‘⿰鼠卜，⿰鼠卜⿰鼠灵，鼠名。’又：‘⿰鼠灵，《禹贡》合注：鸟鼠同穴山，鼠名⿰鼠卜⿰鼠灵。’”又云：“⿰鼠灵，[⿰鼠卜⿰鼠灵] 见‘⿰鼠卜’。”《中华字海·鼠部》：“⿰鼠卜，音未详。[～⿰鼠灵] 一种与鸟同穴而居的鼠。见《字汇补》。”又云：“⿰鼠灵，音未详。见‘⿰鼠卜’。”

《字汇补》“⿰鼠卜⿰鼠灵”二字出《禹贡合注》，明夏允彝《禹贡合注》卷四：“《河图括地象》曰：鸟鼠同穴山，地之干也，上为掩毕星，渭水出其中。鸟鼠共为雌雄，鸟名鵌，鼠名⿰鼠卜**⿸尸鼠**③，穿地数尺，鼠在内鸟在外而共处。”此《字汇补》所本，而“⿰鼠灵”即“**⿸尸鼠**”之楷正者。上引《禹贡合注》之语又皆本《太平御览》。《太平御览》卷四十“鸟鼠山”条引《河图括地象》曰：“鸟鼠同穴山，地之干也，上为掩毕星，渭水出其中。”又引孔安国［《尚书·禹贡》］传曰：“鸟鼠共为雌雄。”又引《山海经》曰：“鸟鼠同穴山，今在陇西首阳县西南，山有鸟鼠同穴，鸟名鵌，鼠名⿰鼠卜。鼵如家鼠而短尾，鵌如鷚而

---

① 参见明焦竑《俗书刊误》卷一。

② 《正字通·鼠部》有“⿰鼠卜”字，注云：“同貂，鼦鼠，夷人呼栗鼠，一曰松狗……”此“⿰鼠卜”字乃“鼦”字误刻，与《字汇补》“⿰鼠卜”字偶然同形。

③ 文渊阁本吴任臣《山海经广注》卷二引作“**[illegible]**”，文津阁本引作“⿰鼠录”。

黄，穿地入数尺，鼠在内鸟在外而共处。”① 两相比勘，可知《禹贡合注》“⿰鼠卜⿰鼠录（⿺辶鼠）”即《太平御览》“⿰鼠卜⿰鼠天”转写之误者。《太平御览》作“⿰鼠卜⿰鼠天”者是文渊阁四库全书本，文津阁本同，中华书局影印本则作“⿰鼠天⿰鼠天”。“鵌如鵽而黄”承“鸟名鵌”而言，“⿰鼠天如家鼠而短尾”承“鼠名⿰鼠天”而言，文渊阁、文津阁本作“鼠名⿰鼠卜”，与下文不相衔接，“⿰鼠卜”当是“⿰鼠天”字残误。

进而考之，中华书局影印本《太平御览》“鸟名鵌，鼠名⿰鼠天。⿰鼠天如家鼠而短尾，鵌如鵽而黄”两“⿰鼠天”字亦皆俗讹，其字本皆作“鼵”。《山海经·西山经》：“又西二百二十里曰鸟鼠同穴之山。”郭璞注：“今在陇西首阳县西南。山有鸟鼠同穴，鸟名曰鵌，鼠名曰鼵。鼵如人家鼠而短尾，鵌似燕而黄色，穿地入数尺，鼠在内鸟在外而共处。”此《太平御览》所引，而原书正作“鼵”字。《尔雅·释鸟》：“鸟鼠同穴，其鸟为鵌（‘鵌’‘鵌’部件易位字），其鼠为鼵。”李巡注：“鵌、鼵，鸟鼠之名，共处一穴，天性然也。”② 郭璞注：“鼵如人家鼠而短尾，鵌似鵽而小，黄黑色，穴入地三四尺，鼠在内，鸟在外。今在陇西首阳县鸟鼠同穴山中。孔氏《尚书》传云：共为雄雌。张氏《地理记》云：不为牝牡。”释文：“鼵，徒忽反。”此鸟鼠同穴山鼠名鼵之证。“鼵”字从鼠，突声，“突”所从之穴手写第二笔延长，第四、第五笔连为一横，故“鼵”讹变作“⿰鼠天”字。

或误作“⿺辶鼠”，文渊阁本《庾子山集》卷九《拟连珠》：“雀鼠同归，应非丹穴。”倪璠纂注：“郭璞《山海经》注曰：今在陇西首阳县西南，山有鸟鼠同穴。鸟名鵌，鼠名⿺辶鼠，如人家鼠而短尾。”

或误作“⿺辶鼠”，《杜诗详注》卷七《秦州杂诗二十首》之一：“水落鱼龙夜，山空鸟鼠秋。”仇兆鳌注：“《尔雅》：鸟鼠同穴，其鸟为鵌，其鼠为⿰鼠罙。注：⿰鼠罙如人家鼠而尾短。”注中两“⿰鼠罙”字，中华书局本并作“鼵”，与《尔雅》郭注合，不误；文渊阁本引《尔雅》作“⿺辶鼠”，引郭注字作“⿺辶鼠”，当亦是“鼵”字而笔画略有粘连。

《禹贡合注》之“⿺辶鼠（⿰鼠录）”字，与文渊阁本《庾子山集》倪璠纂注之“⿺辶鼠”、《杜诗详注》仇兆鳌注之“⿺辶鼠”形体尤近。

鸟鼠同穴山之鼠名鼵，当地俗语或名“苦术兀儿”。

明顾起元《说略》卷三十：“今鸟鼠同穴山在渭源县二十里，俗呼为青雀山，实有鸟与鼠同处于穴。又甘肃永昌卫山中亦有此异鸟，则灰白色，夷名本周儿；鼠则如郭璞所云，夷名苦术兀儿。不独渭源为然。”

---

① “今在”以下乃郭璞注，非《山海经》文。

② 见孔颖达《尚书》正义、邢昺《尔雅》疏引。

或省称为“兀儿鼠”。

清胡渭《禹贡锥指》卷十七：“岳正《类博稿》云：鸟鼠同穴，予戍甘时过庄浪亲见之。鸟形色似雀而少大，顶出毛角，飞即崖穴，穴口有鼠，状如人家常鼠，但唇缺似兔，蓬尾似鼬，与鸟偕入。彼此比（《类博稿》作‘狎’）昵，有类雌雄者。《甘肃镇志》云：凉州之地有兀儿鼠者，形状似鼠，尾若赘疣；有鸟曰本周儿者，其形似雀，色作灰白，常与兀儿鼠同穴而处。所谓鸟鼠同穴者也。”

或省称为“兀”。

清朱鹤龄《禹贡长笺》卷十一：“沈约《宋书》：沙州甘谷岭北有雀鼠同穴。雀色白，鼠色黄，地生黄紫花草，便有雀鼠穴。《甘肃志》谓鼠名兀，鸟名本周儿，同穴而处，与古所传鸟名鵌、鼠名鼵异。”

《蠕范》谓“鼵”又名“兀鼠”，与《禹贡长笺》引《甘肃志》同；又谓其鼠“如家鼠而小，色黄尾短，缺唇似兔，蓬尾似鼬”，与岳正《类博稿》所云鸟鼠同穴之鼠形状相合。然鸟鼠同穴山之鼠名“鼵”，土语名“苦术兀儿”，简称为“兀儿”“兀”，不名“⿰鼠占⿰鼠盧”，《蠕范》谓“鼵”，又名“⿰鼠占⿰鼠盧”者，展转而误也。《山海经》郭璞注：“鼠名曰鼵。鼵如人家鼠而短尾……”一误作“鼠名曰鼣。鼣如人家鼠而短尾……”（中华书局影印本《太平御览》），再误作“鼠名曰⿰鼠占。鼣如人家鼠而短尾……”（文渊阁、文津阁本《太平御览》），三误作“鼠名⿰鼠占鼥”（《禹贡合注》），四又误改作“⿰鼠占⿰鼠盧”——此《蠕范》“⿰鼠占⿰鼠盧”所由生。“⿰鼠占鼥”“⿰鼠占⿰鼠盧”皆属于“假词”。①

13. 清邹汉勋《读书偶识》卷十（清光绪左宗棠刻本）：“《玉篇》：鶨，⿰丸鳥也。⿰丸鳥，⿰丸鳥鶨，鸟名，鸟喙蛇尾。谨案：今首望山中有蛇尾雀，大如鸠，尾如蛇，长尺余。鸟而蛇尾，亦可怪也。”民国五年刻本清孙诒让《籀庼述林》卷十《与友人论动物学书》：“近美国掘地得化石，鸟形而有蛇尾，谓之始祖鸟。考《玉篇·鸟部》：鶨鸠，鸟喙蛇尾。或即始祖鸟之遗。邹叔勣《读书杂识》谓今首望山中有蛇尾雀，大如鸠，尾如蛇，长尺余。则始祖鸟或绝灭于彼而转存于中土，未可定也。”

《万象名义·鳥部》：“⿰丸鳥（⿰丸鳥），胡官反。”（245 下）《新撰字镜·鸟部》：“⿰丸鳥，胡官反，平。⿰𧰨鳥（⿰𧰨鳥）也。”（460）笺注本《切韵》（斯 2071）平声《寒韵》胡官反：“⿰丸鳥（⿰丸鳥，左旁‘丸’上似从草头），⺀⿰𧰨鳥鳥。”（81）故宫本《王韵·寒韵》胡官反：“⿰丸鳥，⺀⿰𧰨鳥，鳥名。”（451）《玉篇·鳥部》：“⿰丸鳥，乎官切。⿰丸鳥鶨，鳥喙蛇尾也。”胡吉宣云：“《切韵》云：⿰丸鳥⿰𧰨鳥鳥。《广韵》：⿰丸鳥⿰𧰨鳥鳥，鳥喙蛇尾也。《集韵》同。‘鶨’并作‘⿰𧰨鳥’，‘烏’为‘鳥’讹。盖亦《山经》之怪鸟属也。孙诒让《与友人论生物书》云：美国掘

① 参见拙作《释“⿰鼠占⿰鼠盧”》，《中国语文》2013 年第 4 期。

地得化石，鸟形而蛇尾，即《玉篇·鸟部》之鳮鵌，鳥喙蛇尾也。是则《山经》所载奇形殊状之鸟兽，后人以为怪诞不经者，未必尽属虚妄。宇宙之广大永恒，固不能囿于见闻而概斥为子虚乌有也。”（4774）胡氏谓《广韵》“烏喙”之“烏”为“鳥”字之讹，所言是也；又谓鳮鵌“亦《山经》之怪鸟属”，则恐有未当。颇疑鳮鵌乃《山海经》怪兽，非怪鸟也；若本为怪鸟，则“鸟喙”非其怪异特征。《山海经》“烏喙”出现 4 次，“鳮鵌”而外，《海外南经》：“讙头国在其南，其为人，人面，有翼，鸟喙，方捕鱼。”《大荒南经》：“海中有张弘之国……有人焉，鸟喙，有翼，方捕鱼于海。”又云：“驩头人面，鸟喙，有翼，食海中鱼，杖翼而行。”其中“鸟喙”皆不言鸟。依《玉篇》《广韵》所言鳮鵌之状求之，“鳮鵌”盖“犰狳”二字之变。《山海经·东山经》：“馀峨之山……有兽焉，其状如兔而鸟喙，鸱目蛇尾，见人则眠，名曰犰狳，其鸣自叫，见则螽蝗为败。”鳮鵌“鸟喙蛇尾”，与犰狳正同。以犰狳兽“鸟喙鸱目”，故字变从鳥作。①“鵌”“狳”声旁相同，“鳮”“犰”声旁形近。盖《山海经》古本“犰狳”有作“鳮鵌”者，顾野王撰《玉篇》，广收文献异文，因将“鳮鵌”二字收入书内，并引《山海经》为例证；孙强辈增修《玉篇》，删去原书例证，后人遂不知“鳮鵌”即“犰狳”矣；又见其字从鳥，唐宋《切韵》系韵书及后世字书乃以“鳮鵌”为鸟名也。

进而求之，南美洲所产之 Armadillo，清人以为即《山海经》之犰狳，犰狳之“犰”亦有可疑。《山海经·东山经》：“馀峨之山……有兽焉，其状如菟而鸟喙，鸱目蛇尾，见人则眠，名曰犰狳，其鸣自叫，见则螽蝗为败。”“犰狳”二字郭璞注：“仇、馀二音。”唐瞿昙悉达《唐开元占经》卷一百十六引《山海经》，“犰狳”二字注：“仇、馀两音。”《广韵》平声《尤韵》巨鸠切：“犰，犰狳兽，似鱼，蛇尾，豕目，见人则佯死。”余迺永据《山海经》校“鱼”乃“兔”字之误，“豕”乃“鸱”字之误（142）。“犰”字巨鸠切、音仇，则当是从九得声。然《广韵》以前字书有从几得声之“犱”，而无从九得声之“犰”。《万象名义·犬部》：“犱，居理反。如菟，鸟［喙］鴎（鸱）［目］。”（236 上）《新撰字镜·犭部》：“犱，居理反。生石灾（是为灾?）兽。”（473）故宫本《王韵》上声《旨韵》居履反：“犱，兽，如兔。”（473）故宫本《裴韵·旨韵》居履反：“犱，兽，似兔。”（571）《玉篇·犬部》：“犱，音几。似兔。”“犱”字居理反、音几，则当是从几得声。从字书贮存的音义信息来看，“犰”“犱”二字乃《山海经》传写之异，或原书作“犱狳”，或原书作“犰狳”，二者不能并立，必有一误。《广

---

① 《太平御览》卷九三一《兽部》引《山海经》：“皋涂之山有兽，状如鹿，白尾，马足，人手而四角，名曰玃。”以其兽“马足”，故或从马作“䮳”（参见拙著《疑难字考释与研究》，第 624 页）。“犰狳”变作“鳮鵌”，与“玃”变作“䮳”同理。

韵》“犰”“犹”并见，“犰”见上声《旨韵》，居履切；“犹”则平声《尤韵》，巨鸠切，周祖谟、余迺永并谓字当作“犹”（见《新校互注宋本广韵》），王念孙、毕沅、郝懿行校《山海经》，则并谓“犹”当作“犰”，郭注“音仇”则当作“音几”（见《山海经校注》129）。《山海经》馀峨山之兽，由于传本之异，至少有犹狳、犰狳、鳩鷋三种词形，即使南美所产之 Armadillo 与《山海经》馀峨山之兽属于同一种动物，也未必即为犹狳。

头颅谓之“頊”[1] 字或作“髗”，形近误作“髗”，丁度等收入《集韵》，望形生音读作动五切；《释骨》不知“髗”即“髗”字讹变，因将“髗”与“髗”误认作同义词，从而影响到法医史研究。“秺”本“秜”字俗讹，杨慎不知其误，因误以“秺”“秜”为近义词，从而影响到植物学研究。“鮎”“鮍”二字本皆“鮟”字展转而误者，李元不知其误，因将“鮍”字改写作“鱸”，又以“鮎鱸”与“鮟”为同物异称；“鳩鷋”与“犹狳”所指相同，乃《山海经》馀峨山之兽异文，后人不知，但见“鳩鷋”从鳥，因误以“鳩鷋”为鸟名，孙诒让谓“《山海经》犹狳即南亚墨利加（South America）所产阿马底罗（Armadillo）”，又谓“鳩鷋”即始祖鸟之遗。此疑难字又影响到考古、影响到古生物研究者。

四、疑难字与汉语音韵研究

传世大型字书注音材料是研究汉语音韵以及语音史的重要材料，考释疑难俗字亦需借助音韵学知识。由于大型字书注音材料存在大量传抄与编纂失误，给汉语音韵学、语音史研究及利用音韵学知识考释疑难字造成一定的负面影响。

14.《广韵》平声《侯韵》落侯切：“剅，小穿。又音兜。”又当侯切：“剅，小穿。又音娄。或作𠜱。”

按：笺注本《切韵》（斯 2071）平声《侯韵》落侯反：“剅，小穿。”（91）同韵当侯反不收“剅”字。故宫本《王韵·侯韵》落侯反：“剅，小穿。”同韵当侯反：“剅，㓱。”（467）敦煌本《王韵》、故宫本《裴韵》同。“剅”字从豆得声，自当读为端母，而笺注本《切韵》读为来母者，周祖谟云：“剅，《广韵》此字与劅同音落侯切，非也。此盖沿唐人韵书之误。《切三》及故宫本、敦煌本《王韵》劅均讹作剅，别无劅字。案剅从豆声，已见当侯切下，此处当删。”[2] 龙宇纯云：“《广韵》当侯切剅下云：又音娄。

① 《广雅·释亲》：“頊颅谓之髑髅。”

② 《广韵校勘记》，第 208 页。

其本纽收𠛎字，似非由不经意出之。《广雅·释诂》：𠛎，裂也。曹宪音多侯反。然《切三》当侯反无𠛎字，字见于本纽，或是有此一读。𠜾字不详所出，或即𠛎读落侯反之后起字。"① 余迺永"𠜾"字校勘记云："《切韵》系书落侯反无此字，然有𠛎字，注：小穿。《广韵》𠛎字见同纽，注：小穿，又音兜。《王韵》各本当侯反亦有𠛎字，训㓡；《广韵》本韵当侯切下训：'小穿，又音娄，或作㓱。'两两互注。𠛎有端母、来母二音，盖复辅音也；写成叠韵连绵［词］则为𠛎𠜾。𠜾字晚出，故不见于《广韵》以前诸书。《周校》谓𠛎音落侯切，乃沿唐人韵书之误，非也。"(689) 上引诸说多有未安。

《广雅·释诂二》："𠛎，裂也。"又《释言》："𠛎，㧣也。"曹宪"𠛎"字并多侯反。《万象名义·刀部》："𠛎，丁侯反。小裂。"(171上) 原本《玉篇》有"𠛎"无"𠜾"，笺注本《切韵》当收"𠛎"字而不必收"𠜾"，周氏据后出之《广韵》谓笺注本《切韵》(《切三》) 之"𠛎"为"𠜾"字之讹，是以本无之字改固有之字，龙氏、余氏皆斥其非，是也。《新撰字镜·豆部》："𠛎，刀侯反。在刂部。"(679) 同书《刂部》又云："𠛎，力侯反，平。……裂也，小裂也。"(644) "刀"为端母字，"力"为来母字。"𠛎"字从豆得声，当读多侯反，笺注本《切韵》落侯反者，盖所据字书反切上字亦由端母字误为来母字也。敦煌本《王韵》、故宫本《王韵》及《裴韵》"𠛎"字落侯反、当侯反两收者，其落侯反一读，承笺注本《切韵》之误；当侯反一读，据原本《玉篇》《博雅音》等所补。余氏谓"𠛎有端母、来母二音，盖复辅音也"，此为误音(来母) 所惑而与语言事实不符 (中古汉语无复辅音)。"𠛎"字落侯反形声不谐，唐代《切韵》系韵书在传抄过程中或改"𠛎"为"𠜾"②，所谓形随音变也。《广韵》洛侯切"𠛎""𠜾"兼收者，"𠛎"字承未改本唐代《切韵》系韵书而来，"𠜾"字据改本唐代《切韵》系韵书增收。《广韵》"𠜾"训𠛎 (或作"頭") 𠜾、小穿者，小穿之训，本唐代《切韵》系韵书"𠛎"字固有之训，而"𠛎𠜾""頭𠜾"则是所改字头阑入正文者，非叠韵连绵词也。

15. 曾良、赵铮艳《佛经疑难字词考》：《大字典》"欸"字条音 guī，《广韵》古携切，平齐见。又于 (於) 佳切。列有两个义项："①欸声。《玉篇·欠部》：'欸，欸声。'《集韵·齐韵》：'欸，声也。' ②邪貌。《广韵·齐韵》：'欸，邪也。'《集韵·齐韵》：'欸，邪皃。'" 按：此字同"哇"，音 guī 本是不对的，读字读半边所致。当读 wā 或 wāng。今读 wā 是阴阳对转，失去韵尾。"哇""欸"是形声字，从㞷声。口部与欠部往往相通……"欸"字的"圭"是"㞷"的隶变异写，不是圭璧之"圭"。如

---

① 《全王校笺》第 251 页上—中。

② 龙氏谓"𠜾"字或即"𠛎"读落侯反之后起字，其说近是。本纽所收之字"𠛎"字而外皆从"娄"声。

“往”或作“徃”，即其例。义项①释为欯声，照抄《玉篇》的解释，说明编纂者自己也不明白是什么意思。原本《玉篇·欠部》：“欯，於往、居携二反。书（《［字］书》）或哇字也。哇声也，讴也，邪也。在口部。”“欯”有“声也”“讴也”之义，就是“淫哇”之“哇”。《法言·吾子》：“中正则雅，多哇则郑。”李轨注：“多哇者，淫声繁越也。”《集韵·齐韵》：“哇，讴歌也。”《文选》张协《七命》：“追清哇，赴严节。”李善注引《仓颉篇》曰：“哇，讴也。”因常说“淫哇”之声，故“欯”引申指邪佞。或作“𣢾”，《大字典》“𣢾”字有wǎng和wāng二音，《广韵》纡往切、《字汇》于狂切，即是“哇”字。《广韵·养韵》：“𣢾，佞人。”而北京故宫博物院藏《王仁昫刊谬补缺切韵·养韵》作：“欯，佞人。”《集韵·养韵》：“欯，佞也。”《字汇·欠部》：“欯，妄也。”原本《玉篇》“欯”字也於往切，“𣢾”字从“㞷”得声，《说文·之部》：“㞷，艸木妄生也。从之在土上，读若皇。”北京故宫博物院藏《王仁昫刊谬补缺切韵·养韵》：“往，王两反，去。古逞。”“逞”的里面就是“㞷”字稍变，表声。《说文》：“哇，谄声也。从口，圭声。”［通］过字形、字音和义训的比较，故知“哇”“欯”“𣢾”三字音义同。①

《万象名义·欠部》：“欯，於佳反。哇字。讴也，邪也。”《新撰字镜·欠部》：“欯，於佳、居携二反。哇字。声也，讴也，邪也，佞也。”（647）今本《玉篇·欠部》：“欯，於佳切。欯声。又居携切。”《龙龛》卷三《欠部》：“欯，於佳、古携二反。邪皃。”《广韵·齐韵》古携切：“欯，邪也。又纡佳切。”又《佳韵》於佳切：“欯，邪皃。又音圭。”古携、居携切音相同，於佳、纡佳切音相同。“欯”字古有两读，一在齐韵古携切，一在佳韵纡（於）佳切，纡（於）佳切误作纡（於）往切，故宫本《王韵》《裴韵》遂收入齐、养二韵也。原本《玉篇·欠部》：“欯，於往、居携二反。《［字］书》：或哇字也。哇声也，讴也，邪也。”“於往”亦是“於佳”之误。“欯”既为“哇”字之或，则自当读同“哇”音。《说文》二篇上《口部》：“哇，谄声也。从口，圭声，读若医。”大徐等於佳切。笺注本《切韵》（斯2071）平声《佳韵》、故宫本《王韵·佳韵》《广韵·佳韵》“哇”字并音於佳反（又音乌瓜反），是其证。《万象名义》《新撰字镜》、今本《玉篇》“欯”字并音於佳反，是原本《玉篇》“於往”为“於佳”之误之切证。故宫本《王韵》《裴韵·养韵》收“欯”字，与原本《玉篇》误同。“欯”同“哇”，皆从圭得声，曾氏谓“欯”同“哇”，是也；谓“欯”字所从之“圭”是“㞷”的隶变异写，不是圭璧之“圭”，当读wā或wāng，今读wā是阴阳对转，失去韵尾，则有未当。

---

① 曾良、赵铮艳：《佛经疑难字词考》，《古汉语研究》2009年第1期。

16.《广韵》入声《屋韵》余六切：“⿱粥田，生田。”平声《元韵》附袁切：“⿲弓番弓，生养也。⿰馬番，上同。”

赵少咸云：“《二十二元》附袁切⿱粥田作⿲弓番弓，生养也。彼⿲弓番弓与此⿱粥田皆鬻之讹……《礼记·乐记》：毛者孕鬻，胎生者不殰。释文鬻误⿲弓番弓，音育，生也。徐又扶袁反。徐仙民所见误本作⿲弓番弓，此又误为⿱粥田也。”(3178)

葛信益云：“《礼记·乐记》孕育字借鬻字为之，而鬻释文作⿲弓番弓，音育，生也。⿱粥田、⿲弓番弓均不成字，并即鬻字之讹……⿱粥田注生田二字不辞，田盖也字之讹。”(57—58)

按：赵、葛二氏以“⿱粥田”“⿲弓番弓”为“鬻”字之讹，是也。“鬻”字或作“”（老乙235；《马编》112）、“”（纵横家书63；《篆隶》189），形近误作“⿲弓番弓”，又误作“⿱粥田”也。《礼记·乐记》：“羽者妪伏，毛者孕鬻。”（《史记·乐书》同，《白孔六帖》卷十八、《通志》卷三十四引《礼记》作“毛者孕育”）郑注：“鬻，生也。”“鬻”字释文作“⿲弓番弓”，《广韵》“⿱粥田”字即“⿲弓番弓”字异写，亦“鬻”字俗讹。“鬻”假借为“育”，训生；《广韵》“⿱粥田”字训生田者，此陈彭年等人见其字从田而误训也。葛氏以为“田”为“也”字之讹，恐非是。《礼记·儒行》“粥粥若无能也”释文：“粥，徐本作⿲弓番弓（注疏本作‘鬻’），章六反，卑谦貌；一音羊六反。”《集韵》入声《屋韵》之六切：“⿲弓番弓，⿲弓番弓⿲弓番弓，卑谦皃。通作粥。”又余六切：“⿲弓番弓，生也；一曰⿲弓番弓⿲弓番弓，谦卑皃。”《通雅》卷九：“粥粥、⿲弓番弓⿲弓番弓，四明周氏刻考异本《儒行》‘粥粥若无能也’引徐作⿲弓番弓⿲弓番弓，按注疏释文无⿲弓番弓字，《韵会》不收，《唐韵》有⿲弓番弓，生田也。道昭则载⿲弓番弓⿲弓番弓，卑谦貌。智以⿲弓番弓殆鬻之省文而讹也。”

《万象名义·弜部》：“⿲弓番弓，扶表（袁）反。生养也。”（167上）《玉篇·弜部》：“⿲弓番弓，弋粥切，又扶袁切。养生也。”胡吉宣云：“弋粥切音《广韵·屋韵》作⿱粥田，云：生田。字从田，粥声。《集韵》音祝，云：⿲弓番弓⿲弓番弓，卑谦皃，通作粥。又扶袁切养生也者，《广韵·元韵》：⿲弓番弓，生养也。《集韵》云：生育也，或省作⿰弓番。据此，是本书广益者误合⿱粥田、⿲弓番弓二字为一，而同为生养义者，字从番与蕃通，滋生蕃息也；从粥者为鬻之省，与育通。《礼记·乐记》‘毛者孕鬻’郑注：鬻，生也。《淮南·原道》作孕育。本书育，养也，生也，长也。⿱粥田、⿲弓番弓形义并近，致圂合为一字。《礼记·儒行》‘粥粥若无能也’，释文云：卑谦皃。徐仙民本作鬻鬻。变鬻为⿲弓番弓者，从田取种植生息义。依字当隶田部，自不相乱矣。”（3214）“⿲弓番弓”训生养，从弜无义，其字当是“鬻”字省变。“鬻”省变作“⿲弓番弓”，徐邈误以为从番得声，因读同番音，望形生音也。

故宫本《王韵》平声《元韵》附袁反：“⿲弓番弓，生。”（450）《龙龛》卷一《弓部》：“⿲弓番弓，音烦。生养之皃。”（150）卷二《馬部》：“⿰馬番，音烦。生养之皃。”（291）《集韵·元韵》符袁切：“⿲弓番弓、⿰弓番，生育也。或省。”（宋刻39下）黄焯《古今声类通转表·

喉唇通转》引《玉篇》“𧬾”字弋粥切又扶袁切为喻奉通转之例（上海古籍出版社 1983 年，第 161 页），非是。

五、疑难字与汉字研究

一般来说，异体字是一个字的正体之外的写法，字音和字义相同而字形不同的一组字。由于大型字书贮存的疑难字音义信息缺失，或音义虽全而存在严重的传刻失误与编纂失误，致使大量具有异体关系的字未能得到认同，不具异体关系的字得到错误认同。例如：

17. ⿱穴絶　音义未详。明杨慎《升菴诗话》卷二：“王少伯《赠张荆州》：‘邑西有路缘石壁，我欲从之愁⿱穴絶嵌。’”按：“⿱穴絶”，疑同“絶”。《全唐诗》卷一百四十一引此诗作“我欲从之卧穹嵌”。（《大字典》2743B/2935B）

按：“絶”字无由变作“⿱穴絶”，且“絶嵌”亦不词，《大字典》疑“⿱穴絶”同“絶”，非是。以形求之，并参考文献异文，“⿱穴絶”乃“竆（窮）”字之误。元赵孟頫《急就章》“窮”字作“”（《中国草书大字典》819）、“絶”字作“”（《中国草书大字典》1071），“”字下部与草书“絶”字相近，刻工不识草书，因误将“”字楷定作“⿱穴絶”。文渊阁本《升菴集》卷六十：“黄帝《弹歌》：断竹，⿸厂乐木；飞土，逐肉。二言之始也。”明梅鼎祚《古乐苑衍录》卷二引同。“⿸厂乐木”《吴越春秋》作“續竹”，唐虞世南《北堂书钞》卷一百二十四作“屬木”，“⿸厂乐”即草书“屬”字误为楷定者。① 古代文献大多经历过由写本转为刻本的过程，写本多行草书，刻本多楷书，受刻工识字水平低下的影响，在转刻过程中，多有误为楷定者，“⿱穴絶”“⿸厂乐”之类是也。明高棅《唐诗品汇》卷三十一收录王昌龄（字少伯）《奉赠张荆州》诗：“邑西有路缘石壁，我欲从之卧窮嵌。”此“⿱穴絶”乃“窮”字讹误之明证。诗中“窮嵌”二字，《全唐诗》《唐文粹》本并作“穹嵌”，“窮”“穹”二字古通用，“穹（窮）嵌”指山石高险。明程敏政《新安文献志》卷四十九收录王炎《鸣水洞辞》：“艾之西兮汩之原，山石划断兮，窮嵌而崭岩。”此用“窮嵌”二字者。《文苑英华·陶翰〈仲春群公游田司直城东别业序〉》：“因曲岸而扪穹嵌，忽升绝顶。”此用“穹嵌”者。《字海·穴部》亦收《升菴诗话》“⿱穴絶”字，注云“‘穹’的讹字”（1138B），其说不确，“穹”字亦无由变作“⿱穴絶”。

18. 掿　lù（又读 jué）　《改并四声篇海·手部》引《搜真玉镜》：“掿，六、掘二

---

① 参见拙著《疑难字考释与研究》上编“⿸厂乐”字条，第 16 页。

音。”（《大字典》1890B/2001A）

lù　音路。义未详，见《篇海》。（《字海》343A）

《丛考》云：“此字疑为‘掘’的讹俗字。《龙龛·木部》：‘⿰木坴，误，《经音义》作掘，渠物反。～土也。在《拔悲经》。’‘⿰扌坴’‘⿰木坴’显为一字之变。《篇海》引《搜真玉镜》‘⿰扌坴（掘）’字又音‘六’者，盖据右旁而望形生音也。”（265—266）

按：《玄应音义》卷八《孔雀王咒经》音义：“掘土，渠勿反。《说文》：掘，搰也。《广疋》：掘，穿也。经文作⿰木坴（《慧琳音义》卷三十七误作‘桂’），误也。”此《龙龛》“⿰木坴”字注文所本。大正藏《孔雀王咒经》：“月光菩萨放光求魔，持地菩萨掘土求魔。”此《玄应音义》“掘土”二字所从出。《可洪音义》卷七《孔雀王咒经》音义：“掘土，巨月反。”（59册798下）字亦作“掘土”，与今本佛经用字相同。玄应所见写本佛经作“⿰木坴”者，以可洪所见写本与今本佛经证之，“⿰木坴”当是“掘”字之误。“⿰木坴”字见《玄应音义·孔雀王咒经音义》，《孔雀王咒经音义》紧接《拔陂经音义》，行均读《玄应音义》不慎，遂谓“⿰木坴”字“在《拔陂经》”，而又误“陂”为“悲”也（辽金时期二字读音已无别）。《玄应音义·拔陂经》无“⿰木坴”字。俗书木、扌二旁形近相乱，“⿰扌坴”字《篇海》引《搜真玉镜》音掘，《丛考》以为“⿰扌坴”“⿰木坴”一字之变，皆“掘”之讹俗字，所言是也。《篇海》引《搜真玉镜》“⿰扌坴”又音六者，《可洪音义》卷二十五《一切经音义》卷八音义：“作⿰木坴，音六。或作稑稑。见藏无此经。”（60册362下）“⿰扌坴”同“⿰木坴”，“⿰木坴”或作“稑”，“稑”音六，故“⿰扌坴”亦有音六一读。《篇海》引《搜真玉镜》“⿰扌坴”字六、掘二音，当是《玄应音义·孔雀王咒经音义》“⿰木坴”字之变。据玄应、可洪《孔雀王咒经音义》及今本大藏经，“⿰扌坴（⿰木坴）”字乃“掘”字俗讹，当音掘；其音六者，乃误以“⿰扌坴”“⿰木坴”为“稑”字俗书，并非“据右旁而望形生音”。

19. ⿰牛需　rù　《广韵》而遇切，去遇日。①牛胫。《广韵·遇韵》：“⿰牛需，牛茎。”《篇海类编·鸟兽类·牛部》：“⿰牛需，牛脛。”②牛名。《集韵·遇韵》：“⿰牛需，牛名。”（《大字典》1820B—1821A/2135A）

按：《太平御览》卷九百九十二引《广雅》曰：“牛茎（今本《广雅·释草》作‘荎’，王氏疏证改作‘茎’），牛膝也。”《广韵》“⿰牛需”字从牛而训牛茎，训义费解（与草名“牛茎”偶然同形）；《篇海类编》训为牛脛，本成化本《篇海》《五音集韵》。成化本《篇海》卷三《牛部》引《馀文》：“⿰牛需，而遇切，牛脛也。”（304上）《五音集韵》去声《遇韵》而遇切：“⿰牛需，牛脛。”（148）宁忌浮校订记：“‘脛’，A本（崇庆本）作‘荎’，G（《广韵》）作‘茎’，J（《集韵》）作‘名’，均误。《四声篇海》引《馀文》：‘⿰牛需，而遇切，牛脛也。’C本（成化本）是。”（44）宁氏所说非是。《新修玉篇》卷二十三《牛部》引《馀文》：“⿰牛需，而遇切，牛茎。”（191上）《篇海》《新修玉篇》皆本金人王太《类玉篇海》而增广成书，《类玉篇海》所引《馀文》取“《韵》有《篇》无”之字编纂而成，所引《馀文》字音义多出《广韵》（如果《广韵》有其字），《新修玉篇》引《馀文》“𤛙”字音而遇切、训牛莖，音义正与《广韵》相同。成化本《篇海》《五音集韵》“𤛙”训牛脛，此当是明人刊刻二书以“牛莖”不词而臆改，崇庆本《五音集韵》作“茎”，“茎”即“莖”字形误（二字草写字形至近），其不作“脛”甚明。金刻元修本《篇海》卷三《牛部》引《馀文》：“𤛙，而遇切，牛莖。”可证《篇海》《五音集韵》“𤛙”训牛脛者为明人妄改。《集韵》在《广韵》基础上增修而成，“𤛙”字《广韵》训牛莖而《集韵》训牛名者，此并非丁度等人另有所本，亦以《广韵》训义不通而臆改也。牛之胫自上古汉语即称牛胫，《说文》三篇下《革部》：“靗，系牛胫也。从革，見声。”汉魏以后，汉语进入合成造词阶段，不应时至宋代，乃为牛胫造一单音节专词，又为之造一专字，此有违汉语词汇发展一般规律。《切韵》系韵书、《万象名义》不收“𤛙”字，以形音求之，并参考《广韵》训义，“𤛙”当是“擩”字俗讹，俗书扌旁多与牛旁相乱（受书写工具、行款影响），故“擩”讹变作“𤛙”。故宫本《王韵》去声《遇韵》而遇反：“檽，〻莝。”（493）龙宇纯云：“‘檽’字《王二》《唐韵》同，《王一》《广韵》作‘擩’，案作‘擩’是。《唐韵》《广韵》并云擩莝手進物也，即仙韵而缘反‘撋’字。”（450 中）龙说是也。唐写本《唐韵》残卷《遇韵》而遇反：“檽（擩），〻茎（莝），手進物也。”（645）《玄应音义》卷十五：“擩（永乐南藏作‘擩’）箭，而注反。亦言捻箭也。念（永乐南藏作‘今’，是）言擩莝、擩物皆作此字也。”（56 册 1043 上）又云：“并擩，而注反。谓擩莝、擩箭、擩物等皆作此字。”（56 册 1048 中）《佩觿》卷下：“檽、擩，上而兖翻，檽棗。下而戍翻，擩莝；又女又翻，染也。”《龙龛》卷二《手部》：“擩，通；擩，正。人注反。擩莝，手進物也。又奴豆反，搆擩，不解也。”《广韵·遇韵》而遇切：“擩，擩莝，手進物也。”余迺永引《龙校》：“‘進’字误，当作‘摧’。”（314）《集韵》平声《僊韵》而宣切：“撋、擩、㨎、挼，烦撋，犹挼莎也。或作擩、㨎、挼。”《万象名义·手部》：“挼，而和反。摧也，两手相、（‘、’号不当有）切也。撋，挼字。”（53 上）“擩”训擩莝，当取两手相切之义，古言挼（挼）莎，今言揉搓。“莝”字俗书作“茎”，《可洪音义》卷二十八：“茎碓，上仓卧反，正作莝也。”（60 册 511 中）“莖”字俗书亦作“茎”，《可洪音义》卷一：“茎幹，上户耕反。”（59 册 564 中）故“莝”误作“莖”字。故宫本《裴韵》去声《遇韵》而遇反：“檽，〻荃（莖）。”（588）《新撰字镜·扌部》：“檽、擩，二形同。而注反，去。言捻箭也，荃（莖），染。”（569）“擩”字讹变作“𤛙”，注文“〻莝”误作“〻荃”，陈彭年等不知“𤛙”乃“擩”字俗书，而将其字收入《广韵·遇韵》而遇切小韵之末，并以其字从牛而改注文为“牛荃（莖）”，《广韵》多此类俗讹字。

20. 槒，同“慉”。《改并四声篇海·木部》引《对韵音训》：“槒，正作慉。”(1269A/1360B)

按：成化本《篇海》卷七《木部》引《龙龛》：“槒，音畜。正作慉（泰和本作‘槒’，误）。”（698上）《新修玉篇》卷十二《木部》引同。高丽本《龙龛》卷四《木部》：“槒，俗。音畜。正作慉。”（385）此“槒”字所从出。正德本《篇海·木部》十画引《龙龛》符号“◓”误作“⦿”（万历本同），“⦿”在《篇海》中表示“对韵音训”，《大字典》以“对韵音训”为书名，故本是《篇海》引《龙龛》的“槒”字，《大字典》误以为引《对韵音训》。“槒”字佛经有用例，乃“稸”字俗讹，高丽藏《正法华经》卷三：“深谷诸广野，林麓槒幽薮。”其中“槒”字，碛沙藏作“稸”。《可洪音义》卷五《正法华经》卷三音义：“蓄幽薮，上丑六、许六二反，聚也。下桑走反。上亦作稸。”（59册707中）是可洪所见本作“蓄”，又作“稸”，“稸”“蓄”字同，谓积聚也。《玄应音义》卷十《大庄严经论》卷二音义：“储积，直於反，《说文》：储，偫也。槒也，待也。偫，直里反。”（56册946下）其中“槒”字，《慧琳音义》卷四十九引作“稸”。“储”训稸（蓄），常训也。《说文》十篇下《心部》：“慉，起也。从心，畜声。《诗》曰：能不我慉。”“慉”字大徐等许六切，与“稸（蓄）”字读音相同，故佛经蓄积字又有写作“慉”者（或视为“稸”之易旁字，涉上文“心”字易从心旁，与训起之“慉”同形）。《佛说无量清净平等觉经》卷三（宋元等本作卷下）：“结愤心中，慉气毒（宋本作‘恚’）怒。”《可洪音义》卷二《无量清净平等觉经》卷下音义：“慉气，上许六反。”（59册606中）《玄应音义》卷八《无量清净平等觉经》卷下音义：“稸气，《字书》作蓄，同，敕六反。稸谓积也，聚也。经文从心作慉，许六反，慉，起也。慉非经意。”（56册943下）《慧琳音义》卷十六《无量清净平等觉经》卷下音义：“稸气，丑六反。孔注《尚书》：稸，积也。顾野王：稸，聚也。形声字也。经文有从心作慉，非也。慉，音许六反。”（57册713下）经文“慉气”为胸气郁积，“慉”字当从玄应读作“稸”。《佛说阿弥陀经》卷下正作“结愤胸中，稸气恚怒”。“慉”字佛经又用作译音字，《大乘悲分陀利经》卷一咒语：“阿慉钗波浮弥。”作为译音字，“慉”又作“稸”，记音功能相同也。《可洪音义》卷五《大悲分陁利经》卷一音义：“慉敘，上许六反，下楚加反，下正作钗也。《悲花经》作稸差。”（59册715上）俗书禾、木二旁形近相乱，《龙龛》“槒”字当亦是“稸”字俗讹；行均谓“槒”正作“慉”者，其说不足信从。“慉”字训起，无由变作“槒”。

21. 癹 《古文四声韵·月韵》引崔希裕《纂古》“發”字古文作“癹（癹）”，此“癹”字之始见者。《直音篇》卷二《癶部》：“發，音髮，起也。癹，同上。”（62

上）

唐写故宫本《裴韵》入声《月韵》方月反："發，动也，举也。"（614）"發"字方月反，"癹"为"發"字古文，亦当读方月反（宋代以后"反"多作"切"）。金邢准《新修玉篇》卷十《癶部》引《川篇》："癹，方月切。古文。"（95下）金刻元修本韩道昭《篇海·癶部》引《川篇》"癹"字亦音方月切。

隶变以后"丹"或作"冄"（汉《孔彪碑》）、"日"（隋《郭达墓志》），与"月"字形近相乱，如"青"本从丹，而"臒"俗又作"臒"，故"癹"字方月切或误作"方丹切"。明成化本《篇海》卷六《癶部》引《川篇》："癹，方丹切。古文。"（666下）之后正德、万历诸本《篇海》皆承其误。

传世字书注音，明代以前以反切为主，间或使用直音；明代开始，反切、直音并用。若所据字书注音使用反切者，明代字书则补作直音；若使用直音者，则补作反切。明李登《详校篇海》卷二《癶部》："癹，方丹切，音班。古文。"（136下）《篇海类编》同。"音班"即承明刻《篇海》"方丹切"之误所补直音，所补直音亦误。

直音是古代常见的一种注音方法，一般说来，直音字（"音某"之"某"）与被释字读音相同，二者属于同音字关系；由于异体字与规范字、俗字与正字之间也具有同音关系，所以古代字书如《龙龛手镜》《四声篇海》等，用作直音的字与被释字或具有异体字关系。① 如：《龙龛》卷一《人部》："㐰，古文。音信。""信"字古文作"㐰"，见《古文四声韵》；"㐰"即《说文》"信"字古文"𠆢"所变。"㐰"音信，二字具有异体关系。正如张涌泉先生所言："应该注意的是，并不是所有俗字下的直音字都是正字；相反，正字只占为俗字注音的直音字中的一小部分。所以为俗字注音的直音字究竟是不是正字，就必须结合字形、字义、实际用例等因素加以考察。"明代以后字书，编者注意到直音字与被释字存在同字现象，为部分俗字、异体字做了正确沟通；但由于编者把这种现象扩大化，以致把不少同音字误认作异体字。② 明梅膺祚《字汇·癶部》："癹，古文班字。"（233册110下）传世古文"班"无作"癹"字者，"班""癹"二字形体相去较远，"班"亦无由变作"癹"字。《字汇》谓"癹"为古文"班"字者，即据《详校篇海》等字书"癹，方丹切，音班。古文"而误以直音字"班"与被释字"癹"为同字也。

"癹"本为"發"字古文，因传刻与编纂踵相失误，《字汇》遂误以"癹"为"班"字古文；自《字汇》误以"癹"为"班"字古文，古今中外大型字书又皆承其误。

① 参见张涌泉《〈龙龛手镜〉读法四题·俗字以正字注音例》，载《著名中年语言学家自选集·张涌泉卷》，上海教育出版社2011年，第20—22页。

② 明代陈士元《古俗字略》最为典型，《字汇》《字汇补》亦多有之。

《康熙字典·癶部》："𤼲，《字汇》：古文班字。"

《大字典·癶部》："同'班'。《字汇·癶部》：'𤼲，古文班字。'"（2760B/2952A）

《字海·癶部》："同'班'。见《字汇》。"（1161A）

台湾地区林尹、高明《中文大辞典·癶部》："𤼲，班之古字。《字汇》：𤼲，古文班字。"（9669页上）

日·石川鸿斋《日本大玉篇·癶部》："𤼲，古文班。"（明治二十年五月版、明治二十四年再版卷七，30页）

韩·金赫济、金星元《汉韩明文大玉篇·癶部》："𤼲，班古字。"（1992年初版，2015年第13版，832页）

22. 叹 （一）yǐ 《龙龛手鉴·口部》："叹，音以。"（二）yòu 同"又"。《龙龛手鉴·口部》："叹，《川韵》作又字。"（《大字典》575B/623A）

按：《龙龛》卷二《口部》："叹，俗。音以。又《川韵》作又字。"此《大字典》所本。《可洪音义》卷五《大悲分陁利经》卷一音义："蜫叹，上卑兮反，下初加反。并正作螕叉，《悲花经》作比吒。又《经音义》作螕以，非。"（59册714中）《玄应音义》卷七《大悲分陁利经》卷一音义："螕以，补奚反。"（56册925上）《慧琳音义》卷二十八《大悲分陁利经》卷一音义引同（57册1011下）。大正藏《大乘悲分陀利经》卷一咒语："毕履帝忧蜫叹。"此《龙龛》"叹"字所从出。《龙龛》"叹"字音以者，从《玄应音义》也；引《川韵》又作"又"者，与《可洪音义》"蜫叹"正作"螕叉"合。俗书"又""叉"二字相乱，以"叹"字可洪音初加反求之，此"又"字当是"叉"字俗书，当音初加反，"叹""叉"记音功能相同。《可洪音义》卷九《佛说随求即得陁罗尼神呪经》音义："咯又軨，上力角反，中初加反，下牟含反。"（59册885下）其中"又"字初加反，亦是"叉"字俗书。《大字典》拼读作yòu，谓同"又"，非是。

由于大型字书存在严重的注音、释义失误，读音、意义相同的字未必都是异体字，读音、意义不同的字也未必不是异体字。

23. 《战国古文字典》："鴭，（《玺汇》1125：高～）、（1128：事～）、（2975：脂～），～，从鳥，食声。《五音集韵》：'鴭，鷵声（当作"属"）。'《康熙字典》：'《集韵》鳺音父，鷵属，《五音集韵》讹作鴭，《篇海》《字汇》因之，皆传写（习）之误，其实六书并无鴭字。存考。'以古玺验之，～非杜撰。食、负均属之部，故～亦作鳺。《五音集韵》遂音扶雨切。"（66下）

《五音集韵》上声《麌韵》扶雨切："鴭，鸟名，鷵属。"宁忌浮校订记云："'鴭'字误，影宋本《集韵》作'鳺'，当据正。'鳺'又见有韵奉母，注云：'鷵别名。'"宁氏校“鵏”为“⿰負鳥”，是也，然“⿰負鳥”亦俗字。《玉篇·鳥部》：“⿰負鳥，音妇。[⿰負鳥]雀也。”胡吉宣校释云：“⿰負鳥雀也原作雀也，误。⿰負鳥雀本作負雀，亦曰雀鹰，鸷鸟而非燕雀也。今补正。《释鸟》：鸇，負雀。郭注：鸇，鷂也。善捉雀，因名云。释文：負，字或作⿰負鳥。《切韵》：⿰負鳥，鷂别名。亦当作⿰負鳥雀，鷂别名。⿰負鳥不能单字名鸟也。字从鳥，俗作。”胡氏所言至确。《万象名义·鳥部》：“⿰負鳥，扶久反。[⿰負鳥]雀，鸇。”又云：“鸇，与箴反。負雀。”盖顾野王所见《尔雅》“鸇，負雀”有作“鸇，⿰負鳥雀”者，因收“⿰負鳥”字入《玉篇》，《万象名义》本之。自唐人删去原本《玉篇》书证与字际关系说解，而“⿰負鳥，⿰負鳥雀”转写又脱落“⿰負鳥”字，此今本《玉篇》“⿰負鳥，雀也”致误之由。《尔雅·释鸟》：“鸇，負雀。”郭璞注：“鸇，鷂也。江东呼之为鸇。善捉雀，因名焉。”郑樵注：“此即今之小鷂也，盖鹘类。南方无鹰，唯呼此为鹰。”鸇、鷂同物而异名，以其善捉雀，又呼为負雀，以“負”与“雀”连用为鸟名，故后世又作“⿰負鳥雀”。“⿰負鳥”字单用不成词，必合“雀”字方为鷂别名、鸇别名。[①]《五音集韵》“鵏”字为“⿰負鳥”字传刻之误，“⿰負鳥”则“負”之加旁俗字，与《玺汇》等“鵏”字同形，音义无涉。

24.《战国古文字典》：“⿱觀心，[illegible]（259），一会～之觞。～，从心，觀声。空之异文。《五音集韵》：～，同空。觀，见纽；空，溪纽。均属牙音。包山简‘会～’读‘合欢’。”（984 下）

成化本、四库本《五音集韵》均不收“⿱觀心”字。明正德十年（1515 年）重刊本《五音集韵》平声《东韵》苦红切：“⿱觀心，‘空’义同。涵虚子。”万历二十二年（1594 年）重刊本同。正德本《篇海》卷十《心部》“俗字背篇”：“⿱觀心，音空，义别。涵虚子作。”万历本同。正德以下刻本《五音集韵》《篇海》收“⿱觀心”字，当是大慈仁寺沙门真空重刻二书时所增。《新增篇韵拾遗并藏经字义》：“⿱觀心，‘空’义同。涵虚子作。”“⿱觀心”字上部所从为“觀”之俗书，《字汇补·心部》：“⿱觀心，与‘空’同。涵虚子作。”（529 下）“⿱觀心”即“⿱觀心”之楷正字形，后世字书从之。明正德本《五音集韵》《篇海》所收“⿱觀心（⿱觀心）”字明言为涵虚子作，涵虚子即朱权（1378—1448），明太祖朱元璋第十七子，封宁王，号臞仙，又号涵虚子、丹丘先生。朱权所造之字“⿱觀心”字而外，正德、万历本《篇海》《五音集韵》尚收录“⿰黽室”“⿰⿱臼土殳”“⿱罒⿱日𢆉”“⿰虎兆”“⿱麦女”“⿺走至”“⿱⺮賁”“⿱泯心”“腔”“⿱大司”“⿴囗眼”“悾”“⿰靈覺”“⿰亻佛”“⿰亻⿱大奇”“⿱大非”16 字，或言涵虚子作，或言臞仙作，或言

① 《尔雅·释鸟》：“鳺，餔鼓。”释文：“餔，音步。字或作鵏。”此“鵏”字乃“餔”字之变（以表义部件“鳥”替换原字表音部件“甫”），与《五音集韵》“鵏”为“⿰負鳥”字之变者、与战国古文字之“鵏”字同形而异字。

丹那作，皆朱权所造道家会意字。[1] 朱权“懽”字取觀、心二字会道家“空”义，所从之觀并不表音。包山简“会𢡱”若读“合歡”，“𢡱”字当分析作从心，觀声，与“懽”“歡”为异构字，与朱权“懽”字为同形字。

出现于商周时期的古文字，一部分流传至今，历代通用；也有不少字由于各种原因没有流传下来。大型字书后出转大，为了增加收字数量，将贮存领域、使用领域出现的大量俗字、讹字收进了字书。这些俗讹字未经认真辨识与整理，形音义存在严重失误。考释商周古文，利用大型字书须慎重。

六、疑难字与汉字规范化、标准化工作

为了加强语文教育，适应中文信息研究发展需要，台湾师范大学国文研究所研订出《常用国字标准字体表》（以下简称《常用字表》）、《次常用国字标准字体表》（以下简称《次常用字表》）。《常用字表》收 4808 字；《次常用字表》收 10740 字，区分为乙丙二表，乙表收 6341 字（含单位词 9 字），丙表收罕用字 4399 字[2]。另外，台湾 1990 年研制并发行《异体字字典》（网络版），至 2004 年已经出到第五版，内容含正字与异体字，共收 106230 字。《常用字表》《次常用字表》以及《异体字字典》，代表了我国台湾地区汉字整理与规范化、标准化的最新成果和水平。台湾汉字规范化、标准化工作主要依据《中文大辞典》。《中文大辞典》在传世大型字书的基础上编纂而成，无论是字形，还是字音、字义、字际关系，都存在大量问题。因此，《次常用字表》丙表所收大量“标准字体”、《异体字字典》所收大量“正字”均值得商讨。

25.《周礼·考工记·轮人》：“是故轮虽敝，不甐于凿。”郑玄注：“郑司农云：不甐于凿，谓不动于凿中也。玄谓甐亦敝也，以轮之厚，石虽啮之，不能敝其凿旁，使之动。”释文：“甐，本又作鄰，音吝；李一音鳞。”又《鲍人》：“察其线而藏，则虽敝不甐。”郑注：“甐，故书或作鄰。郑司农云：鄰读为磨而不磷之磷，谓韦革缝缕没藏于韦革中，则虽敝缕不伤也。”释文：“甐，音吝，或作鄰，音同。”“甐”字唐以前字书不收，《周礼》正文及郑注五“甐”字盖皆“粼”字俗讹。《五经文字》卷下《瓦

---

① 《五音集韵》去声《艳韵》日母字后：“舩，奴店切。舩船也。涵虚子作。”《新增篇韵拾遗并藏经字义》：“舩，奴店切。～船也。涵虚子作。”“舩”字奴店切，训舩船，从舟，念声，乃传统六书形声字，与上揭 17 字结构类型不同，此字恐非朱权所造。正德本《篇海》卷十一《舟部》“俗字背篇”：“舩，音念。～舡。俗用。”万历本同。是其证。“𡨋”字从幼（幼）于义无取，“幼”盖“幻”字之误。道家视一切客观存在（有）为幻影，故取幻、景为“有”字。《字汇补》《汉语大字典》等“𡨋”字楷正作“㝢”，恐有未当。

② 本表收字止于木部，《次常用字表·凡例》五：“丙表未收之罕用字，继续研订之。”

（原注：作“⺄”，讹）部》：“甐，弊也。见《考工记》。”据此，唐写本《周礼》“甐”字当亦作“𤭛”。原本《玉篇》残卷《石部》：“磷，力镇反。谓⺀[①]：不曰坚乎？磨而不磷。孔安国曰：磷，薄也。《本草》：云母一名磷石，色正白。皎然纯白明澈者名磷。为𤭛字（句首当有‘或’字），𤭛⺄一[②]弊（同‘敝’）也。在［巜］部[③]也。”（521）“𤭛”字右旁既可以是“瓦”之俗书，亦可以是“巜”之俗书[④]，故原版《玉篇》“𤭛”字既有可能为“𨏈”字，也有可能为“甐”字。原本《玉篇》不存《瓦部》，据原本《玉篇》编纂而成的《万象名义·瓦部》无“甐”字，增益本《玉篇·瓦部》虽收“甐”字，但列《瓦部》之末，且训“器也”亦与原本《玉篇》不合，由此可知原本《玉篇·瓦部》无“甐”字，而《巜部》当有“𨏈”字，《石部》释文中“𤭛”字即“𨏈”字俗讹，顾野王训“𤭛（𨏈）”为弊，所据当是《周礼》郑玄注。《万象名义·巜部》：“𤭛（𨏈），力振反。水岸间也[⑤]，然（？）弊也[⑥]，薄也[⑦]。”（197上）此可证原本《玉篇》“𤭛”即“𨏈”字俗讹，而顾野王所见《周礼》两“甐”字即作“𨏈”。《周礼》“𤭛”字本“𨏈”字俗书，自张参楷定作“甐”，后世字书多收“甐”字。《玉篇·瓦部》：“甐，力震切。器也。”[⑧]《广韵》去声《震韵》良刃切：“甐，器也。”“甐”既为“𨏈”字俗讹，当从《五经文字》训敝，《玉篇》《广韵》训为器也，此当是陈彭年等人望形生训。《可洪音义》卷十一：“𤭛坚[⑨]，上力进反，竹名也，坚可为席也。正作𥳑也。𤭛，⺄（瓦）名也。非用。”（34册1030上）可洪释“𤭛”“𤭛”为瓦名，亦误以其字右旁为“瓦”之俗书而望形生训。

《次常用国字标准字体表》收入“甐”字，序号02704（136上）。《异体字字典》亦以“甐”为正字，见下截图：

---

① 原书“⺀”为重文符号，又代替重出字头，又或为“之”字，均于义无取，“谓⺀”当是《论语》二字之误。“不曰坚乎？磨而不磷”，见《论语·阳货篇》。

② “⺄一”当为“亦”字之误分，“亦”字俗书作“⺀”，字见原本《玉篇》残卷《车部》“轣”字注。

③ “部”上脱文当是“巜”字，胡吉宣补作“瓦”字，非是。

④ “巜”字俗书或作“⺃”，《万象名义·⺃（巜）部》：“⺃（巜），古会反。水流。”（197上）“𨏈”字隶变作“𨏈”（见汉《州辅碑》），俗作“𤭛”（见《龙龛》卷二《几部》），又作“𤭛”（见《可洪音义》卷十一）。“瓦”俗书作“⺄”，故宫本《裴韵》卷首：“⺄、⺄、⺄，吴寡反。上正中通下俗。”（537）

⑤ 本《说文》“水生厓石间”而有脱误。

⑥ 本《周礼》郑玄注。

⑦ 本《论语》孔安国注。

⑧ 胡吉宣校释：“《广韵》《集韵》并同。案：此后出义。本书原本为磷之异部重文。《石部》磷下云：或为甐（原字作‘𤭛’）字，甐亦敝也。在《瓦部》。是此甐下当为引《考工·轮人》不甐于凿。郑玄曰：甐亦敝也。石名为磷字，在《石部》云云。慧琳引《释草》之‘𨏈，坚中’亦作此甐。”（3132）

⑨ 《尔雅·释草》：“𨏈，坚中。”郭璞注：“竹类也，其中实。”释文：“𨏈，字又作𦽌，音吝，又音鳞。”

字號	B02706	正字	【甐】 瓦 - 12 - 17
音讀	ㄌㄧㄣˋ		
釋義	1. 器也。《集韻・去聲・震韻》：「甐，器也。」 2. 動。《洪武正韻・去聲・震韻》：「甐，動也。」 3. 因磨損而變薄，通「磷」。《洪武正韻・去聲・震韻》：「甐，敝也。」《周禮・考工記・輪人》：「侔以行山，則是搏以行石也，是故輪雖敝，不甐於鑿。」漢・鄭玄・注：「甐，亦敝也。」清・孫詒讓・正義引王宗涑：「《說文無甐字，甐與論語『磨而不磷』同誼。」		

26. 成化本《篇海・心部》引《搜真玉镜》："㥶，苏故切。生革也。"（经 187—730 上）正德本《篇海・心部》引《川篇》："㥶，苏故切。生革也。"万历本同。

甲骨文有"心"字，象形，古人以心为思维器官，故表示性情及心理活动之字多从心；而皮革之义与心无关，"㥶"字从心而训生革，形义不切，且"㥶"字上部不成字，构形理据不可说解：其字可疑。以形音求之，"㥶"当是"愬"字俗讹。

"愬"从朔得声，"朔"字隶变作"朔"，字见汉《孔庙置百石卒史碑》，俗书作"朔"，见魏《元继妃石婉墓志》；齐《故镇西将军直荡正都督穆君墓志铭》"十一月丙子朔"，"朔"作"朔"；魏《元绪墓志》"二月辛卯朔"，"朔"作"朔"；隋《罗宝奴造象》"朔"作"朔"。"㥶"字上部所从，当即"朔""朔"转写之异者，故"㥶"当是"愬"字俗书。

《说文》三篇上《言部》："訴，告也。从言，𣴎声。《论语》曰：訴子路于季孙。謝，訴或从言、朔。愬，訴或从朔、心。"大徐等桑故切。故宫本《王韵》去声《暮韵》苏故反："訴，讼告。愬，行。亦作遡。"故宫本《裴韵・暮韵》苏故反："訴（訴），告也。无点。又謝、愬；俗訴。愬，行。"（589）唐写本《唐韵》残卷《暮韵》桑故反："訴，（释义残）。愬，行也，譖也。或作遡。"（646）"愬"为"訴"之异构，训告、训譖；古书或借用为"遡"，故又训行。前引韵书分"訴""愬"为二，非是。"㥶"字苏故切，与"愬"字读音相同。"愬"字无"生革"之训，《篇海》引《搜真玉镜》"㥶"训"生革也"，二字义不合者，"生革也"当是"生革切"之误。

《周易・履卦》："履虎尾愬愬，终吉。"释文："愬愬，山革反。子夏传云：恐惧貌。何休注《公羊传》云：惊愕也。马本作虩虩，音许逆反，云恐惧也。《说文》同。《广雅》云：惧也。"原本《玉篇》残卷《心部》："愬（愬），所革反。《周易》：愬愬终吉。王弼曰：处多惧之地，故曰愬愬也。《公羊传》：愬而再拜。何休曰：愬，惊皃也。

《说文》亦訴字也。野王案：訴，告也，譖也。又音苏故反。在《言部》。”（242）《万象名义·心部》：“愬（愬），所革反。譖也，惊皃。”（79上）笺注本《切韵》（斯2071）《麦韵》所责反：“愬，惧皃。俗作愬。”（104）故宫本《裴韵》入声《隔韵》所责反：“愬，惧皃。”（615）唐写本《唐韵·麦韵》所责反：“愬，惊惧皃。又音索（素）。”（713）《广韵·麦韵》山责切：“愬，惊惧貌。又音素。”“山革”“所革”“所责”“山责”切音相同。“愬”字一字二读：其音苏故切者，同“訴”；所革切者，字又作“虩”，愬愬连言，义为惊惧貌。“⿱卯心”字生革切，与“愬”字所（山）革（责）切读音亦同。

金刻元修本《篇海》卷十《心部》引《馀文》（原作“○”，代指《馀文》；成化本作“◎”，代指《搜真玉镜》。成化本是也）：“⿱卯心，苏故、生革二切。”（228）“生革”正为反切而非释义。

自明刻本“⿱卯心”字“生革切”误作“生革也”，后出字书多承其误。

《字汇补·心部》：“⿱卯心，苏故切，音诉。生革也。”（528下）

《康熙字典·心部》：“⿱卯心，《篇海》苏故切，音素。生革也。”

《日本大玉篇·心部》：“⿱卯心，苏故切，音素。生革也。”（卷四，7B）

《中文大辞典·心部》：“⿱卯心，《篇海》苏故切，音素，遇入声。生革也。《篇海》：⿱卯心，生革也。”（5302）

《汉韩明文大玉篇·心部》：“⿱卯心，生革。”

《大字典·心部》：“⿱卯心，sù，《改并四声篇海》引《川篇》苏故切。没有加工鞣制过的皮革。《改并四声篇海·心部》引《川篇》：‘⿱卯心，生革也。’”（2302A/2464B）

《字海·心部》：“⿱卯心，sù，音诉。没有加工鞣制过的皮革。《川篇》：‘⿱卯心，生革。’”（996C）

《大字典》《字海》不考“⿱卯心”字之来历，不顾“⿱卯心”训生革形义之未安，唯恐读者不明“生革”之义，因转训“生革”为“没有加工鞣制过的皮革”，此无异于郢书燕说。

《字汇补·心部》：“⿱泖心，□□切，音沂。《金镜》：毛革也。”“⿱泖心”当又是“⿱卯心”字转写之误，“音沂”则是“音訴”转写之误，“毛革”则又是“生革”转写之误。“⿱泖心”与“⿱卯心”、“沂”与“訴”、“生”与“毛”，并形近。

《康熙字典·卯集补遗·心部》：“⿱泖心，《海篇金镜》音沂。毛革也。”

《日本大玉篇·心部》：“⿱泖心，音沂。毛革也。”（卷四，11B）

《中文大辞典·心部》：“⿱泖心，《海篇玉镜》音沂。《海篇玉镜》：⿱泖心，毛革也。”（5361下）

《汉韩明文大玉篇·心部》："⿰氵恩，毛革。"①（324）

《大字典·心部》："⿰氵恩，yí，《字汇补》音沂。毛革。《字汇补·心部》：'⿰氵恩，毛革也。'"（2325A/2489A）

《字海·心部》："⿰氵恩，yí，音仪。毛革。见《海篇》。"（999B）

《次常用字表·丙表》收"⿰氵思"字，序号为 02988（150 上）。《异体字字典》亦以"⿰氵思"为正字：

C03713【⿰氵思】	无收录异体字		
字号	C03713	正字	【⿰氵思】心－07－11
音读	ㄙㄨˋ		

《次常用字表·丙表》收"⿰氵恩"字，序号为 03060（153 下）。《异体字字典》亦以"⿰氵恩"为正字：

C03815【⿰氵恩】	无收录异体字		
字号	C03886	正字	【⿰氵恩】心－09－13
音读	ㄧˊ		

结　语

本文利用作者疑难字考释成果，举例说明了疑难字在文献校勘、方言研究、汉语词汇研究、汉语音韵研究、汉字学研究以及汉字规范化与标准化工作等方面产生的负面影响。笔者读书有限，疑难字的负面影响，应当尚不止于本文所涉及的几个方面。

自从 20 世纪 90 年代《汉语大字典》《中华字海》两部大型字书相继问世以来，疑难字考释掀起了一个高潮，并取得了丰硕成果。利用大型字书从事相关研究，应当注意大型字书存在大量的疑难字的情况，尽量避免被疑难字带入歧途。

《汉语大字典》是当今编纂水平最高的一部大型字书，由于主客观两方面的原因，在字形、注音、释义、举证、标点和沟通字际关系等方面仍存在不少问题；经过 10 年

① 由"⿰氵思""⿰氵恩"等字在日、韩大型字书中贮存情况来看，疑难字对汉字域外传播具有负面影响。

修订，《汉语大字典》第二版纠正了原版存在的部分问题，吸收了学界部分疑难字考释成果，整体水平有所提高，但尚不尽如人意。

尽管疑难字考释取得了丰硕成果，但大型字书仍有大量的疑难字有待考释。希望有更多的学者投入到疑难字考释与研究的工作中来，把大型字书疑难字的存量减少到最低。

（杨宝忠：河北大学文学院，071002，保定）

俗字探源四例

萧　旭

摘　要： 近代文献所载俗字甚多，其语源难明，故其音义不知其由来。本文以“吤”“䤚”“哾”“䫌”四字为考察对象，通过因声求义，不拘形体，所出新说，不敢自必，备一通耳。

关键词： 俗字　探源　举例

一、“吤”字探源

《集韵·怪韵》：“吤，居拜切，声也。”又《個韵》：“吤，居贺切，声也。”“吤”字有两种用法：

1. 同“齘”，指牙齿摩擦，亦指牙齿摩擦之声。《玄应音义》卷15：“齘齿：《说文》‘齿相切也。’《三苍》：‘鸣齿也。’律文作吤，非也。”此为《十诵律》卷11音义，检经文作“鼾眠齘齿”，玄应所见本作“吤”。《龙龛手鉴》：“吤，俗，正作齘，切齿怒也。”“吤”字亦作嗐、䶣、䶤、戞。①

2. “吤”音戒，指用力喘气之声，字或省作“介”。《灵枢经·邪气藏府病形》：“嗌中吤吤然数唾。”《太素》卷11同，《巢氏诸病源候总论》卷15、《备急千金要方》卷38作“介介”。杨上素注：“吤吤，谓阂咽嗌之中如有物阂也。”日人丹波元简曰：“介、芥古通，乃芥蒂之芥。喉间有物，有妨碍之谓。吤唯是介字从口者，必非有声之义。”②

---

① 参见萧旭《〈慧琳音义〉“譀譪”正诂》，提交“佛教文献研究暨第八届佛经语言学国际学术研讨会”论文，南京师范大学2014年。后发表于《中国语学研究·开篇》第35卷，日本好文出版2017年，第289—296页。

② 丹波元简：《灵枢识》卷1，上海科学技术出版社1957年，第44页。

沈澍农谓“吤吤”“介介”借作“哽哽”“耿耿”，状物之梗塞。[①] 三说皆非是。音转亦作“噶”，《太素》卷 6：“不病喘噶。”杨上素注：“噶，喘声。”是也。《素问·生气通天论》：“烦则喘喝。”王冰注：“喝，谓大呵出声也。”王冰注非是。此“喝”与呵声之“喝”同形，而音义全殊，非一字也。《灵枢经·杂病》：“喘息喝喝然。”《针灸甲乙经》卷 9：“喉中喝喝如梗状。”旧注：“《素问》则（作）‘吤吤’。”今本《素问·欬论》作“介介”，《太素》卷 29 同。杨上素注：“介介，喉中气如哽也。”杨注亦误。《文选·子虚赋》：“榜人歌，声流喝。”郭璞注：“言悲嘶也。”李善、颜师古“喝”并音一介切。《论衡·气寿》：“儿生号啼之声，鸿朗高畅者寿，嘶喝湿下者夭。”《文选·宋孝武宣贵妃诔》：“锵楚挽于槐风，喝边箫于松雾。”李善注引《广雅》：“喝，嘶喝也。”[②] 字亦作“腸”，马王堆帛书《足臂十一脉灸经》：“［□□］数腸（喝）。”音转又作“悁”“悒”，字亦省作“邑”。马王堆帛书《阴阳十一脉灸经》甲本：“悁悁如喘。”马王堆帛书整理者注：“如，用法与‘而’字同。《灵枢·经脉》作‘喝喝而喘’，《太素》卷 8 与帛书同。”[③]《太素》卷 8 作“喝喝如喘”，与帛书不同，整理者失检。张家山汉简《脉书》：“悒悒如乱。”马继兴曰：“‘悒悒’古又作‘邑邑’，有忧虑、忧郁之义。‘悁’不见字书，当为‘惛’之讹。‘惛’又假为‘喝’。‘喝’字义为声音嘶鸣，或大声出气。‘悒悒如乱’与‘喝喝而喘’症状不同，未详何者之义更古，可并存其说。”[④] 刘钊曰：“‘悒悒’应读为‘喝喝’。‘喝喝而喘’是说患者气郁噎塞，喘声嘶嘶。”[⑤] 高大伦曰：“悒悒，当从甲本改作‘悁悁’。悁，借为喝。”[⑥] 夏庆等曰：“悒，《说文》：‘不安也。’‘喝’应是‘愒’之借字。愒，《说文》：‘不息也。’《诗经》：‘使我不能息兮。’传曰：‘忧不能息也。’《黍离》传曰：‘噎，忧不能息也。’悒、愒、悁三者基本意义相通，都有忧愁而不得息的意思。‘喘’应是‘乱’的借字。乱，反常，没有秩序。如，形容词

---

① 沈澍农：《中医古籍用字研究》，南京师范大学 2004 年博士学位论文，第 185 页。

② “嘶喝”音转亦作“嘶哑”“嘶嗄”，皆谓用力之声也。“嗄”字为楚音之变，《老子》第 55 章：“终日号而不嗄。”《庄子·庚桑楚》：“儿子终日嗥而嗌不嗄。”《释文》：“嗄，于迈反，本又作嚘，徐音忧。司马云：‘楚人谓啼极无声为嗄。’崔本作喝，云：‘哑也。’”“嚘”为形讹，徐音忧者，据误字而说也。俗字作“沙”，《广韵》：“沙，《周礼》曰：‘鸟皫色而沙鸣狸。’注云：‘沙，嘶也。’”参见萧旭《敦煌写卷 P.2569〈春秋后语〉校补》，载《群书校补（续）》，台湾花木兰文化出版社 2014 年，第 1698—1700 页。

③ 马王堆汉墓帛书整理小组：《马王堆汉墓帛书（肆）》，文物出版社 1985 年，第 12 页。

④ 马继兴：《马王堆古医书考释》，湖南科学技术出版社 1992 年，第 259—260 页。

⑤ 刘钊：《关于马王堆和张家山出土医书中两个词语解释的辨正》，《古籍整理研究学刊》1994 年第 5 期，第 35 页。

⑥ 高大伦：《张家山汉简〈脉书〉校释》，成都出版社 1992 年，第 77—78 页。

词尾。”[①] 诸说唯刘钊读“悒悒”为“喝喝”得之，然其说未尽，犹有可补者。夏庆说尤为大误。[②]《素问·刺疟》：“数便，意恐惧，气不足，腹中悒悒，刺足厥阴。”《巢氏诸病源候总论》卷11、《针灸甲乙经》卷7、《备急千金要方》卷91、《外台秘要方》卷5并同，《太素》卷25作“邑邑”。王冰注：“悒悒，不畅之貌。”其说亦非也。“悒悒”“邑邑”为肠鸣用力之声，专字从口作“唈唈”，《普济方》卷197正作“肠唈唈”。《医垒元戎》卷5作“肠中悒悒”，形之误也。字或作“倡倡”，《庄子·天地》：“倡倡乎耕而不顾。”“倡倡”即用力耕貌。“恂恂”当读为“劬劬”，与“悒悒”一音之转。以用作用力喘气之声，故从口作“喝喝”耳。《玉篇》：“劬，勤力也。”《广韵》：“劬，力作劬劬。”《集韵》：“劬，劬劬，用力声。”字或作“偈偈”“竭竭”，《庄子·天道篇》：“又何偈偈乎揭仁义，若击鼓而求亡子焉？”《路史》卷9作“竭竭”。《释文》：“偈偈，用力之貌。”成玄英疏：“偈偈，励力貌。”范登脉谓“邑邑”“悒悒”“喝喝”“介介”“恂恂”并声转义同，是也；而范君云“其义则气郁而不舒之貌也，王冰注不误”[③]，则未得也。“悒悒”，用力之声，亦为用力之貌，语源是“乙乙”，音“轧轧”，亦省作“邑邑”。帛书用作用力喘气之声。《集韵·黠韵》：“叱，乙黠切，鸟声。”又《质韵》：“吃，亿姞切，吃吃，声也。”《集韵》：“虬，虫声。”《类篇》：“虬，虫声。”杨宝忠曰：“‘叱’与‘吃’同字。《篇海》引《馀文》：‘吃，音乙，吃吃，声也。又乌黠切，鸟声也。’‘吃’字当是从口，乙声。《说文》：‘乙，燕燕，乙鸟也，齐鲁谓之乙，取其鸣自謼，象形也。鳦，乙或从鸟。’‘乙’本乌拔反，隶变之后，‘乙’与甲乙字同形，因读于笔反。乙鸟得名，取其鸣声，故鸟鸣之声加口作‘吃’，初读乌黠切也。后音乙者，以‘乙’由乌拔转读于笔。‘鳦’为乙鸟加旁字，本乌辖切，转读为于笔切。”[④] 鸟鸣乙乙，故名为“乙（鳦）”；鱼声乙乙，故名为“魟”；虫声乙乙，故名为“虬（虬）”；舟行之声乙乙，故名为“舥”，其义一也，与“草木出乙乙”之“乙（音轧）”正同源。[⑤]

---

① 夏庆、邢福军、刘士敬：《帛书〈阴阳十一脉灸经〉及简本〈脉书·十一经脉〉对〈灵枢〉有关文字的考证》，《甘肃中医学院学报》1999年第3期，第54—55页。

② 《诗》毛传二“忧”字皆是“嘤”借字，而不是忧愁义；《黍离》传应当“噎忧”为词，是“欧嘤”的借字；“息”是气息，而不是休息义；“喘”不是“乱”的借字，而应是“乱”是“喘”的音讹；“如”“而”一音之转，用为连词，而不是形容词词尾。

③ 范登脉：《〈黄帝内经素问〉疑难字词校补》，广州中医药大学2007年博士学位论文，第184页。

④ 杨宝忠：《疑难字考释与研究》，中华书局2005年，第137页。

⑤ 参见萧旭《象声词“札札”考》，载《群书校补（续）》，台湾花木兰文化出版社2014年，第2203—2212页。

二、“𩶛”字探源

“𩶛”亦作“𩼤”，或省作“𩸧”。《集韵》：“𩶛、𩸧，仕限切，鱼名。或从孨。”《六书故》卷20：“𩼤，士限①切，海鱼之小者，决吻芒齿，不鳞而弱。亦作𩶛、𩸧。”

“𩶛”为鱼名，当取义于无鳞。《六书故》谓“不鳞而弱”，得失参半，其言“弱”者，盖误以为取孱弱义。明冯时可《雨航杂录》卷下：“𩼤鱼，身柔如膏，无骨，鳞细，口阔齿多，一作𩶛。海上人目人弱者曰𩼤。”② 明屠本畯《闽中海错疏》卷中：“𩶛，长七八寸，骨柔无鳞，类钱之半，有五色文。”明黄仲昭《八闽通志》卷25：“𩶛鱼，长七八寸，骨柔无鳞。唐李柔入闽，称此鱼为银橐。”③《浙江通志》卷105：“龙头鱼，《黄岩县志》：‘一名𩶛，骨柔无鳞，身如膏髓。’”

考《管子·参患篇》：“甲不坚密，与俴者同实。”尹注：“俴谓无甲单衣者。”《盐铁论·散不足》：“古者庶人贱骑绳控，革鞮皮荐而已。”孙诒让曰：“案‘贱’疑当作‘俴’，《诗·小戎》：‘俴驷孔群。’《释文》引《韩诗》云：‘驷马不着甲曰俴驷。’俴骑，盖谓不施鞍勒而徒骑，故用绳控也，与‘俴驷’义略同。”④《玉篇》：“𨄴，初产切，骑马也。”胡吉宣曰：“《集韵》《类篇》皆云‘徒骑也’。徒骑，谓不加鞍也。”⑤ 桂馥曰：“骑无鞍马曰𨄴。”⑥《字汇》：“骣，马不施鞍辔为骣。”《正字通》：“骣，鉏版切，栈上声，马不施鞍辔为骣。《吹万集》：‘骣，不鞍而骑也。’令狐楚《少年行》：‘少小边州惯放狂，骣骑蕃马射黄羊。’”翟灏曰：“骣，初限切，不鞍而骑也。”⑦ 清赵翼曰：“不鞍而骑曰骣马。”⑧ 俗字或作刬、剗、摌、铲⑨，《南宁府部杂录》：“刬马贼种出五山，一曰刬者，产也，五山为贼马出产之处，人与马狎习，不须鞍辔，而罄身光脊可骑；又曰剗而去之也。”⑩ 惟“不须鞍辔”之说为得，余说皆失之。丁惟汾曰：“剗马，

---

① 《六书故》据元刊本，四库本“限”误作“根”。

② ［明］冯时可：《雨航杂录》卷下，宝颜堂秘籍本。

③ 《八闽通志》卷25，明弘治刻本。

④ ［清］孙诒让：《盐铁论札迻》，载《札迻》卷8，中华书局1989年，第245页。

⑤ 胡吉宣：《玉篇校释》，上海古籍出版社1989年，第1436页。

⑥ ［清］桂馥：《乡言正字·杂言》，载《札朴》卷9，中华书局1992年，第390页。

⑦ ［清］翟灏：《通俗编》卷36，《续修四库全书》第194册，上海古籍出版社2002年，第636页。

⑧ ［清］赵翼：《陔餘丛考》卷43，中华书局1963年，第976页。

⑨ 参见顾学颉、王学奇《元曲释词（一）》，中国社会科学出版社1983年，第223—224页；王学奇、王静竹《元曲释词》，台湾花木兰文化出版社2016年，第167—168页。又参见胡竹安《水浒词典》，汉语大词典出版社1989年，第52页。

⑩ 《古今图书集成·方舆汇编·职方典》卷1446《南宁府部杂录》，中华书局民国影印本。

㑣马也。马不着鞍谓之剗马。剗字当作㑣，《韩诗》《管子》云云。”[①] 字亦省作产，《脉望馆》本《尉迟恭鞭打单雄信》：“兀那厮尔风魔九伯产马单鞭来意若何。”[②] 又考唐无名氏《醉公子》：“门外猧儿吠，知是萧郎至，刬袜下香阶，冤家今夜醉。”南唐李煜《菩萨蛮》：“花明月暗笼轻雾，今宵好向郎边去，刬袜步香阶，手提金缕鞋。”沈兼士曰：“详其词意，知刬袜即徒跣而不纳屦之谓。今北平人谓不衬而箸衣履犹曰刬穿。”[③]《周礼·春官·巾车》郑玄注：“栈车，不革鞔而漆之。”“栈车”与“饰车”相对，即不饰之车，谓不革鞔不加漆的简易之车[④]。又音转作“柴车”，《韩诗外传》卷10：“驽马柴车，可得而乘也。”《御览》卷428引《新序》作“栈车”。屈守元曰：“《后汉书·赵壹传》章怀注：‘柴车，弊恶之车也。’《列子》作‘怒（驽）马棱车’，《释文》云：‘棱当作栈，《晏子春秋》及诸书皆作栈。栈车，谓编木为之。栈，士限反。’今《晏子春秋》无此语，唯《韩传》有之，而字作‘柴车’。《韩非子·外储说左下》旧注：‘栈车，柴车也。’章炳麟亦谓‘栈’与‘柴’通，见《太炎文录》卷1《宾柴说》。”[⑤] 章说是也，《公羊传·哀公四年》：“揜其上而柴其下。”《周礼·媒氏》《丧祝》郑玄注“柴”并作“栈”。《论衡·别通》：“亡国之社，屋其上柴其下。”《类聚》卷39引“柴”作“栈”，并其证也。又称“栈舆”，见《诅楚文》。《盐铁论·散不足》：“古者椎车无柔，栈舆无植。”字亦作輚，《仪礼·既夕》：“宾奠币于栈。”郑玄注：“栈，谓柩车也。凡士车制，无漆饰。今文栈作輚。”

车不革鞔无漆饰谓之栈、輚、轏，人、马不着甲谓之㑣，马不施鞍辔谓之㑣、刬、贱、驏、铲、摌、铲、蹍、产，足不穿袜谓之刬[⑥]，无鳞之鱼谓之䲯、䲭、鏟，其义一也。

三、“嘭”字探源

《集韵》：“嘭嘭，众声。”考《玉篇残卷》“岌”字条引刘熙曰：“语者之声岌岌然

① 丁惟汾：《俚语证古》卷12，齐鲁书社1983年，第264页。引文中“云云”者，以其文字已见上文，故略去。下同。

② 陈敏：《〈西游记〉俗语词俗字研究》，厦门大学2012年博士学位论文。该文未登录期刊网，作者于2011年答辩前曾让笔者看过。这里有所补充。

③ 沈兼士：《袒裼·但马·刬袜》，载《沈兼士学术论文集》，中华书局1986年，第291页。

④ 覆盖为鞔，字亦作缦。

⑤ 屈守元：《韩诗外传笺疏》卷10，巴蜀书社1996年，第849页。

⑥ 参见蒋礼鸿《义府续貂》，载《蒋礼鸿集》卷2，浙江教育出版社2001年，第49—50页。又参见萧旭《盐铁论校补》，载《群书校补（续）》，台湾花木兰文化出版社2014年，第944—945页。

也。”敦煌写卷 S.2614《大目乾连冥间救母变文》：“声号叫天，岌岌汗汗；雷□□地，隐隐岸岸。”岌岌，形容语声急迫。《隶释》卷 3 汉《张公神碑》：“鱼岌岌兮踊跃见，振鳞尾兮游盱盱。”此“岌岌盱盱”即变文“岌岌汗汗”，状鱼跃动之声众盛。隋灌顶《国清百录》卷 2《天台山修禅寺智顗禅师放生碑文》：“嗷嗷岌岌，万万千千。鼓鳃掉尾，相望自然。”《广雅》：“岌岌，盛也。”王念孙无说。钱大昭曰：“岌岌者，高之盛也。上文：‘岌岌，高也。’此又为盛也。”① 盛貌谓之岌岌，众声之盛亦谓之岌岌，其义相因。俗加口旁作“啵”。隋灌顶《隋天台智者大师别传》卷 1：“秋水一涨，巨细填梁。昼夜二潮，嗷啵满簄。髗骨成岳，蝇蛆若雷。”“嗷啵”即上引《碑文》之“嗷嗷岌岌”也。

四、“顑”字探源

《改并五音类聚四声篇海》卷 13、《新校经史海篇直音》卷 9 并云：“顑，音册。”明杨慎《古音丛目・古音附录》：“顑，音删。考之字书无此字，字从页，未详。”《字汇补》：“顑，申间切，音删。《吕氏春秋》：‘太子之不仁，顑涿视，若是者倍反。’顑，又川责切，音册，《海篇》读。”皆是望形注音，然可证字必从“册”。金邢准《新修絫音引证群籍玉篇》卷 4：“顑，音遍。”杨宝忠曰：“《类玉篇海》引《川篇》当是音遍……‘顑’音遍，当是‘頨’字俗讹。《说文》：‘頨，头妍也。’至于《吕氏春秋》之‘顑’，恐与《篇海》所收之‘顑’无关。《吕氏春秋・知士》：‘太子之不仁，过顑涿视，若是者倍反。’高诱注：‘顑涿，不仁之人也。过，犹甚也。太子不仁，甚于顑涿。’方以智《通雅》卷 19：‘顑，音册。按《说文》有“聻”，即“聵”字。又有“顡”字，痴不聪明也，五怪切。“顑”其“聻顡”二字之讹乎？’事又见《战国策・齐策》：‘太子相不仁，过颐豕视，若是者信反。’吴师道《补注》：‘过谓丰颐过人，豕多反视②。补曰：《吕氏春秋》：“过颐豕视。”注：“颐豕，不仁之人。”其说未详。刘辰翁云：“过颐即俗所谓耳后见腮。豕视，即相法所谓下邪偷视。”’《吕氏春秋》‘顑涿’，《战国策》作‘颐豕’，皆形近。陈奇猷《校释》：‘顑当即颐之别体。过顑涿视，当系怪相，如刘辰翁所释。’”③ 方以智所云“顑其聻顡二字之讹”，“顑”下当脱“涿”字，方氏疑“顑涿”是“聻顡”形误，《通雅》各本皆脱一字。方以智《通雅》卷 20 又曰：

---

① ［清］钱大昭：《广雅疏义》，江苏古籍出版社 1998 年，第 474 页。

② 引者按：此十字乃鲍彪注。

③ 杨宝忠：《疑难字续考》，中华书局 2011 年，第 332 页。杨先生引“聩”误作“聵”。

“顤音外，汉北平侯顤，此即《说文》‘聻’，与《吕览》‘顟涿’可以互推。”[①] 杨先生改字恐未得。“顟，音遍”者，“遍”当是“册”形讹。《正字通》卷 11 “顡”字条取方氏前说。毕沅曰：“字书无‘顟’字，注训‘顟涿’为不仁之人，不知何据？《国策》作‘过颐豕视’，刘辰翁云云。”王绍兰曰：“‘顟涿’乃‘蔽顡’之讹，‘蔽顡’即‘蒯聩’。”缪楷曰：“《韩非子·喻老篇》：‘倒杖而策锐贯顊。’《列子·说符篇》《淮南子·道应训》‘顊’并作‘颐’。《吕览·知士篇》：‘太子之不仁，过顟涿视。’《国策》‘过顟’作‘过颐’，‘涿视’作‘豕视’。‘顊’与‘顟’皆‘颐’之别体字。”[②] 朱起凤曰：“字书无‘顟’字，即‘颐’字之讹。‘过颐’即今俗所谓‘脑后见腮’者是也。”[③] 谭戒甫曰：“《齐策》作‘太子相不仁，过颐豕视’，按此‘之’字疑‘相’之误。过当读为咼，《说文》：‘咼，口戾不正也。’‘颐’有写作‘顊’者，因误为‘顟’。咼顟者，颐顱斜戾不正也。又《说文》：‘涿，流下滴也。’则‘涿视’亦谓目光如流而斜下视之耳。倍反，《齐策》作‘信反’，《御览》引作‘背反’[④]，倍与背通，知‘信’字误也。”许维遹曰：“据《齐策》当作‘太子之相不仁，过颐豕视’。”陈奇猷曰：“‘之’下当补‘相’字，‘顟’当即‘颐’之别体，册、叵古音同隶之部，古从册声叵声一也。过顟涿视，如刘辰翁所释。高以‘顟涿’为人名，又以‘视’字属下读，非是。王氏附会为蒯聩，尤谬。”[⑤] “涿”是“豕”之误，吴师道《补正》引《吕氏》正作“过颐豕视”。《永乐大典》卷 13453 引已误同今本。“颐”形误作“赜”[⑥]，“赜”从“责”得声，与“册”叠韵音转[⑦]，因又改作“顟”字。诸书“顟，音册”或“音删”者，望字生音，未得其实。谭戒甫谓是形误，非是。谭氏引《说文》，殊误。“涿”是水滴，名词，不得有斜下之义。“颐”是“叵”篆文，“叵”古音隶锡部，与“册”声不能相转，陈奇猷说非是。谭氏校为“过颐”，读为“咼颐”是也，正字作“竵”，《说文》：“竵，不正也。”字亦作尉、頋、嗝、瘑、喎，俗字作“歪”。[⑧] 过颐犹俗言歪下巴。高注解为“不

---

① ［明］方以智：《通雅》卷 19、20，中国书店 1990 年影印康熙浮山此藏轩刻本，第 239、261 页。

② ［清］缪楷：《经余随笔》卷 1，江阴陶社 1934 年；载《丛书集成续编》第 25 册，台湾新文丰出版公司 1988 年，第 33 页；又载缪幸龙《江阴东兴缪氏家集》，上海古籍出版社 2014 年，第 1369 页。

③ 朱起凤：《辞通》卷 2，上海古籍出版社 1982 年，第 161 页。

④ 景宋本《御览》卷 368 引作“若是法背父”，谭氏失检。

⑤ 上引各说，未注明出处者，皆见陈奇猷《吕氏春秋新校释》，上海古籍出版社 2002 年，第 501 页。

⑥ 宋华强谓《齐策》“‘颐’应是‘赜’字之误”，而未加解释，又以“颐豕”连文，则皆误。宋华强：《新蔡葛陵楚简初探》，武汉大学出版社 2010 年，第 172 页。

⑦ 《释名》：“册，赜也，敕使整赜，不犯之也。”《御览》卷 606 引下“赜”误作“颐”。《易·系辞上》：“圣人有以见天下之赜。”《释文》：“赜，九家作册，京作啧。”

⑧ 参见萧旭《〈国语〉补笺》，载《群书校补（续）》，台湾花木兰文化出版社 2014 年，第 213—216 页。

仁之人”，是指此相貌之人不仁，并不是指为人名，陈奇猷未得其谊。《汉书·王莽传》：“莽为人侈口蹷顄，露眼赤精，大声而嘶。”颜师古曰：“侈，大也。蹷，短也。顄，颐也。”“短颐”者亦不仁人之相貌，是其比也。刘辰翁所谓“耳后见腮”者，宋人俗语。《五灯会元》卷17：“脑后见腮，莫与往来。”《宏智禅师广录》卷2：“脑后见腮兮人难触犯，眉底着眼兮渠得便宜。”此相是狠戾之人。

又疑《篇海》“顺”是“顛”改易声符的异体字。《玉篇》：“顛，头不正也。”《广韵》：“顛，顛頗，头不正皃。”蒋斧印本《唐韵残卷》：“顛，[illegible]，头不正。”《新撰字镜》卷2：“顛，[illegible]也，头不正皃。”依据《广韵》，“[illegible]”疑是“癪”误书，即“頗”的增旁俗字，连字头“顛”成词，以“顛癪”作释语。附此待考。

（萧旭：常州大学，213164，常州）

构件“幼”俗作“勾”例释*

张文冠

摘　要：本文阐述了近代汉字中的构件“幼”俗书常作“勾”，并以此为据考释了一些同形俗字和疑难字。结论有助于订补字书的疏漏和解读相关文献。

关键词：幼　勾　俗字　同形字　疑难字

“汉字的构形单位是构件（也称部件）。当一个形体被用来构造其他的字，成为所构字的一部分时，我们称之为所构字的构件。”① 在汉字的使用过程中，构件不断地发生变化，部分构件的变化还相当剧烈，以至于这部分构件在形变后和其他构件形体相近甚至相同，构件“幼”俗书作“勾”即是其中一例。

在近代汉字中，构件“幼”俗书时常可作“勾”，较早注意到这一现象的是杨宝忠先生（详见下文“均”“黝”字条）。本文即在杨先生观点的基础上做一些补充。

如果从规范的楷书字形来看，“幼”“勾”并不十分相近，至于两者为何时常相混，笔者结合已有的研究成果，总结出有以下四种途径：

1.“幺”俗作“么”②，故而“幼”俗书作“〓”③，“〓”左侧的构件“么”向右位

---

* 本文为国家社科基金青年项目“中古近代汉语同形字考释与研究”（15CYY027）的阶段性成果。文章初稿系笔者博士学位论文《近代汉语同形字研究》（2014年，浙江大学）的一部分，后曾在“首届近代汉字学术会议研讨会”（2016年8月，河北保定）上宣读，得到了杨宝忠、梁春胜等参会先生的赐教。2016年10月，文章有幸被《近代汉字研究》（第一辑）录用。2017年7月，《宁波大学学报》（人文科学版）2017年第4期刊载了唐智燕先生的《〈石仓契约〉（第三辑）俗字校读十则》，笔者拜读后，对文章又做了一些调整和增订。

① 王宁：《汉字构形学讲座》，上海教育出版社2002年，第35页。

② 《字鉴·萧韵》：“幺，俗作么。”作为构件时亦是如此，如“麽”同“麼”，《字鉴·果韵》：“麼，俗作麽。”

③ 秦公：《碑别字新编》，文物出版社1985年，第14页。

移与“刀”杂糅后则与“勾”相似。

2.“幼”又作“㓜”[①]，构件“幺”简化作“厶”后，“㓜”又演变为“勾”[②]。

3. 作为构件的“幼”时常作“幻”，“幻”字的构件“幺”右移后与“丁”组合为“㓜”，“㓜”再进一步演变为“勾”。

4. 构件“幼”同样先作“幻”，“幻”的俗书作“𢆯”[③]，“么”右移后，“丿”与“丁”组成“勹”，进而与“厶”构成“勾”[④]。

汉字中以“幼”为构件的字有“靿”“坳”“黝”“袎”“拗”等。有时构件“幼”又可省写作“幻”，例如“靿”作“𩋄”，“坳”作“𡉏”，“拗”作“抝”等。而作为构件“幼（幻）”俗书时常作“勾”，由此引发了一系列同形俗字和疑难字的出现，同时也使得字书中产生了一些讹误和遗漏。下面我们就结合具体的例子，对上述问题展开讨论。

【坳—均】

“坳”俗作“均”，《龙龛手鉴·土部》：“均，旧藏作坳。《农政全书·东南水利中》：‘中有均突。’清梁廷枏《粤海关志》卷二十六：‘山又特起，名莲花山，又伏又起，中曲均，长五六里，广半之，是称澳焉。’”杨宝忠先生认为：“‘坳’从土，幼声；俗书或者讹变作‘𡉏’，‘幺’或作‘么’，故‘𡉏’字笔画重组为‘均’。”[⑤] 此说甚是。笔者在文献中找到了“坳（𡉏）”作“均”的过渡形体“**𡉏**”。例如：

例1：山**𡉏**筑着牧牛儿，白石凿凿蒙茸披。（宋郑震《三山郑菊山先生清隽集·樵歌三首之三》，《知不足斋丛书》本）

例中“**𡉏**”，《四部丛刊续编》景侯官林佶手钞本作“𡉏”，“山𡉏”即“山坳”，义

---

① 《玉篇·勹部》：“㓜，幼古文。”

② 如“坳”先作“㘭”，再由“㘭”演变为“均”。对此，唐智燕先生有论述，详可参下文“均”字条。

③ 《龙龛手镜·幺部》：“𢆯，乎办反。诈也，惑也，诈相欺眩以乱人目也。”从注音和释义来看，“𢆯”显即“幻”字。

④ 此说杨宝忠先生业已揭之，也有过度字形“**𡉏**”为佐，详可参下文“均”字条。此外。在文献中不乏“幻”与“勾”字相混的例子，如：宋卢祖皋《蒲江词·贺新郎·姑苏台观雪》：“十顷涵空碧。画图中，峥嵘勾玉，乱零吹璧。”（明刻《宋名家词》本）原书小注：“勾玉，一作幻玉。”又如：《事文类聚》前集卷四三“分身吐火”条引张衡《西京赋》：“奇幻倏忽，易貌分形，吞刀吐火，云雾杳冥，画地成川，流渭通泾。”注：“奇幻，谓勾人能分一身作数人，或吞刀，或吐火，或起云雾，或画地成川河。”（文渊阁《四库全书》本）例中的“勾人”费解，当为“幻人”之讹，义谓“魔术艺人”，《文选·西京赋》正作“幻人”（《四部丛刊》景宋本）。

⑤ 杨宝忠：《疑难字考释与研究》，中华书局2005年，第81页。

谓山间低平地。“坳”与“均”近似，当是“坳”中构件“幻”作“幻”后又稍稍形变的产物。

此外，据唐智燕先生《〈石仓契约〉（第三辑）俗字校读十则》一文的研究，同“坳”的“均”也出现在了《石仓契约》中，如：

例 2：《乾隆四十九年阙登生立卖屋契》：“自情愿将父祖业遗下壹处，土名坐落廿一都均下，屋壹栋，大小叁简（间）……送与阙富琳入手承买。”

唐先生指出，“‘均’当为‘坳’的俗字”，同时还对《石仓契约》中“坳”俗作“均”的原因做了详细的分析：“‘幼’或作‘勾’。《汉语大字典·勹部》：‘勾，同“幼”。《玉篇·勹部》：“勾，古文。”《字汇补·勹部》：“勾，古文幼字。”’故‘坳’因偏旁类推而作‘均’。例如：《乾隆十年陈有达等立送山场坟契》：‘立送山场坟契人陈有达仝弟有芳等，今因日先祖父遗下有名山壹处，坐落云邑九都内管金村庄，小土名松树岗过山均（坳）下毌安着。’此契中‘均’字，释文作‘坳’。甚是。又俗书部件‘幺’‘厶’相混不别，如‘充’俗作‘充’，‘畝’俗作‘畆’或作‘畝’等。”①

【黝—黔】

“黝”俗作“黔”，《汉语大字典·黑部》“黔”字条：“《改并四声篇海·黑部》引《搜真玉镜》：‘黔，乌皎切。’《字汇补·黑部》：‘黔，音夭。见《篇韵》。’”② 杨宝忠先生指出，“黔”当是“黝”字俗讹。③ “黔”在文献中的用例不广，笔者寻检到一则“黔”之变体“黔”的例子：

“同里蔡君郊文、姚君庆占，首创兴修，同志者皆醵金为助。鸠工集事，垂霤重檐，棼橑交接，地则黔之，墙则垩之。”（程森纂《德清县新志》卷一〇徐秉愿《重修余不亭侯庙记》，民国铅印本）

例中，“黔”同“黔”“黝”，“黔之”义谓“使之黑”。

【靿—鞠】

《汉语大字典》“鞠”字条义项一：“靴，也作‘靴’。《龙龛手鉴·革部》：‘鞠，俗；

① 《宁波大学学报》（人文科学版）2017 年第 4 期，第 59 页。

② 《汉语大字典》编辑委员会：《汉语大字典》，四川辞书出版社、崇文书局 2010 年，第 5059 页。

③ 杨宝忠：《疑难字续考》，中华书局 2011 年，第 485 页。

甁，正。鞾也。’元萧德祥《杀狗劝夫》第二折：‘呀，哥哥靴鞫里有五锭钞哩！’”①此处既有字书依据，又有文献用例，且“靴”“甁（甁）”近义连言，故《汉语大字典》的解释和引例看似没有什么问题，但事实并非如此。

首先，“靴”“甁（甁）”虽为近义词，但文献中连用者罕见；其次，检中华书局重印本《元曲选·杀狗劝夫》第二折，“鞫”字实作“𩋞”，其形颇似“鞫”，录作“鞫”也未尝不可。同时，“𩋞”又酷似“靿”，“𩋞”当是“靿”的构件“幼”变作“匂”后的产物；再次，从注音来看，《杀狗劝夫》第二折末所附《音释》云：“𩋞，音要。”“靿”即音要，明严衍《资治通鉴补》卷二二〇：“靿，音要。”由此可知，《杀狗劝夫》中的“𩋞”本字当作“靿（靿）”。“鞕靿”义谓靴筒，常可用来贮存钱物。例如：

例 1：靴靿里有两锭钞，你自家取了去。（《元曲选·散家财天赐老生儿》第二折，明万历刻本）

例 2：妇笑曰：“何言之谦也。”即至身旁搜索，于靴靿夹袋中得钱券六十千，谢曰：“有此可为缠头之费矣。”（清俞樾《右台仙馆笔记》卷三，《春在堂全书》本）

试以“靴鞫里有五锭钞”与例 1 中的“靴靿里有两锭钞”相比勘，《杀狗劝夫》中的“𩋞”无疑即“靿（靿）”字。因此，《汉语大字典》“鞫”字条下一方面援引了伪例，另一方面也对《杀狗劝夫》例做了误释。

细审《杀狗劝夫》例中的“𩋞”，与“鞫”字尚有微别。但在近代汉语文献中，“靿（靿）”也确实有作“鞫”者。例如：

例 3：蒲鞋，《顾志》：“出东门三里汀，极细巧。又有长鞫如靴者，老者穿以御冬。今所在有之。”（《（光绪）青浦县志》卷二《疆域下·土产·服用之属》，光绪五年刻本）

例中“长鞫”即“长靿”，指长筒。

例 4：腰间是蟒龙舫，粉皮靴鞫。（《新说西游记》第三十四回，清乾隆刻本）

例 5：会大雨，左体被创，靴鞫壅流血，足僵坠镫。（清李亨特修《（乾隆）绍兴府志》卷六四《人物志·沈云英》，清乾隆五十七年刊本）

二例中的“靴鞫”亦即“靴靿”。

例 6：先是兵因金川之役，积有鞫鞋亏欠，岁例扣偿。（清魏礼焯、明镕修《（嘉庆）昌乐县志》卷二六《武胄志》，清嘉庆十四年刻本）

例中“鞫鞋”即“靿鞋”，指带筒的鞋。

例 7：从者见血殷鞫履，问其故，公俯视，晕。（清李熙龄纂修《（道光）榆林府

---

① 《汉语大字典》，第 4614 页。

志》卷四七王赐均《总兵提督衔张文奇墓志铭》，清道光二十一年刻本）

例中"鞫履"即"靿履"，指鞋筒和鞋。

例8：林冲看那人时，头戴深檐暖帽，身穿貂鼠皮袄，脚着一双獐皮窄鞫靴。（《水浒传》第十一回，明容与堂刻本）

例中"鞫"字迹稍糊，其形介于"鞠""鞫"之间。今人民文学本录作"靿"[①]，诚是，"窄靿靴"即"窄筒靴"。

【袎—袧】

"袧"字，本同"袍"，《正字通·衣部》："袧，俗袍字。"而在近代汉语文献中，"袧"又是"袎"之俗字。例如：

例1：杨维祯《杨妃袜》诗："天宝年来窄袧留，几随锦被暖香篝。"（《佩文韵府》卷二六下《下平声·十一尤韵·篝》，清康熙五十年武英殿本）

例中"窄袧"，《元诗选》初集卷五六作"窄袎"（文渊阁《四库全书》本），指窄袜筒。

例2：传闻昨夜珠明寺，拾得何人锦袧回。（清沈锺《霞光集》卷二《吴门踏灯词》，清刻本）

例中"锦袧"即"锦袎"，指锦制的袜筒。

【拗—拘】

在以"幼"为构件的诸字中，使用频率较高的是"拗（抝）"，因而其俗字"拘"也十分常见。例如：

例1：曾行刺的韦家郎，拘不过荒唐月老。（《盛明杂剧·三集·南山逸史》，诵芬室刻本）

例中"拘"同"拗"，义谓向相反或不顺的方向扭转。

例2：英宗朝甘肃缺总兵，会推吴瑾，王翱以为不可，上遽曰："老王执拘。"（明李绍文《皇明世说新语》卷四，明万历刻本）

例3：竹头木屑之识，非相识也；刚愎执拘之才，非相才也；褊隘忌嫉之度，非相度也。（明王元翰《王谏议全集·政本重地不宜恕纳匪人疏》，清嘉庆刻本）

---

① 《水浒传》，人民文学出版社2002年，第147页。

例 4：（王安石）性执拘。（明邵经邦《弘简录》卷一〇五，清康熙刻本）

例 5：语治术之执拘者，古莫如宋王荆公；语学术之执抝者，今莫如王文成公。（明骆问礼《续羊枣集》卷九“执拘”条，清高承梃钞本）

诸例中的“执拘”即“执拗”，其中例 5 中的“执拘”，明骆问礼《万一楼集》卷五六作“执拗”（清嘉庆活字本）。另外，值得注意的是，例 5 中“拘”“抝”同时出现，说明这两个俗字在当时同时流行。

例 6：委心任天地，何日非羲昊。肯学王半山，斤斤惟执拘。（清张问陶《船山诗草》卷一二《乙卯十二月二十六日立春，味辛舍人招同谷人赞善、墨庄舍人延更、编修山尊、孝廉肖生居士小集敦经悦史之堂分韵得浩字》，清嘉庆二十年刻道光二十九年增修本）

例中“拘”同“拗”，与“昊”通押。

例 7：囉囉囉，拘相公来，朋朋朋，王安石来。（清李玉《眉山秀》卷下第二十三出，清顺治刊本）

例中“拘相公”指王安石，清褚人获《坚瓠集》余集卷二亦有条目曰：“拘相公见鬼。”（清康熙刻本），所述即王安石事迹。在古人笔下，王安石往往以固执的形象出现，时人戏称为“拗相公”。以上例 4 至例 7，皆以“执拘（拗）”或“拘（拗）”来形容王安石。

例 8：龙威不摄痴心女，神力难回拘人。（《蜃中楼》，《俗文学丛刊》册 72 景光绪二十一年抄本）

例 9：一来要激他的怒性，二来要轩（旋?）转他的拘肠。（同上）

例 10：当初是令姪发执拘不肯与小儿成亲。（同上）

三例中，“拘”皆为“拗”之俗字，义谓“固执”。

例 11：郑余庆清俭有重德。一日忽召诸朋朝官数人会食，众皆朝僚，以故相重望，皆凌晨诣之。至日高余，庆方出，闲话移时，诸人皆嚣然。余庆呼左右曰：“处分厨家烂蒸去毛，勿拘折项。”（明许自昌《捧腹编》卷五“烂蒸葫芦”条，明万历刻本）

例中“勿拘折项”，《太平广记》卷一六五引唐卢言《卢氏杂说》“郑余庆”条则作“勿拗折项”（明刻本）。

例 12：又有人以“拘颈葫芦”四字命对者，陈启东方沐浴，偶得“空心萝卜”四字对之，喜跃，盆为破。（清梁章钜《巧对录》卷五引《稗史》，清文华堂刻本）

例中“拘颈葫芦”，清赵吉士《寄园寄所寄》卷六引《稗史》作“抝颈葫芦”（清康熙三十五年刻本）。“拘颈葫芦”“抝颈葫芦”皆即“拗颈葫芦”，义谓颈部歪扭的葫芦。

例 13：湾，拘，抝。（《正音乡谈杂字》上卷《地理门》，《什音全书中闽南语资料

研究》景日本抄本①)

例中“拘”乃“湾”之注音字。“拘”“抝”同时出现，或是旁注异文混入正文后所致。

例 14：韩家铺，县东八里；拘榆铺，县西八里。（明沈应文《（万历）顺天府志》卷二《营建志·邮舍》，明万历刻本）

例中“拘榆铺”，《古今图书集成·方舆汇编》引作“拗”，“拗榆”乃树名。又如：

例 15：拘榆钱，天坛内有之，他处榆钱方春而结，此独秋实故名抝。（清张茂节修《（康熙）大兴县志》卷一《舆地志》，清康熙二十四年刻本传抄本）

该例解释了“拗榆”的得名之由，即因其秋天结榆钱，和普通榆树春生榆钱相比，显得与众不同，故名“拗榆”。在该例中，“拗”的俗字“拘”“抝”也是同时出现。

作为“拗”俗字的“拘”至清末仍有用例。例如：

例 16：陆军部仍拘不过督抚。（1911 年 6 月 11 日《申报》第一张第五版文章标题）

例中，“拘不过”即“拗不过”。

若追根溯源，作为“拗”俗字的“拘”在敦煌文献中即见其端倪。例如：

例 17：若有㧻捩无端，便逐出社内。（S. 6537Ve《十五人结社文》）

例中“㧻”与“拘”字极似，实亦即“拗”字，“拗捩”义谓不顺从。

“拘”字本为“拘”之俗字，《正字通·手部》：“拘，俗拘字。”因“拘”同时充当“拘”“拗”的俗字，故亦有“拗”讹作“拘”者。例如：

例 18：高平调：条拗滉漾。小注曰：“拗，旧作‘拘’，误。”（明王骥德《曲律》卷二《论宫调第四》，明天启五年毛以遂刻本）

究其致讹之由，盖“拗”或是先作“拘”，后人不察，误以为是“拘”之俗字后，又擅自错改为“拘”。②

“鞫”“袧”“拘”等字本来具有固定的音义，后因构件“幼”俗书作“勾”，诸字又分别充当了“靿”“袎”“拗”等字的俗字，从而构成了音义迥别的同形字。而今之《汉语大字典》《中华字海》等字书皆失收“鞫”“袧”“拘”同“靿”“袎”“拗”的用法，这显然有损于大型字书的全面性。另外，由于不明“幼”俗书作“勾”，《汉语大字典》“鞫”字条误释相关文献、某些义项下援引了伪例。凡此，充分说明了构件演变研究在俗字、疑难字考释以及辞书编纂过程中的重要作用。

（张文冠：江苏师范大学语言科学与艺术学院、语言能力协同创新中心，221009，徐州）

---

① 该书由黄沚青博士提供，在此谨致谢忱！

② “拘”又音“gòu”，北方方言，义谓“伸手拿东西”。清蒲松龄《聊斋俚曲集·增补幸云曲》第六十回：“跳了一跳，贪慌拘那汗巾，把桌子上酒壶拐倒。”此语在今山东、辽宁等地方言中依然广泛应用，例多不赘举。

《大正藏》疑难字考释（六）

李国英

摘　要：本文对《大正新修大藏经》中的“㰇”“㮚”“榼”“櫾”“棣”“橾”“𣙰”“𣝔”“欬”“岐”“𧽊”“谽”“𥝩”“𩞁”“䔧”15个疑难字进行了考释。

关键词：《大正藏》　楷书　疑难字　考释

㰇

佛陀什、竺道生译《弥沙塞部和醯五分律》注28：“𩏂＝㰇《圣》。”又注30：“𩏂＝靴《宫》*，㰇《圣》。”（T1421v22p0146x30）

按：正文作：“诸比丘作[28]𩏂大深，诸居士讥呵。言：‘此比丘所著富罗如我等靴。’以是白佛。佛言：‘不应深作[30]𩏂听至踝上。’有诸比丘作*𩏂如靴，诸居士讥呵如上，以是白佛。”（T1421v22p0146c）“㰇”与“𩏂”“靴”为版本异文，“㰇”即“擁”字之讹，“𩏂”乃“擁”之分化字。玄应撰《一切经音义》卷十五《五分律》第二十一卷：“作靿，一豹反。靴靿也。《律》文作‘𩏂’，俗语也，书无此字。”（212a—b）玄应所见《五分律》即作“𩏂”，以诸书无此字改作“靿”。今考“𩏂”当为“擁”之分化字。“擁”有围裹义，靴靿乃将小腿围裹起来的东西，常以革为材料，故字从“革”造“𩏂”字。《圣本》作“㰇”，正“擁”字之讹，“扌”旁讹作“木”旁也。

又，据文意及《玄应音义》，《宫本》之“靴”乃“靿”字之误。“靿”与“𩏂”同义，故《宫本》或作“靿”。若作“靴”则文意不通矣。

㮚

觉超撰《胎藏三密抄》："又《经》次说普光云：'复以风轮而散舒之，空轮并入于其中。'义云：二空指并而屈入掌中，二风指直竖（各不相着，皆直竖之），二火指头相合稍阔，其节如剑锋形，馀指同前（此印与《经》不同。二手火、风、空等大同地水二轮，《经》文有异。《经》二水㮚竖，头相离，二地合竖。"（T2398v75p0576b）

按："㮚"即"揲"字之讹。杲宝撰《大日经疏演奥钞》："《经》云：'复以风轮而散舒之，空轮并入于其中，名普光印。'已上《义释》十云：次如来普光之印，即是也。此印与经不同，二手火、风、空等大同，地水二轮，《经》文有异。《经》二水楪竖，头相离，二地合竖是也。"（T2216v59p0455a）与"㮚"对应之字作"楪"，"楪"亦"揲"字之讹。"揲"有开张义，佛经中或用作表示手印中手指张开之义，此即经中所用之义（参"㮈"字条）。"㮚"即"楪"之进一步形讹。菩提金刚译《大毗卢遮那佛说要略念诵经》："其印相者，以二手如常合掌，㮚竖二大指即是。"（T0849v18p0056b）同上经："印者，先以二手如常合掌，屈二头指及二小指，令背相著入于掌中，竖二大指押头指侧，竖二中指合头相著，名指㮚间相去半寸。"（T0849v18p0059c）"㮚"为"揲"字之讹，可资比勘。

榼

道原纂《景德传灯录》注15："骨董＝榼棰《明》。"（T2076v51p0357x15）

按：正文作："若是一般掠虚汉，食人涎唾，记得一堆一担[15]骨董，到处逞驴唇马嘴，夸我解问十转五转话。"（T2076v51p0357b）"榼棰"与"骨董"为版本异文，"榼"即"搕"字之讹。《云门匡真禅师广录》："若是一般掠虚汉，食人脓唾，记得一堆一担搕𢶍，到处驰骋，驴唇马嘴，夸我解问十转五转话。"（T1988p47p0547a）与"榼棰""骨董"对应之字作"搕𢶍"，"搕𢶍"即"垃圾"。《云门匡真禅师广录》："时不待人，一日眼光落地，前头将何抵拟。莫一似落汤螃蟹手脚忙乱，无尔掠虚说大话处，莫将等闲空过时光。"（T1988v47p0547b）"掠虚"有窃取虚名之义，窃取虚名常常说一些浮泛不切实际的大话，这样的人佛经中或称作"掠虚汉"。"记得一堆一担搕𢶍，到处驰骋，驴唇马嘴"，"搕𢶍"即"垃圾"，本指扔掉的破烂儿等没用的东西，这里指没有价值的事情，谓脑子里记住得全都是一堆一担的像垃圾一样没用的东西，还到处不着边际发挥，添油加醋，驴唇不对马嘴地乱说。或作"骨董"者，"骨董"有琐碎过时无用的知识或文辞等，在上文中与“搕榼”表达的意思相近，故可以互为异文。“搕榼”或作“⿰木韭榼”者，“⿰木韭”即“搕”字之讹，乃由“搕”与“榼”连用，受其形体影响，“扌”旁讹作“木”旁，“皿”旁讹作“韭”旁也，此乃字形同化之例。

欚

心觉撰《多罗叶记》注 63：“**⿰木蠡**＝**⿰木蚤**《甲》。”（T2707v84p0612x63）

按：正文作：“倪[63]**攭**锋，龙名也。”（T2707p84p0612c）正文作“**攭**”，注文作“**⿰木蠡**”，两字与“**⿰木蚤**”为版本异文，“**⿰木蠡**”“**攭**”“**⿰木蚤**”皆“欚”字之讹。《佛说弥勒来时经》：“一者金，有龙守之。龙名倪蠡锋，主护金，龙所居山地名犍陀。”（T0457v14p0434c）“蠡”，《嘉兴藏》作“**⿰木蠡**”。玄应撰《一切经音义》（丽藏本）《弥勒来时经》：“倪蠡锋，上鱼礼反，下力底反，锋，疋逢反。龙名也。”慧琳《一切经音义》卷三十二《弥勒来时经》：“倪欚**鏠**，上鱼礼反，次力底反，下匹逢反。梵语龙名也。”（T2128p58p0043a）与“**⿰木蠡**”对应的形体作“蠡”“**⿰木蠡**”“蠡”“欚”等形，诸形皆“欚”字之书写变异，“**⿰木蠡**”盖“欚”形之讹。

⿰木隸

道原纂《景德传灯录》注 4：“棙＝**⿰木隸**《明》*。”（T2076v51p0382x4）

按：正文作：“僧问：‘古人横说竖说，犹未知向上一关[4]棙子，如何是向上一关*棙子？’”（T2076v51p0382c）“**⿰木隸**”与“棙”为版本异文，“**⿰木隸**”即“棣”之异写，“棣”为“棙”的异构字。“关棙子”指能转动的机械装置，引申有关键之义，又作“关捩子”，与“关棙”“关捩”同义。“关棙/捩”为同义并列复合词，“关”的本义为门闩，门闩是控制门开关的装置，故“关”引申有控制装置义，《后汉书·张衡传》：“（候风地动仪）中有都柱，傍行八道，施关发机。”在这个意义上可指通过转动来控制的装置，唐杜牧《张好好》诗：“繁弦迸关纽，塞管裂圆芦。众音不能逐，袅袅穿云衢。”“关纽”即指弦乐器上通过转动来控制弦松紧的装置。“棙/捩”本作“戾”，“戾”有转动义，在这个意义上分化出“捩”，由转动义又引申出通过转动进行控制的装置义，在这个意义上又分化出“棙”，在文献中“捩”“棙”两字常通用，故“关棙”又作“关捩”，“关棙子”又作“关捩子”。守坚集《云门匡真禅师广录》：“问：‘承古有言，牛头横说竖说不知有向上关棙子，如何是向上关棙子？’师云：‘东山西岭青。’”（T1988v47p0550c）集成等编《宏智禅师广录》：“得妙者简，所以默不与言；得用者闲，所以应不触物。道游神御，理固如斯。忽向其间著一丝一糁，则枢机碍而不通，关棙窒而不转。空空处含一切有，有有处合一段空，更有甚么事元元之本，冲而无像，动而有应，当须彻底觑破。”（T2001v48p0076c）绍隆编《圆悟佛果禅师语录》：“拨转上头关捩子，分身百亿化无边。”（T1997v47p0746a）高峰显日语、高峰显日编《佛国禅师语录》：“指山门云：广大楼阁，峭峻门庭，拨转关捩，拔楔抽钉（喝一喝），任他平地鼓雷霆。”（T2551v80p0273a）

《广韵》“戾”“隸”皆读“郎计切”，故“棙”或作“㰛”，“⿰木隷”即“㰛”字之书写变异。《说文·木部》：“㰛，木也。”与此不同，两者可以理解为同形字。

又，道原纂《景德传灯录》：“嘉州东汀和尚。僧问：‘如何是却去底人?’师曰：‘石女纺麻纑。’曰：‘如何是却来底人?’师曰：‘扇车关[1] ⿰扌隸良计断。’”（T2076v51p0395b）本页下注1：“⿰扌隸＝捩《明》。”《四库本》之《五灯会元》作“棙”，“⿰扌隸”乃“㰛”字之讹。《汉语大字典》：“㰛，收丝筐的柄。《广雅·释器》：‘榬谓之篗，其𡱂谓之㰛。’王念孙疏证：‘《方言》：“篗，榬也。兖豫河济之间谓之榬。”郭注云：“所以络丝也。”《说文》：“篗，收丝者也。”’‘𡱂，柄也。’《景德传灯录》卷二十三：‘曰：“如何是却来底人?”师曰：“扇车关㰛良计断。”’”《汉语大字典》把《景》中“关㰛”之“㰛”释作“收丝筐的柄”之义，误。“关㰛”同“关捩/棙”，亦指控制装置。

榤

《大圣妙吉祥菩萨说除灾教令法轮》注18：“磔＝榤《甲》，探《乙》。”（T0966v19p0345x18）

按：正文作：“复次救护慧，定手金刚拳。端坐安腰侧，慧舒五轮直。当以掩其心，磔竖于空轮。”（T0966v19p0345b）“榤”与“磔”“探”为版本异文，“榤”“探”皆“搩”字之讹，“搩”又“磔”之分化字。“磔”之本义为分裂牲畜肢体，也指用车分裂人体，引申有分张义。慧琳撰《一切经音义》：“一磔手，张革反。《广雅》：‘磔犹开也。’又张也。一磔手者，张其手取大指中指所极为量也。《古今正字》：‘从石，桀声。’《经》本作‘搩’，音傑，非义也。”（T2128v54p0462a）由分张义又引申为“磔手”义，即把手指分张开去大指和中指中间的最大量，是一种度量长度的方式，也是度量长度的单位。由此义再引申指把手指分张的手相，阿地瞿多译《陀罗尼集经》：“其佛左边，大势至菩萨结加趺坐。左手覆掌于左髀上，右手屈臂节拄右髀上，竖臂向上，以大指捻无名指甲上，头指、中指、小指[14]搩竖掌侧当前。”（T0901v18p0800c）本页下注14：“搩＝磔《三》《宫》《甲》。”同上经：“以左手作总印，大指捻小指甲上，余三指直向上搩竖。”（T0901v18p0811a）“搩/磔竖”即分张竖起之义。“搩”当是为分张手指丈量义造的分化字，也用来表示分张手指的手相义。

㯤

春屋妙葩语、春屋妙葩编《知觉普明国师语录》：“大悲千手眼，那个是正眼，重重手眼总无差，榼㯤堆头破草鞋，任手拈来光灿烂，入门须看子胡牌。”（T2560v80p0690b）

按：“榼㯤”同“搕𢶍”，“㯤”即“㯤”字之讹。《大正藏》“搕𢶍”多见，妙叶集《宝王三昧念佛直指》：“若谓此说是曹溪门下搕𢶍堆头触著得底，且未曾梦见在。”（T1974v47p0364c）守坚集《云门匡真禅师广录》：“若是一般掠虚汉，食人脓唾，记得一堆一担搕𢶍，到处驰骋驴唇马嘴，夸我解问十转五转话。”（T1988v47p0547a）《大慧普觉禅师语录》：“休向粪扫堆上更添搕𢶍。”（T1998Av47p0816b）道谦编《大慧普觉禅师宗门武库》：“舜老夫一日举，盐官和尚唤侍者：‘将犀牛扇子来。’侍者云：‘扇子已破。’官云：‘扇子既破，还我犀牛儿来。’侍者无对。舜云：‘三伏当时正须扇子，为侍者不了事。虽然如是，盐官太絮，何不大家割舍。侍者当时若见盐官道：“扇子既破，还我犀牛儿来。”便向道：“已飏在搕𢶍堆上了也。”’”（T1998Bv47p0945c）崇岳编《密菴和尚语录》：“上堂，拈拄杖卓一下云：‘迷时只迷遮个。’复卓一下云：‘悟时只悟遮个，迷悟两忘。粪扫堆头，重添搕𢶍。莫有向东涌西没，全机独脱处。道得一句么，若道不得，华藏自道去也。’掷拄杖，下座。”（T1999v47p0965c）道原纂《景德传灯录》：“问既是大容为什么趁出僧。师曰。大海不容尘，小豁多搕（乌合切）𢶍（私盍切）。”（T2076v51p0386b）月坡道印语、月坡道印编《月坡禅师语录》：“令遍刹界如雷奔，捡点将来，榼㯤堆头破沙盆子而已。”（T2595v82p0528b）一丝文守语《佛顶国师语录》：“或有自担取一堆𡎺𡏲出来，才拟扫却，更粪扫堆头重加𡎺𡏲者。或有虽似从洒洒落落处出来，被他一拶撒土撒沙放屙放屎去。”（T2565v81p0139c）重显颂古、克勤评唱《佛果圆悟禅师碧岩录》：“僧问云门：‘如何是清净法身（𡎺圾堆头见丈六金身，斑斑驳驳是什么）？’”（T2003v48p0177b）悟溪宗顿语、悟溪宗顿编《虎穴录》：“一旦忽尔𡎺圾堆头拾得些子干柴片，怀藏已二十载。”（T2570v81p0314c）竺仙梵仙语、竺仙梵仙编《竺仙和尚语录》：“重阳谢志首座为净头上堂，尽十方虚空，是个厕坑孔。三世诸佛，诸代祖师，头出头没，尽十方大地，是个拉𢶍堆。”（T2554v80p0357a）重显颂古、克勤评唱《佛果圆悟禅师碧岩录》：“取老和尚舌头，一截并付烈焰，烟而飏之拉㯤堆。”（T2003v48p0225a）一山一宁语、一山一宁编《山国师语录》：“冬至上堂，晷连推移，日南长至，三家村里烂牛屎，动地放光；十字街头垃圾堆，演大法义。何以见得？不见道，是法住法位。”（T2553v80p0312b）兰溪道隆语、兰溪道隆编《大觉禅师语录》：“垃圾上重添垃圾，究理达理，相应中转不相应，眼不见而为净，心不疑而自安。”（T2547v80p0075c）“榼㮣”“壗埲”“壗圾”“拉搓”“拉㮣”“垃圾”等皆当为同一词的不同形式，其义同今之“垃圾”。

櫢

赖宝撰《释摩诃衍论勘注》：“《笔削记》云：头陀，此云科櫢，谓科櫢三界烦恼业报故。”（T2290v69p0824a）

按：“櫢”即“擻”字异体之讹。《起信论疏笔削记》卷第十八云：“头陀，此云抖擻，谓抖擻三界烦恼业报故。”（T1848v44p0396a）此即赖宝之所本，与“科櫢”对应之字作“抖擻”。道世撰《法苑珠林》：“西云头陀，此云抖[5]捒，能行此法，即能抖[6]捒烦恼，去离贪著，如衣抖[*]捒能去尘垢，是故从喻为名，故名头陀。”（T2122v53p0903a）本页下注5：“捒＝擻《三》。”注6：“捒＝擻《元》《明》。”说解“抖擻”之义甚明，正字当作“抖擻”，“科櫢”同“抖擻”，“科”为“抖”字之讹，“櫢”同“擻”。《别译杂阿含经》：“大旷野中有一大池，有诸大象入彼池中，以鼻拔取池中藕根，净[1]抖擻已，用水洗之，然后乃食。”（T0100v02p0381a）本页下注1：“抖擻＝抖藪《圣》。”“抖擻”或作“抖藪”，盖“藪”或加“扌”旁，“扌”旁讹作“木”旁即成“櫢”字。

欬

《佛说毘奈耶经》注20：“欬，檕本作**效**，下同。”（T0898v18p0773x20）

按：正文作：“诵呪文句，字音、体相皆令分明。若正诵呪时，有謦[20]欬者须忍，到头到半或多或少，若其謦欬，皆须从头覆诵。”（T0898v18p0773c）“**效**”与“欬”为版本异文，校注者未判定两字关系，“謦欬”为常用词，“**效**”即“欬”字之讹。“欬”字，《龙龛手鉴·欠部》作“𣢭”，与“**效**”形体颇近。僧祐撰《弘明集》：“至若张葛之徒，又皆杂以神变化俗，怪诞惑世，符呪章[12]効咸讬老君所传，而随稍增广，遂复远引佛教，证成其伪，立言舛杂，师学无依。”（T2102v52p0038b）本页下注12：“効＝劾《三》《宫》。”“効”乃“劾”字之讹，亦“亥”旁讹作“交”旁之证。

𡸁

道世撰《法苑珠林》注4：“岥＝**𡸁**《三》《宫》。”（T2122v53p0736x4）

按：正文作：“于时世尊即说呪曰：……罗斯（三十八）罗娑[4]岥（三十九）。”

（T2122v53p0736b）“**跂**”与“岥”为版本异文，《四库本》作“**歧**”，“**跂**”“岥”皆“岐”字之讹。《阿弥陀鼓音声王陀罗尼经》：“罗斯（三十九）罗娑岐（四十）。”（T0370v12p0352c）《陀罗尼杂集》：“罗斯（三十九）罗娑岐（四十）。”（T1336v21p0598c）字皆作“岐”。“山”旁讹作“止”旁，“支”讹作“攴”皆习见，故“岐”或讹作“**歧**”“**跂**”。字又作“岥”者，“支”旁讹作“皮”旁也。惠详撰《弘赞法华传》：“释玄际，一名静务，俗姓刘。浬南人也。曾祖鹘，隋岥州刺史。”（T2067v51p0046c）道宣撰《续高僧传》：“又见一僧，摇手申臂，至于[25]岥麓，挽顗上山。”（T2060v50p0564c）本页下注 25：“岥＝岐《三》。”道宣撰《广弘明集》：“尔乃陟飞阶于峻[14]岐，登步檐于绝顶。”（T2103v52p0339a）本页下注 14：“岐＝岥《元》《明》。”“岥”皆“岐”字之讹。道宣撰《广弘明集》：“瞻泽哀素柳，解带长陵[21]岐。”（T2103v52p0350b）本页下注 21：“岐＝岥《三》《宫》。”“岐”又“岥”字之讹，“岥”乃“坡”之异构字。此皆“支”旁与“皮”旁混误之例。澄观撰《大方广佛华严经疏》：“诸无色奢摩他一味相故无有[3]皮分建立。”（T1735v35p0785b）本页下注 3：“皮＝支《甲》。”窥基撰《说无垢称经疏》：“世尊身[24]皮清净无垢，常无［貌］臭秽，是第六十。”（T1782v38p1064c）本页下注 24：“皮＝支《甲》。”前一例“皮”为“支”之讹，后一例“支”为“皮”之讹，可证“支”与“皮”单用或是混误。

慧琳撰《一切经音义》：“[2]跂嶷，巨宜反，下语棘反。《诗传》云：‘*跂，知意也。嶷，识别也。言能匍匐则*跂然意有所知也，其貌嶷有所别识也。亦言六七岁也。’《经》文作‘奇’，非体之也。”（T2128v54p0364a）本页下注 2：“跂＝岐《甲》*。”慧琳撰《一切经音义》：“枝岐，音支，下音祇。郭璞云：‘岐，道旁出者也。’《古今正字》义同，从山支声。《经》作‘跂’，误也。”（T2128v54p0587c）“跂”亦皆“岐”字之讹，“歧”又“岐”之讹。

嚩

宽助撰《别行》：“慈氏菩萨根本真言曰：纳軨（引）喇怛曩（二合）怛罗（二合）夜（引）耶纳莫婀哩（二合）也嚩卢（引）吉底湿嚩（二合）罗（上，引）耶（二）母（引）地萨怛嚩（二合）耶（三）莽贺萨怛嚩（二合，引）耶莽贺迦（上）噜顮迦（上，引）耶（五）怛涅他（六）邬訲（二合）妹怛唎（二合）妹怛唎（二合。七）妹怛罗莽曩洗（八）妹怛罗（二合）糁婆（上）飐（九）妹怛噜（二合）纳婆（二合，上）飐（十）莽贺糁莽也萨嚩（二合）贺（上）。”（T2476v78p0132b）

按：善无畏译《慈氏菩萨略修愈誐念诵法》：“次说三昧耶真言曰：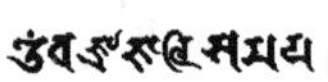，

邬𡂸（二合）𢧜躭啰（二合）耽履三莽也。”（T1141v20p0591b）“𢧜”为“ཝ（va）”译音字，乃由“武”和“我”构成的切身字，“武”取声母对“v”音，“我”取韵母对“a”音。净严撰《三密钞》：“ཝ，嚩、婆、啝、啝、嫛、𧤒（切身。慈氏）、𨁝（切身。同轨）、末、沫、靺、拔、罚。”（T84p0746b）“𨁝”乃“𢧜”字之讹。又，“𢧜”与“𧤒”同为“ཝ（va）”的译音字，且均为切身字，可以看作特殊类型的异构字。

𧮰

阿地瞿多译《陀罗尼集经》注2：“豁＝𧮰《宋》。”（T0901v18p0822x2）

按：正文作：“灭除礼者万生已来罪障，悉除豁尽无余。”（T0901v18p0822a）“𧮰”与“豁”为版本异文，“𧮰”盖“壑”字书写变异，“壑”与“豁”二字之书写变异形体相近，读音亦近，故二字常混用。经中“除豁”与“灭除”义近，即免除、消除之义。《可洪音义》卷二十九《弘明集》第十三卷：“𧮰尽，上呼活反。”（v60p0543a）僧祐撰《弘明集》：“三世都寂，一心豁尽。”（T2102v52p0091a）《可洪音义》卷第三十《广弘明集》第二十七卷：“𧮰然，上呼括反。”（v60p0587a）僧祐撰《弘明集》：“是以至言云富从而[12]𧮰以空焉。”（T2102v52p0011b）本页下注12：“𧮰＝豁《三》《宫》。”《四库本》作“豁”。“𧮰”“𧮰”亦皆“壑”字之书写变异，正字当作“豁”。《寺沙门玄奘上表记》：“但以恩深巨𧮰，岂滴水之能酬施；厚崧丘岳，匪纤尘之可谢。”（T2119v52p0822c）慧琳撰《一切经音义》卷四十二《大佛顶经》第八卷：“毒壑，呼各反。亦作‘𡑞’《经》作‘𡑞’，俗字。”（T2128v54p0587a）般剌蜜帝译《大佛顶如来密因修证了义诸菩萨万行首楞严经》：“是故十方一切如来，色目恶见同名见坑；菩萨见诸虚妄，遍执如入毒壑。”（T0945v19p0144a）“𡑞”“𧮰”亦皆“壑”字之书写变异而亦用“壑”字之义者。

道宣撰《续高僧传》：“岩[6]壑幽阻，攀缘登陟，志存正观也。”（T2060v50p0559a）本页下注6：“壑＝豁《三》《宫》。”“岩壑”，正字当作“壑”，“豁”乃“壑”字之讹。道宣撰《广弘明集》：“寂辽虚[23]壑，皎洁澄清。”（T2103v52p0342a）本页下注23：“壑＝豁《三》《宫》。”慧琳撰《一切经音义》卷一百《肇论》上卷：“虚豁，呼适反。《汉书》云：‘高祖意豁如也。’顾野王云：‘豁达，大量也。’《文字典说》：‘通谷也。从谷，害声。’”（T2128v54p0928b）道宣撰《大唐内典录》：“求那跋陀嘉其雅操，[2]壑然授与。”（T2149v55p0274a）本页下注2：“壑＝豁《三》。”“壑”又“豁”字之讹，此乃“壑”“豁”二字混用的确证。

隸

礼言集《梵语杂名》：“书疏，[23]隸迦，𑖨𑖸𑖏。”（T2707v54p1233b）

按：本页下注23：“隸＝㘈《甲》。”正文“隸”，注文作“隸”，又与“㘈”为异文。心觉撰《多罗叶记》：“书疏，𑖩𑖸𑖏，隷佉。已上三出礼言《杂名》。”（T2707v84p0595a）义净撰《梵语千字文》（安永二年敬光刊本）：“𑖩𑖸𑖏𑖾，隶佉（入），书。”（T2133Bv54p1199a）怛多蘖多集《唐梵两语双对集》：“书疏，隶佉。”（T2136v54p1242b）诸经梵文作“𑖩𑖸𑖏”或“𑖩𑖸𑖏𑖾”，前一字母皆作“𑖩𑖸”，汉译作“隶”或“隷”。净严撰《三密钞》：“𑖩𑖸，㘑、丽、历、㘑（佛顶）。”（T2710v84p0746b）“㘑”可为“𑖩𑖸”之译音字。综合上揭材料，《大正藏本》之《梵语杂名》之“𑖨𑖸（re）”乃“𑖩𑖸（le）”之讹，“隸”“隸”皆“隸”之书写变异，“㘈”为“㘑”字之讹，上述诸字皆“𑖩𑖸（le）”之译音字。

“㘑”讹作“㘈”者，由“隸”或讹作“疑”也。道世撰《法苑珠林》：“宋慧和沙门者，京师众造寺僧也。宋义嘉之难，和犹为白衣，[28]疑刘胡部下。”（T2122v53p0484b）本页下注28：“疑＝隸《元》《明》。”《四库本》作“隷”。慧皎撰《高僧传》：“伪司[12]隸校尉姚爽请令出之。”（T2059v50p0334b）本页下注12：“隸＝疑《宋》《宫》。”道宣撰《广弘明集》：“生常之业莫废，庸[11]隸之役无耻。”（T2103v52p0182b）本页下注11：“隸＝疑《宋》《宫》。”波罗颇蜜多罗译《宝星陀罗尼经》：“哆[12]疑驮计迦婆婆婆（二十三）。”（T0402v13p0574a）本页下注12“疑＝隸《三》《宫》。”《嘉兴藏》作“隸”。阇那崛多译《佛说诸法本无经》：“名为输嚧帝[3]疑夜者。”（T0651v15p0766c）本页下注3“疑＝隷《宋》《宫》，隸《元》《明》。”不空译《阿閦如来念诵供养法》：“饮食供养真言曰：唵（一）磨攞磨攞（二［合］）冥伽磨（引）[45]疑你（三）钵啰（二合）底吃哩（二合）矖拏（二合。四）嚩日哩（二合）抳娑嚩（二合，引）诃（引）。”（T0921v19p0019a）本页下注45“疑＝隸《宋》《明》《甲》《乙》。”“疑”皆“隸”字之讹。

又，玄奘译《大乘大集地藏十轮经》：“心大陀罗尼明呪章句：怛绖他（唐言谓）牟尼冐[7]㘑（一）牟那揭腊筏（二）。”（T0411v13p0747b）本页下注7：“㘑＝隸《三》，㘈《宫》。”金刚智译《金刚顶瑜伽中略出念诵经》：“二十二萨埵跋折[3]㘑，二十三阿啰怛那跋折㘑，二十四达磨跋折㘑，二十五羯磨跋折[4]㘑。”（T0866v18p0241a）本页下注3：“㘑＝隸《宋》《宫》。”注4：“㘑＝㘈《宫》。”不空译《金刚顶莲华部心念诵仪轨》：“左耳真言曰：唵萨嚩怛他（引）誐多钵啰（二合）惹（二合）波罗蜜多（引）避（引）涅哩（二合）贺[7]㘑（二合）萨睹（二合）拏（引）弥摩诃具沙（引）努霓淡。”

（T0873v18p0307a）本页下注 7：“嚟＝嚥《元》《三》。”输波迦罗译《苏悉地羯啰经》：“或有真言初有𤙖字，后有𢶏吒字，或有[28]嚥普字，此是词声，有如上字者真言，速得成就阿毘遮嚕迦法。或有真言初无唵字，后无莎诃字，又无𤙖字，亦无𢶏吒字，及无*嚥普等字者，当知此等真言，速能成就补瑟徵迦法。”（T0893v18p0635b）本页下注 28：“嚥＝嚟《甲》*。”不空译《阿閦如来念诵供养法》：“花鬘供养真言曰：唵（一）么（引）攞（引）驮[38]嚥（二）嚩日啰（二合）驮啰娑嚩（二合，引）诃（引）。”（T0921v19p0018c）本页下注 38：“嚥＝嚟《宋》《明》《乙》。”“嚥”皆“嚟”字之讹。

净严撰《三密钞》：“𑖑𑖰，起泥（胎）、祇你（佛顶）、嚥你（佛顶）。”（T2710v84p0758a）净严撰《三密钞》：“𑖐𑖰，儗（胎）、近、疑、拟、宜、耆、祇、蚑（大流）、岐、𧺆（罥索经）、𠲖（切身。慈氏轨）、祁、其。”（T2710v84p0742a）“嚥”又为“疑”加“口”旁所造之译音专字，乃“𑖐𑖰（gi）”的译音字，此字与“嚟”的讹字为同形字。

𡾊

礼言集《梵语杂名》：“鹿，[60]𡾊嘌，𑖝𑖴𑖐。”（T2135v54p1235c）

按：本页下注 60：“嶷嘌＝嚥嘌誐《甲》。”正文之“𡾊”注文作“嶷”，“𡾊”即“嶷”字之讹。义净撰《梵语千字文》（安永二年敬光刊本）：“𑖦𑖴𑖐，摩哩（二合）誐，鹿。”（T2133Bv54p1206b）全真集《唐梵文字》：“𑖦𑖴𑖐鹿𑖪𑖡苑。”（T2134v54p1220a）心觉撰《多罗叶记》：“鹿，𑖦𑖴𑖐，麼哩（二合）誐。”（T2707v84p0607c）诸经“鹿”之梵文皆作“𑖦𑖴𑖐”，不作“𑖝𑖴𑖐”，礼言盖据误本梵文拟定汉译文字。

𧆃

净严撰《三密钞》：“𑖪，嚩、婆、唎、唎、嫛、𧆃（切身。慈氏）、䟦（切身。同轨）、末、沫、靺、拔、罚。”（T2710v84p0746b）

按：“𧆃”即“𑖪（va）”译音字，乃由“武”和“葛”构成的切身字，“武”取声母对“v”音，“葛”取韵母对“a”音。善无畏译《慈氏菩萨略修愈誐念诵法》：“警觉真言曰：[illegible]，邬𤙖（二合）[24]𧆃耽罗（二合。一）𠲖瑟吒（二合。二）。”（T1141v20p0591c）本页下注 24：“𧆃＝䟦《乙》《丙》。”此即净严之所本。

（李国英：北京师范大学民俗典籍文字研究中心，100875，北京）

佛经中的“虵”和“虵”

韩小荆　陈　琦

摘　要： 梵文佛经中表示毒蛇、黑蛇、四大毒蛇义的梵语词 ura-ga、sarpa、d4=6i-vi=a、k2la-visa、dh2tûraga 等，汉译时最初用的应该是“虺”字，译为虺蛇、蛇虺、毒虺、蝮虺、四大虺蛇等语词。后来“虺”讹作“蚖”，“蚖”字逐渐取代“虺”成为正统，于是“蚖”产生了指称毒蛇的义项。这也是文献语言中，由于文字的“形近相乱”对词义系统产生深远影响的典型例证。

关键词： 蚖　虺　形近相乱

读佛经的人，对经文中经常出现的“蚖蛇/虺蛇”“毒蚖/毒虺”“黑蚖/黑虺”“四蚖/四虺”“四大蚖蛇/四大虺蛇”等语词，大概都不陌生。“虺”“蚖”二字经常互为异文，交替出现，如大正藏翻刻丽藏本作“蚖”，他本作“虺”者如下：

《增壹阿含经》卷13：“蛇蚖之类而生其中。”大正藏校记曰：“蛇蚖”，宋、元、明本作“蛇虺”。①

《杂阿含经》卷43：“譬如有四蚖蛇，凶恶毒虐，盛一篋中。”大正藏校记曰：“蚖”，宋、元、明、圣本作“虺”。

《放光般若经》卷7：“女人为蛇蚖所中。”大正藏校记曰：“蚖”，宋、明本作“虺”。

《贤劫经》卷4：“犹如蛇蚖，怀毒甚盛。”大正藏校记曰：“蚖”，元、明、宫本作

---

① 除非特别说明，本文所引佛教类典籍均来自中华电子佛典协会免费提供的《大正新修大藏经》（简称《大正藏》）电子佛典数据库，并已核对纸本原文。日本大正一切经刊行会编：《大正新修大藏经》，台湾新文丰出版公司1994—1996年影印本。

“虺”。敦煌卷子本亦作“虺”。①

《修行地道经》卷 6“边有蚖篋”“误取蚖篋”“毒蚖盛满中”，大正藏校记：“蚖”，宋、元、明、宫本皆作“虺”。中华藏影印金藏广胜寺本作“边有蚖蚍篋”“误取蚖篋”“毒虺盛满中”，校记曰：“蚖蚍篋”，资、碛、南、径、清作“虺篋”，丽作“蚖篋”；“误取蚖篋”之“蚖”，资、碛、南、径、清作“虺”。②

《禅法要解》卷 2：“二蛇蚖毒螫。”大正藏校记曰：“蚖”，宋、元、明、宫本作“虺”。中华藏影印金藏广胜寺本作“蚍蚖”，校记曰：资、碛、南、径、清作“蛇虺”。③

《佛说无希望经》：“十三曰若行蛇蚖毒害之虫。”大正藏校记曰：“蚖”，宋、元、明、宫本作“虺”。中华藏影印金藏广胜寺本亦作“蚖”，校记曰：资、碛、南、径、清作“虺”。④

《诸经要集》卷 15：“蚖蛇含毒。”大正藏校记曰：“蚖”，明本作“虺”。

大正藏翻刻丽藏本作“虺”，他本作“蚖”者如下：

《佛所行赞》卷 5：“毒蛇藏于宅，善呪能令出，黑虺居其心，明觉善呪除。”大正藏校记曰：“虺”，宋、元、明本作“蚖”。中华藏影印金藏广胜寺本亦作“虺”，校记曰：碛、普、南、径、清作“蚖”。⑤

《佛本行经》卷 3：“或被虺皮若干形，眼耳鼻口蛇虺出。”大正藏校记曰：“蛇虺”之“虺”，宋、元、明本作“蚖”。中华藏影印金藏作“或被虺皮若干形，眼耳鼻口蛇蚖出”。⑥

《出曜经》卷 4：“毒虺恶鬼。”大正藏校记曰：“虺”，宋、元、明本作“蚖”。中华藏影印金藏作“毒虺”。⑦

《大宝积经》卷 78：“是园无有虺蛇、蜈蚣、蚊虻毒螫。”大正藏校记曰：“虺”，宋、元、明、宫本作“蚖”。中华藏影印金藏广胜寺本作“虺”，校记曰：碛、普、南、径、清作“蚖”。⑧

《佛说大般泥洹经》卷 1：“虺蛇毒螫诸恶虫类。”大正藏校记曰：“虺”，宋、元、

---

① 参见敦煌卷子北 0854 号（鳞 003），《北京图书馆胶卷》第 19 盒，第 134 页。

② 见《中华大藏经》第 51 册，中华书局 1997 年，第 322 页下栏。

③ 见《中华大藏经》第 51 册，第 851 页中栏。

④ 见《中华大藏经》第 18 册，第 584 页上栏。

⑤ 参见《中华大藏经》第 50 册，第 484 页下栏。

⑥ 参见《中华大藏经》第 50 册，第 332 页上栏。

⑦ 参见《中华大藏经》第 50 册，第 626 页上栏。

⑧ 参见《中华大藏经》第 9 册，第 77 页下栏。

明、宫本作“蚖”。中华藏影印金藏本作“虺虵”，校记曰：资、碛、普、径、清作“蚖”。①

《禅秘要法经》卷1：“龙鬼蛇虺。”大正藏校记曰：“蛇虺”，圣本作“蚖蛇”。

《正法念处经》卷64：“如阎浮提中蛇虺之类。”大正藏校记曰：“虺”，宫本作“蚖”。

《妙法莲华经玄赞》卷6：“江淮以南谓虺为蝮，有牙最毒，鼻上有针，一名反鼻蛇。”大正藏校记曰：“虺”，圣本作“蚖”。

“虺”“蚖”二字互为异文，是同义词换用，还是形近讹误？佛经中二字同时出现的例句非常少，也几乎不曾同义连用，说明二字非此即彼，所以形近相乱的可能性更大。那么，何者为正呢？

考《尔雅·释鱼》：“蝮虺，博三寸，首大如擘。”郭璞注：“身广三寸，头大如人擘指，此自一种蛇，名为蝮虺。”②《群经音辨》卷五《虫》：“虺，蛇属也。”③《埤雅》卷十“虺”条下曰：“虺状似蛇而小。”④

《尔雅》、郭璞所说的蝮虺到底是何状貌、种属，具体已不可考，但历代典籍中“虺”多指毒蛇，却是不争的事实。如《诗·小雅·斯干》“维虺维蛇”孔颖达疏：“《释鱼》云：‘蝮虺，博三寸，首大如擘。’舍人曰：‘蝮，一名虺，江淮以南曰蝮，江淮以北曰虺。’孙炎曰：‘江淮以南谓虺为蝮，广三寸，头如拇指，有牙，最毒。’”⑤《国语·吴语》：“为虺弗摧，为蛇将若何？”韦昭注：“虺小蛇大也。”⑥北魏杨衒之《洛阳伽蓝记·建中寺》：“养虎自啮，长虺成蛇。”⑦《后汉书·段颎传》：“今傍郡户口单少，数为羌所创毒，而欲令降徒与之杂居，是犹种枳棘于良田，养虺蛇于室内也。”⑧《梁书·王僧孺传》：“方当横潭乱海，就鱼鳖而为群，披榛扪树，从虺虵而相伍，岂复仰听金声，式瞻玉色。”⑨《汉书·田儋传》：“蝮蠚手则斩手，蠚足则斩足。何者？为害于身也。”颜师古注：“虺若土色，所在有之，俗呼土虺。”⑩

---

① 参见《中华大藏经》第15册，第15页下栏。
② 《尔雅注疏》，[清] 阮元校刻《十三经注疏》本，中华书局1980年，第2641页。
③ 《群经音辨》，《广州大典》第三辑《粤雅堂丛书》本，广州出版社2008年，第9册，第517页。
④ 《四库提要著录丛书》第28册，北京出版社2011年，第371页。
⑤ 《毛诗正义》，[清] 阮元校刻《十三经注疏》本，中华书局1980年。
⑥ 《国语》，上海古籍出版社2008年，第278页。
⑦ 范祥雍：《洛阳伽蓝记校注》，上海古籍出版社1978年，第39页。
⑧ [南朝宋] 范晔：《后汉书》，中华书局2000年，第1454页。
⑨ [唐] 姚思廉：《梁书》，中华书局2000年，第326页。
⑩ [汉] 班固：《汉书》，中华书局1962年，第1848页。

颜师古所说的这种土虺蛇，又名灰链鞭，中国北方多叫七寸子，广泛分布于长江中下游一带及东部沿海各省，北达辽宁南部及陕西南部。全体长约0.3米，头略呈三角形，有颊窝，自眼后斜向口角有一黑褐色眉纹，其上缘另有一黄白色眉纹，躯尾背面灰褐色，有两行并列或略交错的暗褐色圆斑，圆斑中心色较浅。蝮蛇由于分布广、数量多，在中国东南沿海和长江中下游的人口稠密地区，它是咬伤人的主要毒蛇，咬伤会引起中毒，除局部症状外，常出现头晕、复视、恶心、呕吐等症状，严重者可引起呼吸麻痹以至死亡。①

《说文·虫部》亦有“虺”字：“虺，虺以注鸣。《诗》曰：胡为虺蜥。从虫、兀声。”段玉裁注：“虺为蜥易属可知矣。今《尔雅》以为虫（huǐ）蝮字。”② 段玉裁认为《说文》的“虺”字本是蜥蜴类，故《诗》中“虺蜥”连言。但“虺”的这个义项在古籍中并不常用，而是《尔雅》的义项更为常见，即以“虺”指蝮虺，或曰虺蝮，毒蛇的一种。

至于“蚖”字，《说文》指荣蚖，亦作蝾螈。《说文·虫部》：“蚖，荣蚖，蛇医，以注鸣者。从虫、元声。”《尔雅·释鱼》：“蝾螈，蜥蜴；蜥蜴，蝘蜓；蝘蜓，守宫也。”陆德明释文：“螈，音原，《字林》作蚖，五丸反。”③ 段玉裁注《说文》“蚖”曰：“荣蚖或单呼蚖，《史记》‘龙漦化为玄蚖，以入王后宫’是也。《方言》曰：‘其在泽中者谓之易蜴（音析），南楚谓之蛇医，或谓之蝾螈。东齐海岱谓之螔螏。’”④ 朱骏声《说文通训定声》曰：“按今苏俗谓之四脚蛇者是也，形似壁虎而大。”⑤ 由此可见，“蚖”字本不指蛇类，直至宋本《玉篇·虫部》依然本承《说文》的解释，曰：“蚖：鱼袁切，蝾螈。螈：同上。”然而《广韵》中“蚖”字下新增了“毒蛇”的音义项，《广韵·桓韵》五丸切：“蚖，毒蛇。”

然而中土典籍中“蚖蛇”或者“蛇蚖”的用例并不多，粗略检索《四库全书》，“蚖蛇”20来例，“蛇蚖”十来例，而“虺蛇”则200多例，“蛇虺”400多例。再看中国基本古籍库，这个库包括大量的佛经类典籍，其中“蚖蛇”151条，“蛇蚖”56条，而“虺蛇”715条，“蛇虺”1463条。《四库全书》中有关“蚖蛇”的最早用例出自贾谊的《新书·耳痹》：“燕雀剖而蚖虵生。”而卢文弨抱经堂校本则作“虮虵”，卢校曰：

---

① 参见百度百科（http://baike.baidu.com/link?url=8RTqVsJFYWW0nGdw2ZXhCGDhYTU8QaxV3sMwTC_l9cZcB95OdxmpjZP9CvVXVNiMn9muJkVwaeoIq462POBeE_）。

② ［清］段玉裁：《说文解字注》，上海古籍出版社1981年，第664页。

③ 《尔雅注疏》，［清］阮元校刻《十三经注疏》本，第2641页。

④ ［清］段玉裁：《说文解字注》，第664页。今《史记》作“漦化为玄鼋以入王后宫”，《国语·郑语》“化为玄鼋以入于王府”。韦昭注：“鼋或为蚖。蚖，蜥蜴也，象龙。”

⑤ ［清］朱骏声：《说文通训定声》，中华书局1984年，第715页。

“虮即虺字，潭本作蚖，讹。”① 再晚用例是晋郭璞的《山海经图赞·乌酸草》：“乌酸之叶，三成黄华，可以为毒，不畏蚖蛇。”② 窃疑此“蚖”亦是“虺”字讹误。所以，我们倾向于认为，佛经中义为毒蛇的“蚖”字，应为“虺”字之讹。

“虺”字常偏旁易位作“虮”，例如敦煌卷子本《妙法莲华经》卷 7：“虮蛇及蝮蝎，气毒烟火然。”③ 大正藏翻刻丽藏本《身观经》：“谓有所益，不欲受静，索为毒虮。”又：“如黑虮，如钩饵肉。”中华藏影印金藏广胜寺本亦作“虮”。④ 又如大正藏本《无极宝三昧经》卷上：“五者蛇虮毒虫。”中华藏影印高丽藏本作“虺”。又《可洪音义》卷 8《佛说学经音义》：“虮蚰，上许鬼反，正作虺。”⑤ 又卷 9《佛垂般涅槃略说教戒经音义》：“黑虮，许鬼反，正作虺。”亦可参见《〈可洪音义〉研究》“虺”字条。⑥

“虮”进而增笔讹作“蚖”字，例如大正藏翻刻丽藏本《菩萨本行经》卷 3：“虎狼师子蛇蟒蝮蚖。”大正藏校记曰：“蚖”，宋本作“虮”，元、明本作“虺”。又《可洪音义》卷 10《遗教经论音义》：“黑蚖，许鬼反，蚰名，经本作虮。”此皆其证。

也有可能“虺”增笔作“虺”，然后“虺”偏旁易位作“蚖”。例如中华藏影印金藏广胜寺本《杂阿含经》卷 43：“譬如有四虺蚰，凶恶毒虐，盛一箧中。”⑦ 大正藏翻刻高丽藏“虺”作“蚖”，校记曰：宋、元、明、圣本作“虺”。又如敦煌卷子本《妙法莲华经玄赞》卷 6：“江淮以南谓虺为蝮。”⑧ 大正藏翻刻高丽藏“虺”作“虺”，校记曰：圣本作“蚖”。又敦煌卷子《字宝碎金》：“肥虺膗：乌怀反，丑乖反。”⑨

反过来，从“元”之字丢掉一横，讹作“兀”，则不符合书法要求均衡美观的书写规律。或许有人说“兀”“元”古音相近，作为声符可以互换，故“蚖”可作“虮”，进而转讹作“虺”。但二字中古音相去甚远，后代没有人会把“兀”“元”看作同音声符互换，故不能以古律今。

其实，佛经目录中还遗存着本应作“虺”的痕迹，如《出三藏记集》卷 3：“《四虺喻经》一卷。”注曰：“安公云，出《中阿含》，《旧录》云《四虺经》，或作《四蛇

---

① ［汉］贾谊：《新书》，《二十二子》本，上海古籍出版社 1986 年，第 752 页。

② ［晋］郭璞：《山海经图赞》，中国书店 1991 年，《山海经笺疏》附录《山海经图赞》一卷。

③ 参见敦煌卷子北 5865 号（咸 021），《北京图书馆胶卷》第 101 盒，第 410 页。高丽藏本“虮”作“蚖”。

④ 参见《中华大藏经》第 36 册，第 400 页。

⑤ ［后晋］释可洪：《新集藏经音义随函录》（简称《可洪音义》），载《影印高丽大藏经》第 34—35 册，台湾新文丰出版公司 1982 年。

⑥ 韩小荆：《〈可洪音义〉研究·异体字表》“虺”字条，巴蜀书社 2009 年，第 488 页。

⑦ 参见《中华大藏经》第 33 册，第 159 页中栏。

⑧ 参见敦煌卷子 P.2176 号，《法藏敦煌西域文献 08—1》（伯 2173—2186），第 51 页。

⑨ 参见敦煌卷子 P.3906 号，《法藏敦煌西域文献 29—3》（伯 3906—3913），第 175 页。

经》。”又如《众经目录》卷3：“《佛说四蛇经》一卷。”注云：“一名《四虺喻经》，出四十三卷。”《大周刊定众经目录》卷9：“《四蛇经》一卷。”注云：“一名《四虺喻经》，出第四十三卷。”《开元释教录》卷16：“《四蛇经》一卷。”注云：“一名《四虺喻经》，或云《四虺经》，出第四十三卷。”《贞元新定释教目录》卷26：“《四蛇经》一卷。”注云：“一名《四虺喻经》，或云《四虺经》，出第四十三卷。”佛典目录中没有《四蚖经》或者《四蚖喻经》之类的经名。

“虺”“蚖”相乱既久，后人多不能辨，从历代经师莫衷一是的注释中亦可窥其一斑。如《玄应音义》卷6《妙法莲华经》第二卷音义：“蚖虵，案字义，古文作螈，《字林》五官反，虵医也。崔豹《古今注》：蝾螈，一曰虵医，大者长三尺，其色玄绀，善魅人。一名玄螈，《汉书》玄蚖，韦昭曰：玄，黑；蚖，蜥蜴也。经中言黑蚖，疑此物也，而不言毒害人，未详的是。诸经多作虺，吁鬼反。”[①] 玄应释文的意思是说，若依字书，“蚖”应同“螈”，而蝾螈是蜥蜴，不是蛇类，且不毒害人，故与经意不合；且诸经多作“虺”。可见在玄应的时代，抄本佛经还大多数作“虺”，不作“蚖”，而且“蚖”也不是有毒之虫。

再看《慧琳音义》卷27再详定大乘基《妙法莲花经譬喻品音义》：“蚖，《字林》五官反，《切韵》亦愚袁反，古文作螈。《玉篇》：蛇医也。蝾蚖、蜥蜴、蝘蜓、守宫，以别四名……通名蝾螈。准此，《遗教》有错写云‘譬如黑虮在汝室睡’，应言黑螈，正应为元。但以蚖、虮相类，遂错写焉。或云蚖有二类，一即守宫，二黑短蛇，《遗教》不错，故彼又云‘睡蛇既出，乃可安眠’[②]。虮者，黑短蛇，与余蛇别，非守宫也。不尔，此经下别守宫，上复说蚖，一何重踏？故俗书解与经义别。曾见南僧说蚖咬人，唯遗药王草能疗之，必若无，即死。”[③] 据释文可知，慧琳的时代，“蚖”依然主要指蝾螈，用同“螈”字。《遗教》作“黑虮”，慧琳认为或是“黑蚖”形误，正当作“黑螈”。可是“黑螈”无毒，而经文曰有毒之虫在室，故不可安眠，于是慧琳别生异说：“蚖有二类，一即守宫，二黑短蛇。”《遗教》中的“黑虮”即黑短蛇。这样，经意上下方能通贯协调。他甚至引南僧闲话，以证“蚖”亦有毒，可以咬人致死。慧琳虽然各种牵扯，然而其说于古无征，于今亦不合，南方经常咬人致死的应该是土虺蛇，《遗教》“黑虮”当是“黑虺”，指黑短蛇，南方到处都有，咬人至毒，“蚖”实为“虺（虮）”字讹误。明此，则佛经文从字顺，经意豁然开朗。

---

① ［唐］释玄应：《一切经音义》，载《影印高丽大藏经》第32册，台湾新文丰出版公司1982年，下同。

② 中华藏影印金藏广胜寺本《遗教经论》作“黑蚖”：“譬如黑蚖在汝室睡，当以持戒之钩早摒除之。睡蛇既出，乃可安眠。”见《中华大藏经》第27册，第293页上栏。大正藏翻刻丽藏本亦作“黑蚖”。

③ ［唐］释慧琳：《一切经音义》，载《中华大藏经》第57册，影印高丽藏本，第972—973页。

又如《法华文句记》卷6：“蚖即黑蛇也。”《妙法莲华经入疏》卷3：“蚖即黑蛇。”这些说法跟慧琳如出一辙，都是根据经意需要推演出来的解释。

由于佛经中“蚖”字多用来指毒蛇，故后代字韵书中“蚖”字别生出二音二义，如《广韵·桓韵》五丸切：“蚖，毒蛇。”此亦成为后来注家取证的源头，如《扬子法言·问神篇》：“龙蟠于泥，蚖其肆矣。蚖哉，蚖哉，恶睹龙之志也欤!”宋咸注曰：“蚖，蜥蜴也，似龙而无角，如蛇而有足。一云毒蛇也。”[1] 最后所附的“一云”之说，即本自后出之韵书，其实并不合《法言》之原意。又如《金光明经照解》卷1：“四大蚖蛇，《广韵》：蚖，五官切，毒蛇也。《玉篇》：蚖，鱼袁切，蝾螈也。崔豹《古今注》云：蝾螈，一曰［蛇］医，大者长三尺，其色玄绀，善魅人，而不言有毒。大经云：四蛇害人，不堕诸恶。四大害人，定堕三涂。疏云：蛇有螫毒，当取五官切，为此经之意也。”此亦取《广韵》之说以皮傅经意。

李时珍《本草纲目》中“蚖”“虺”之辨，可以确证“蚖蛇”之“蚖”即是“虺”，并约略揭示了其字形讹混的过程。《本草纲目》卷四三《鳞一》之“蚖”词条集解曰：“《别录》曰：‘蚖类，一名蚖，短身，土色而无文。’时珍曰：蚖与蝮同类，即虺也，长尺余，蝮大而虺小，其毒则一，《食经》所谓虺色如土，小如蝮蛇者是也。详见蝮下。旧本作‘蚖类，一名蚖’，误矣。当作‘蚖蝮类，一名虮’。虮，即虺字。蚖、虮字象相近，传写脱误尔。”[2]

在后人以讹传讹、习非成是的大潮中，“蚖”字产生了毒蛇、黑短蛇的义项，变得完全符合佛经文意，顺理成章地取代了“虺”字成为正统，以至于后来丁福保编纂《佛学大辞典》，设立“四蚖蛇”的词条，而不设“四虺蛇”。[3] 平川彰的《佛教汉梵大辞典》，收有蚖、蚖蛇、四大蚖蛇、四大毒蛇、毒蛇、黑蛇等词条，独独不提“虺”字。荻原云来《汉译对照梵和大辞典》莫不如此。

《佛教汉梵大辞典》中，“蚖蛇”对应的梵语词是 ura-ga、sarpa、d4＝6i-vi＝a[4] 三个，而“毒蛇”对应的梵语词中也有这三个[5]，“黑蛇”则对应 k2la-visa[6]，“四大毒蛇”和“四大蚖蛇”对应同一个词 dh2tûraga[7]。这说明原本梵文译成汉语时，是要找一个表示毒蛇义的词来对译它，所以不应是蝾蚖的“蚖”字，最合适的汉语词汇应该

---

① ［汉］扬雄：《扬子法言》第5卷，中华书局1936年。

② ［明］李时珍：《本草纲目》第4册，中国书店1988年，第80页。

③ 丁福保：《佛学大辞典》，文物出版社1984年。

④ ［日］平川彰：《佛教汉梵大辞典》，灵友会1997年，第1036页。

⑤ 《佛教汉梵大辞典》，第696页。

⑥ 《佛教汉梵大辞典》，第1300页。

⑦ 《佛教汉梵大辞典》，第278页。

是“虺”，或者“蝮虺”。

有意思的是，平川彰把“蚖”日译为まむし①，这个日语词词义就是指蝮蛇，这完全是“虺”的词义。英语翻译梵语 sarpa（蚖蛇）为 snake、serpent（蛇，尤指大蛇或毒蛇）、serpent-demon（蛇魔），也是指毒蛇、蝮蛇，就古籍传统用词来看，也应该与“虺蛇”“蝮虺”对应。

所以，笔者认为，佛经中表示毒蛇、黑蛇、四大毒蛇等义的梵语词 ura-ga、sarpa、d4＝6i-vi＝a、k2la-visa、dh2tûraga 等，汉译时最初用的应该是“虺”字，译为虺蛇、蛇虺、毒虺、蝮虺、四大虺蛇等词，“蚖”是讹字。“蚖”指毒蛇的义项，是后人习非成是之后才产生的。这也是文献语言中，由于文字的“形近相乱”对词义系统产生深远影响的典型例子。我们的文字系统就是这样由于一些人为的偶然因素，改变着文献语言的面貌，乃至由书面语反过来影响口语的词汇系统。

（韩小荆：武汉大学文学院，430072，武汉；陈琦：武汉大学文学院，430072，武汉）

① 参见《佛教汉梵大辞典·音训索引》，第 1443 页。

山西杂字之俗字考释三则*

张新朋

摘　要：《山西杂字辑要》是在山西地区流行的杂字的汇编，由潘杰、刘涛二位先生编著，是我们了解、研究山西杂字的重要文献。与其他地区的杂字一样，山西杂字大抵出自民间草根阶层的文人之手，而其抄写者则是开蒙识字的学童、商家票号的伙计或是其他民间人物，因此其中俗字、讹字为数不少。笔者在阅读《山西杂字辑要》过程中陆续发现了一批民间俗字、讹字。现以其中的“⿰马刂”“⿰马斗”“⿰石由”“树”“駎”5个字为例，就它们的本字及其演变情况加以考察。

关键词：山西杂字　俗字　考释

我国过去的童蒙读物中，大家最为熟悉的莫过于“三百千”（《三字经》《百家姓》《千字文》）或“三百千千”（《三字经》《百家姓》《千字文》《千家诗》）。这些童蒙读本大抵出于文人雅士或民间老儒之手，内容精当、编排巧妙，成书后，为人们所广为接受。时至今日“三百千千”仍是儿童进行传统文化启蒙教育的重要读本。与之相并而行，在民间尤其是下层民众中还流行着一种虽然文采比“三百千千”要逊色，但影响却足以与之抗衡的识字教材——“杂字”。与“三百千千”相比，杂字内容上更加鄙俚，所关注的是下里巴人的生活；形式上更加灵活，可以因时、因地、因事制宜；所面向的群体亦更加广泛，不仅仅限于儿童，也可以是不识字的成年人。也许正是基于以上特点，虽学者群体未给予杂字应有的关注，但杂字仍然顽强地在民间存在着、流行着。《山西杂字辑要》① 是由潘杰、刘涛二位先生将搜集到的山西杂字进行的汇编，

---

* 本文为国家社科基金项目“敦煌吐鲁番出土蒙书整理与研究”（16BZS010）之相关成果。

① 潘杰、刘涛：《山西杂字辑要》，三晋出版社 2015 年。

它是我们了解、研究山西杂字的重要文献。与其他地区的杂字一样，山西杂字基本未见撰写人名，由其内容和风格判断，大抵出自民间草根阶层的文人之手，而其抄写者则是开蒙识字的学童、商家票号的伙计或是其他民间人物，因此其中俗字、讹字为数不少。以下三则文字，便是笔者就其中的“⿰马丩”“⿰马斗”“䃀”“树”“騟”5个民间俗字所展开的探讨，现呈献给各位方家，敬请批评指正。

一、⿰马丩、⿰马斗

《五言杂字》：“骒骟骝騲⿰马丩，犍牿皮毛鬃。”（下/465）①

《便用杂字》：“骒骡骟马，骇騲⿰马斗驴。”（上/204）

《杂言体杂字书》：“骒骟。騲⿰马斗。”（上/28）

《衙门杂字》：“騲驴⿰马斗驴，犍特犊群。”（上/134）

按：“⿰马丩”字《汉语大字典》（以下称《大字典》）、《中华字海》（以下称《字海》）均未收载，《篆隶万象名义》《龙龛手镜》《广韵》《集韵》《字汇补》《正字通》《康熙字典》等传统辞书也未见收录。据上下文来看，“⿰马丩”当是“叫驴”的“叫”字的改换形旁字。后文《杂字本》之“骒骟騲叫，绵羯羝骚”②、《七言杂字》之“羖羯骚胡羊几只，骒骟騲叫驴几头”③ 等句的“叫”“叫驴”可以比勘。“叫”《说文·口部》云“呼也。从口，丩声”④，本义为呼喊；后引申出“叫唤”“鸣叫”“称为”等诸多意义。指雄性的家禽或家畜是“叫”字在方言中的意义之一，如“叫鸡”（《吃叫鸡》：“叫鸡就是公鸡，村里人养着报晓的，同时也留种。”⑤ ）、“叫驴”（《京本通俗小说》卷十四《拗相公》：“雇他马是没有，止寻得一头骡，一个叫驴。”⑥ ）等等。某些方言中指称雄性的驴本用“叫”字，但因其处于《五言杂字》“骒”“骟”“骝”“騲”等从“马”的文字之后，受上文文字之类化，民间遂换其形旁“口”为“马”，于是乎出现了“从马丩声”的“⿰马丩”字。

“⿰马斗”字《大字典》《字海》《篆隶万象名义》《龙龛手镜》《广韵》《字汇补》等诸多

---

① 括号中所注“（下/465）”为本条目在潘杰、刘涛编著的《山西杂字辑要》一书中的册数及页码。“/”前的“下”表示下册，“/”后的阿拉伯数字表示在本册的页码，下同。后文出现的“上/204”等在《山西杂字辑要》上册出现的条目的标注情况同此。

② 潘杰、刘涛：《山西杂字辑要》上册，第312页。

③ 潘杰、刘涛：《山西杂字辑要》上册，第615页。

④ ［汉］许慎：《说文解字》，中华书局1963年，第34页。

⑤ 向远方：《吃叫鸡》，载《淡空鹤影》，中国文联出版社2003年，第233—236页。

⑥ 佚名：《京本通俗小说》，古典文学出版社1954年，第63页。

辞书也未见收载。据上下文判断，“⿰马斗”当是“⿰马丩”的讹变。“斗”“丩”形体相近，俗书中常混同无别。如《龙龛手镜·口部》“噭”字条载其俗体作“呌”[①]；同部又载“⿰口丩”字，云“同上”[②]。“⿰口丩”为“叫”字俗体，如此则“呌”亦“叫”字俗体了。与之相似，则上文所说“⿰马斗”为“⿰马丩”之讹变似乎没有问题。如此说来，我们可知“⿰马斗”亦为“叫”字在表示“叫驴”意义时的俗字。

二、⿰石由

《庄农杂字》：“犁儿铁铧，碌⿰石由碛子。”（上/166）

《应字七言》：“碌⿰石由碾过洛柯打，杈机扫箒木枚扬。”（下/536）

《庄农七言杂字》：“磟⿰石由落柯扫箒速，水架柳斗驼桶箍。”（下/583）

按：“⿰石由”字《大字典·石部》有收录，云“同‘秞’”[③]；《字海》亦收录，释义与《大字典》同。[④] 将“秞”字放入本文所列的三种杂字中，无一能讲通，显然各杂字中的“⿰石由”不是“秞”字之俗字。今由上下文来看，各杂字中的“⿰石由”，当是民间为“碌碡”（亦作“磟碡”）的“碡”字所造的“从石，由声”的俗字。《常用杂字》之“碾磨碌碡，木枚锄钩”[⑤]、《七言杂字》之“揥抱拖扯登场面，一颗磟碡转周旋”[⑥] 等句的“碌碡”“磟碡”可以比勘。“碌碡”（亦作“磟碡”）的“碡”字《广韵》有“徒沃切”（《沃韵》）[⑦]、“直六切”（《屋韵》）[⑧] 两读。当“碡”字读“直六切”时，其声旁“毒”与“碡”字［ʤəu］的读音有距离，表音效果不理想，于是有同音“直六切”的“轴”字替代之者。如《永和斋记新刻要识全部》“场园所用，铁筛碌轴”之“碌轴”[⑨]、《便用杂字》“碓硙须磨捣，磟轴碾稭穰”之“磟轴”[⑩] 是其例。本文所谈各杂字中的“⿰石由”当即“碌轴”“磟轴”中的“轴”受上字“碌”或“磟”的影响而产生的

---

① ［辽］释行均：《龙龛手镜》，中华书局 1985 年，第 273 页。

② ［辽］释行均：《龙龛手镜》，第 273 页。

③ 汉语大字典编辑委员会：《汉语大字典》（第 2 版）第 5 册，四川辞书出版社、崇文书局 2010 年，第 2593 页。

④ 冷玉龙、韦一心：《中华字海》，中华书局、中国友谊出版公司 1994 年，第 1021 页。

⑤ 潘杰、刘涛：《山西杂字辑要》上册，第 195 页。

⑥ 潘杰、刘涛：《山西杂字辑要》下册，第 604 页。

⑦ 余迺永：《新校互注宋本广韵》（定稿本），上海人民出版社 2008 年，第 459 页。

⑧ 余迺永：《新校互注宋本广韵》（定稿本），第 454 页。

⑨ 潘杰、刘涛：《山西杂字辑要》上册，第 273 页。

⑩ 潘杰、刘涛：《山西杂字辑要》下册，第 498 页。

类化字，与《大字典》《字海》所收的作为“釉”的俗字的“砷”字同形。

三、树、駎

《四言杂字》（残本）：“锹辔树棍，攀胸偏缰。”（上/251）

《使用杂字》：“乳牛犍牛，駎棍皮条。”（上/175）

按：“树”字《大字典》《字海》未见收录，《篆隶万象名义》《大广益会玉篇》《龙龛手镜》《集韵》《字汇》《正字通》等诸书亦未收载。今据上下文并结合字形来看，“树”字盖民间为“纣”字所造的形声俗字，《衙门杂字》“鞭鞍镫鞊，笼头纣棍”[①]、《所谓杂字》“前有披胸，后有纣滚”[②] 之“纣”字可参。“纣”字《说文》释为“马緧也。从糸，肘省声”[③]，即套车时拴在牲口尾部横木上的皮带。在山西方言中，因其与“棍”字连用组成“纣棍”，指缚在马、驴等牲口尾巴下面的横木。因“纣棍”为木头制造，且其下字“棍”从“木”，民间俗书便为“纣”字增加“木”旁，遂成“树”字。“纣棍”作“树棍”于形、于义都更好理解。这与“纣”的另一异体“鞧”（《集韵·有韵》：“纣，《说文》：‘马緧也。’或从革。”[④]）可谓有异曲同工之妙。实则“鞧”字在山西杂字中也有出现，如《杂言体杂字书》之“鞧棍”[⑤]、《农商杂字》之“笼头缰绳皮板胸，鞧棍辔被骑鞍兜”[⑥] 皆其例。又，《四言杂字》（残本）“锹辔树棍”中的“锹”字与上下文不协调，据文意似当作“鍬”字，不知是底本误抄，还是整理者之误录。

“駎”字传世字书有收录，如《篆隶万象名义·馬部》“駎，除救反。竞也，张也”[⑦]、《大广益会玉篇·馬部》“駎，除救切。竞驰也”[⑧]、《广韵·宥韵》“駎，竞驰馬也”[⑨]、《龙龛手镜·馬部》“駎，直又反。竞驰馬也”[⑩]、《集韵·宥韵》“駎，馬竞驰谓

---

① 潘杰、刘涛：《山西杂字辑要》上册，第 131 页。

② 潘杰、刘涛：《山西杂字辑要》上册，第 96 页。又本例中的“滚”，当是“棍”字音讹。《农商杂字》“笼头缰绳皮板胸，鞧棍辔被骑鞍兜”（《山西杂字辑要》下册，第 578 页）之“板胸”“鞧棍”可以比勘。

③ ［汉］许慎：《说文解字》，第 276 页。

④ ［宋］丁度等：《集韵》上册，上海古籍出版社 1985 年，第 435 页。

⑤ 潘杰、刘涛：《山西杂字辑要》上册，第 28 页。

⑥ 潘杰、刘涛：《山西杂字辑要》下册，第 578 页。

⑦ ［日］释空海：《篆隶万象名义》，中华书局 1995 年，第 230 页。

⑧ ［梁］顾野王：《大广益会玉篇》，中华书局 1987 年，第 108 页。

⑨ 余迺永：《新校互注宋本广韵》（定稿本），第 435 页。

⑩ ［辽］释行均：《龙龛手镜》，第 293 页。

之騆”[①]、《大字典·馬部》“騆，馬竞驰”[②]（义项之一）、《字海·馬部》“騆，（馬）比赛奔跑”[③]、《字汇补·馬部》“騆，又杨慎《韵宝》曰‘与骤同。’”[④] 等。综合以上各家辞书，我们可以看到“騆”字意义的发展有两条线：一是，由“竞也、张也”到“竞驰也”到“竞驰馬也”到“馬竞驰”再到《正字通·馬部》“騆，讹字。旧注音宙，馬竞驰，误”[⑤]，沿着“竞”“竞驰”序列发展；一是，《字汇补》引杨慎《韵宝》所说“与骤同”。但将“騆”字以上两个序列的意义放入“騆棍皮条”中，均讲不通，无法解释。今谓《使用杂字》“騆棍皮条”中的“騆”当是民间为“纣棍”的“纣”字所造的“从马，由声”的形声俗字，与《篆隶万象名义》《大广益会玉篇》《广韵》《集韵》等作“竞也，张也”、作“竞驰也”、作“竞驰马也”解的“騆”字同形。

（张新朋：浙江工商大学东亚研究院，310018，杭州）

---

① ［宋］丁度等：《集韵》上册，第 615 页。

② 汉语大字典编辑委员会：《汉语大字典》（第 2 版）第 8 册，第 4839 页。

③ 冷玉龙、韦一心：《中华字海》，第 1649 页。

④ ［明］梅膺祚编，［清］吴任臣补：《字汇·字汇补》，上海辞书出版社 1991 年，第 257 页。

⑤ ［明］张自烈编，［清］廖文英补：《正字通》，中国工人出版社 1996 年，第 1312 页。

《日用俗字》语词札记*

孙幼莉

摘　要：本文以清蒲松龄《日用俗字》中的疑难语词为对象，在前人研究的基础上对文中“毾㲪”“䪿心”“篓”“祅裙”“帓帍”等10个语词进行了考辨研究。

关键词：日用俗字　俗字　方音

清蒲松龄详查《字汇》《正字通》，将日常生活用语编成《日用俗字》一书，以期解决家常应用“每需一物而苦不能书其名”，而旧有杂字“脱漏甚多”“率皆杜撰”的难题。近年来，对这样一部确定方言词语的正确写法、解决农村日常用字问题的实用性著作，学者相继进行了字形勘误、词语考释、寻绎其中所反映民俗民情、方言方音痕迹等方面的深入研究，取得了很多突破成果。或有疏漏之处，本文取数条，缀录于下。①

【毾㲪】

眼眨扎毛长毾塔㲪撒丑，颧骨高大衬粗唇。（身体章第一）743

---

* 本文曾在全国首届近代汉字学术研讨会（河北大学，2016年8月）上宣读，蒙与会学者批评指正，受益颇丰，在此表示由衷感谢！

① 本文选用路大荒整理《蒲松龄集》标点本（上海古籍出版社1986年版），例句后标注所出章节及页码。又引用辞书处以“[Z+页码]”“[C+页码]”“[F+页码]”等分别表示出自《汉语大字典（第二版）》（崇文书局、四川辞书出版社2010年版）、《汉语大词典》（上海辞书出版社2008年版）、《汉语方言大词典》（中华书局1999年版）的位置；引用其他写本杂字书例句基本来自李国庆《杂字类函》（学苑出版社2009年版），以“（杂+册目/页码）”形式标注于后。

按："眼眨毛"即眼睫毛①。因"睫"字自有眨眼义，方言中眨、睫亦常相通，以《越谚》为例，卷中"身体"下有"眼睫毛"，睫字注音"杀"与眨音近，而卷上"孩语"有"眼睛睫一睫，机策有一百"，睫（睫之俗字）用如眨、念煞；同书中表示"眼皮时开时闭""眉睫动"义字有"眨""睞"（卷下"音义"）、"睧"（卷中"疾病"）等异体。② 研究者解释为方言中睫毛名"眼之毛""眨之声近"③，误。

毵，《龙龛·毛部》以为"毿"俗字，《汉语大字典》据《说文新附·毛部》训"毿毸也"[Z2148]。"毿毸"两训，一指有彩纹的细毛毯（玄应《音义》卷十四引《通俗文》），二表"羽悴貌"（《类篇·毛部》）。

"毵毢"同"毿毢"，敦煌写本斯 6204 号背《字宝·入声字》下即有"毛毾毢（毾靸）"，直音荅趿（与杂字书所音"塔撒"同）。《汉语大字典》"毢"下引唐韩屿《赠进士李守微》"鳥曳鹤毛干毿毢，杖携筇节瘦槎牙"句为书证，训"毿毢"为"用鸟毛衬垫的鞋底"[Z2139]；《大词典》"毿毢"同之[C3811]。崔山佳首先对唐诗中的"干毿毢"产生疑问："干毿毢"同"瘦槎牙"对言，按照对偶的要求，"毿毢"也应该是形容词而不是义为"用鸟毛衬垫的鞋底"的名词。④ 崔疑甚是，然而他转而从"毿毸"的第二个义项即"羽悴貌"入手来探求"毿毢"的含义，以为"毿毢"即"毛色干涩、枯萎"义，"韩屿诗句表面看来描写'人'穿着和拿着的'物'，其实是写这个'人'，又'干'又'瘦'，又'毿毢'又'槎牙'"，继而认为杂字书中的"眼眨毛长毵毢丑"说的是"虽然眼睫毛长长的，但因为毛色干涩，看上去是丑陋的"。

首先羽悴貌所对应的是"毸/毿毸"而非"毿毢"，崔说之出发点即存在偏差。"毿毸"是一个外来音译词，"毿毢"则是一个叠韵联绵词，二者不可对等。事实上《类篇》训语"羽悴貌"之"悴"多形容叶苗干萎枯悴，暂时没有用来描述毛发质地干涩的用例，更不用说形容睫毛了。疑"悴"用如"綷""琗""翠""粹""璀"等，表五彩相杂、斑斓美好状，与本义形容这种毛织物"有文章"并无二致。

《广韵·合韵》古沓切："毶，毶毢，目睫长。""毶毢"无疑即"毵（毿）毢"异写，直训眼睫毛长貌即可。若须再进一步探讨，联绵词"毵毢（毶毢/毿毢）"是"毵（毶/毿）"的变形重叠形式，在这个词中核心语素是"毵（毶/毿）"，而"毢"只是构成双音节重叠词的一个音素，没有实义。目睫长则下垂，"毵（毶/毿）"本义在于表垂

---

① 蒋宗福：《〈说文〉中所见今四川方言词语考释》，《汉语史研究集刊》第 4 辑（2001 年），第 125—138 页。

② ［清］范寅：《越谚》，光绪谷应山房本，28a、42b、43b、72b。毛部另有𣯲、𣭛、𣬿、𣯃等字，皆为睞（睫）之异写。

③ 张树铮：《蒲松龄〈日用俗字〉注》，山东大学出版社 2015 年，第 6 页。

④ 崔山佳：《说"毵（毿）毢"》，《蒲松龄研究》2010 年第 2 期，第 109—110 页。

随之“塌”也。①

是故杂字书中的“眼眨毛长毷毱丑”并不是说“虽然眼睫毛长长的，但因为毛色干涩，看上去是丑陋的”。尽管不能排除“因为毛发长而发质恶劣干枯”的可能，但这里主要表达的是“睫毛长而下垂耷拉着”的意思。睫毛长而垂之所以会被认为是丑陋的，大概是因为“长而不顺”——《说文·毛部》有“毳”字，训鸟兽之细毛，又可指毛纠结，如《周礼·天官·内饔》“羊泠毛而毳，膻”。贾公彦疏云：“毳，谓毛别聚结者。”孙诒让正义：“凡畜病则细毛多零落，长毛虽存，而纠结不解，故毛结亦谓之毳。”毛长和毛纠结通常被认为是相伴而生的。如《玉篇·毛部》有“毴”训“长毛”，《广韵·青韵》则衍生为“毛结而不理”。可见杂字书之“毷毱”要表达的应该也就是孙诒让所释“长毛虽存，而纠结不解”之“丑”态。

【䪢心】

胳膊有窝名胛胫，胸膛上骨号䪢窮心。（身体章第一）743

按：“䪢心”，山东方言指胸骨，今仍习用。②“䪢”见于《五音集韵·东韵》，训“面上也”，音渠公切，同杂字书中直音“窮”吻合。然而典籍中并未有如杂字书中所描述位置在“胸膛上”之骨名“䪢心”者。

《医宗金鉴·正骨心法要旨·胸背部》对人体胸部骨骼有如下介绍：“胸骨即𩩲骭骨，乃胸胁众骨之统名也。一名膺骨，一名臆骨，俗名胸膛。”“凫骨者，即胸下之边肋也，上下两条。”“歧骨者，即两凫骨端相接之处，其下即鸠尾骨也。”“蔽心骨即鸠尾骨也，其质系脆骨，在胸下歧骨之间。”③

晋皇甫谧《甲乙经》卷三：“鸠尾一名尾翳，一名𩩲骭，在臆前，蔽骨下五分，任脉之别，不可灸刺。”下注言：“鸠尾盖心上，人无蔽骨者，当从上歧骨度下行一寸半。”鸠尾穴在蔽骨下，蔽骨在心歧骨下；是以清人在医论中特别点明“蔽心骨（蔽骨）”因下有鸠尾穴而又名“鸠尾骨”这一点。唐王焘《外台秘要》卷十三在介绍确定鸠尾穴位置的方法时有：“鸠尾是心歧骨，人有无心歧骨者，可从胸前两歧骨下量取一寸，即当鸠尾。”将《甲乙经》与《外台秘要》相比对可知，前者于歧骨下一寸半处得到鸠尾穴位置，后者于歧骨下一寸处得到鸠尾骨（即蔽骨）位置。

宋宋慈《洗冤集录》卷三“论沿身骨脉及要害去处”有“龟子骨、心坎骨”：

---

① 同表下垂还有重叠词“蹀躞”“㑩㑩”（恶也，不谨皃）和“榻橇”（木枯橇也）等。

② 钱曾怡：《山东方言研究》，齐鲁书社2001年，第375页。

③［清］吴谦：《医宗金鉴》，人民卫生出版社1963年，第1051—1052页。

“拥罨检讫，……两肩井、两臆骨全，胸前龟子骨、心坎骨全。”

“验骨讫，……并胸前龟子骨、心坎骨亦号之，庶易于检凑。”①

就“龟子骨”和“心坎骨”，清胡廷光《伤科汇纂》做了进一步解释：

卷二：“胸前骨三条，胸骨三条，分左右，即龟子骨也。心骨一片状如钱大，即心坎骨也。《备考》云胸膛内有一护心愞（软）骨，损此骨者立毙。”

卷五：“心坎骨，一名蔽心骨，即鸠尾骨也，其质亦脆。”

卷六：“蔽心骨又名心坎骨，……龟子骨尾接心坎骨，而心坎骨实后天生成之脆骨。”②

以上同晋皇甫谧《甲乙经》、唐王焘《外台秘要》和清《正骨心法要旨》所描述的基本一致——“龟子骨”即“心歧骨”（“胸前骨三条”“分左右”），“頄心”即“鸠尾骨”、心坎骨、蔽心骨；“龟子骨尾接心坎骨”。“頄心”之“頄”犹“蔽”，有覆盖、遮蔽义，言其功能；杂字书因其位置在“心上”，故又言“胸膛上骨”。同时我们对“頄心”也有了进一步的认识——它是胸膛中一块后天形成的护心软骨，虽然面积很小（“状如钱大”）、“质亦脆”，但对人体十分重要，损之则有致命危险。

“頄”字渠公切，疑为“韇”等字音变。《广韵》“韇”“贡”同音古送切，“韇”又有覆头、器盖义，是“頄心”犹“韇心”。又表覆蔽义的“掩”字或作“弇”、有读古南切者，与“韇”近，可参。《五音集韵》训“面上”的“頄”应为训颧骨之“頄”字讹俗，“九”与“卂”形近，受到从卂之“茕（煢）”等字读音的影响，“頄”亦被理解为“从茕省声”、得音如渠公切。

坎者，凹陷也。“心坎骨”即心坎上骨，描述其位置。明李中梓《医宗必读》卷八：“胸痛即膈痛，其与心痛别者：心痛在岐骨陷处，胸痛则横满胸间也。”“岐骨陷处”大约就是鸠尾的位置。道教有胸间“偃骨”，《大词典》训“仙骨”：

唐陆海羽《三洞珠囊》卷八“老子七十二相”：“背有河魁，胸有偃骨；心有九孔，外有锦文。”又：“若上清有金书玉箓者，则其人背志如河魁，胸前有偃骨。”

---

① 罗时润、田一民：《洗冤集录今译》，福建科学技术出版社 2006 年，第 106—107 页。

② ［清］胡廷光：《伤科汇纂》，《续修四库全书》1017 册，上海古籍出版社 2002 年，第 142、194、211 页。

唐皮日休《寄题玉霄峰叶涵象尊师所居》诗："子细扪心无偃骨，欲随师去肯相容？"原注："偃骨在胸者，名入星骨。"

偃者亚也，凹陷义。道教认为凡名字上了仙册的人胸间必有偃骨，则偃骨并非人人皆有之，与《甲乙经》中指出的"人无蔽骨者"或可对应。

【篸】

柳篸苑也堪跨粮米，溺鏊可以代尿缸。（器皿章第六）750

按："篸"字，字书释为竹筆，与"堪跨粮米"之容器义未合，且其字从凶声，直音"苑"必有误。张树铮认为字当本作箦、训断竹①，其校改甚是，然而还没有彻底解决问题，"断竹"仍然不合文意。

箦此处用作篼（筦）换声俗写，恰与《字汇》音院、训断竹之"箦"字同音同形。辞书中的"箦"亦为"篸"之讹俗字："断竹"者，"折竹筆"也，部件叟讹作爰后、"篸"音亦随形变作从爰声。

椁椤院子有，笊篱桑条编。（清马益《庄农日用杂字》，杂 8/234）

篼篼秧架秧马，粪爬总担提篼。（清《绘图改良六言杂字》，杂 9/516）

乡筦仔委；正筐子韁。（明《正音乡谈杂字大全·器用门·竹器》，杂 1/139）

篼，《集韵·阮韵》训为"竹器"，与篼相类；字从宛、从兜相近，用作容器名皆强调向内部凹曲的形态。宛、完、元声字常见互通，例多不赘，"院子""筦仔"即"篼子""篼仔"，《醒世姻缘传》第五四回有"一百六十文钱买了两个篼子"语②。《汉语大字典》释筦为"竹篮"，以清蒲松龄《聊斋俚曲集·禳妒咒》第二十四回"挞厨"下"也不担那饭罐儿，也不挎那菜筦儿"③ 为唯一书证，而未同"篼"作沟通[Z3146]。

篼（筦）等字或分化自"鞔"。《说文·革部》："鞔，量物之鞔。一曰抒井鞔，古以革"，或从宛作豌。南宋孟元老《东京梦华录·天晓诸人入市》中谓麦面买卖所用量器是名为"宛"的布袋④，盖即明方以智《通雅》卷三四所称"武林谓之水兜"之

① 张树铮：《今本蒲松龄〈日用俗字〉形讹字考正》，《蒲松龄研究》2009 年第 3 期，第 96 页。

② ［明］西周生：《醒世姻缘传》，上海古籍出版社 1981 年，第 783 页。

③ 路大荒：《蒲松龄集》，上海古籍出版社 1986 年，第 1235 页。

④ ［宋］孟元老等：《东京梦华录》（外四种），古典文学出版社 1956 年，第 22 页。

“鞔”①。黄侃《蕲春语》：“今吾乡语谓盛泥之畚曰鞔兜。”② 盛水之兜以革制，故从革作鞔。鞔与篼、兜与篼、鞔兜与篼篼皆同源。

【袕裙】

袕雪裙里科皆兴䆻（窄），兜肚襻带要䙈（系）牢。”（裁缝章第十五）755

按：杂字书中出现了一个“袕”字，音雪：

刺绣厂子花样好，裙子袕子颜色强。（清《精选杂字》，杂 10/112）

用白绫作裙子，添一件红袕子。（清《新出改良绘图续三言杂字》，杂 3/297）

拘袕之，又缝裙，大小插而要倒颠。（清《士农工商杂字》，杂 11/170）

闪介裙，京介袕。……扎花袕，绣花袖。……鱼鳞甲，折折连，做袕缝裙要倒颠。（清《十三言杂字》，杂 11/127、142、143）

例句中作“袕子”“袕之（子）”“花袕”“袕裙”等，常与“裙”对举或连言。袕，字书或训袋、鬼衣，或训长衣（《字汇》作“袕”），未见有用作裙类日常服饰名者。其字从衣、穴声，盖为民间俗字。

同时还有“踅”“踅子”，从语境和句例分析可以确定是“袕”“袕子”异写：

花裙子与踅子。红纱罗黄绢子。（清《新出改良绘图大三言杂字》，杂 3/221）

襕袍衫袄，褐踅（踅）裙裳。（清《新刊校正方言应用杂字》，杂 3/91）

绑身裙子踅，灰色翠蓝衫。（清《五言庄农必读》，杂 8/131）

白绫青边踅，氅衣织金条。（清《新编五言杂字》，杂 8/87）

踅字属邪母薛韵，穴（袕）属匣母屑韵，韵相近，在东北官话区、江淮官话区、西南官话区等某些尖团不分的方言区里声亦近。方言中把无褶、面上有花的与裙相似的下衣称为“踅子”[F6806]，盖即“袕子”也。这种服饰得名盖来源于“茓子”，方言指用高粱秆或芦苇的篾儿编成的狭长的粗席子，用来围起囤粮食，或作“踅子”：

仓囷踅子，打上跳窄。（清《杂字本》，杂 4/325）

席箔踅子，撇绳拉手。（清《应事杂字》，杂 7/116）

茓子围成呈圆筒状，与没有褶皱的直筒半身裙形似，故民间将这种筒裙称为“茓子”，进一步换旁为俗写“袕子”。《集韵·东韵》有“幪”，训为“幪裙、夷服也”，盖即少数民族的“筒裙”，其得名亦与其形如管状相关。传统看法“裙”之得名于“群”，

① ［明］方以智：《通雅》，《景印文渊阁四库全书》857 册，台湾商务印书馆 1986 年，第 650 页。

② 黄侃：《黄侃国学文集》，中华书局 2006 年，第 308 页。

训围绕腰下，“裙”“困”与“茓子”的形制与读音亦相类。①

敦煌写本斯610号《杂集时用要字·衣服部第二》有“㦬（襱）裙”，学者校读为《中华古今注》中的“笼裙”，隋代盛行于贵族妇女中，“是在西南地区流行的桶裙的基础上发展而来”，“可能是民族交往不断增进的产物”。② 西南地区仡佬、傣等少数民族着桶裙，明田汝成《炎徼纪闻·犵狫》谓“（犵狫）以布一幅横围腰间，旁无襞积，谓之桶裙”，“男女同制，花布者为花犵狫，红布者为红犵狫”③，后亦泛指圆桶状的裙子。

踅从折声，用作囤粮粗篾席时本字或当为篎（《广韵·祭韵》音征例切、与彻母“踅”韵同声亦近）。踅本训盘旋、旋倒或转折，盖为旋字音变，字或作蹩（《集韵·薛韵》私列切训“蹩躠，旋行皃”）。1931年《增修胶志》：“单裙曰裢，雪平声。”[F6726]“裢”字字书未见载，考其字形当为“旋”“襈”④ 之俗变，用如袮子之袮。旋亦有用同踅之例。明沈德符《万历野获编·内监》谓明代宫中执厨役的下等太监贱称为旋匠：“凡菜户既与宫人成伉俪，其卑贱冗员，贫而下劣者，又甘为菜户之役，皆宫人出钱雇之，以善庖者为上等……专供烹饪，使令如仆隶。然其衣服诟腻，背负菜筐出入以市杂物，内官辈贱之，呼之曰旋匠，不知何所取义。”旋匠之“旋”用同“踅”，以“来回地走动”指为各种杂役终日忙碌。再比如建筑中，梁枋的藻头上常作有规则的几何形彩画，最常见的便是“以切线圆形为主要母题”的“旋子”，北平画匠称“学子”或“蜈蚣圈”⑤，所谓“学子”亦即“踅子”之俗写。

【帓帍】

帓帍卧兔遮冷气，围脖风领贵冬天。（皮匠章第十六）755

按：例句中出现了若干种御寒用的皮草配饰名。“卧兔”又名昭君套，是一种冬季佩戴的女用首饰，主要用貂鼠皮和海獭皮制成，因从正面看造型如一只卧着的兔子而

---

① 黄树先以为“裙”之得名与“裈”同源。参《服饰名和身体部位名》，《民族语文》2009年第5期。

② 叶娇：《唐代敦煌民众服饰刍议：以敦煌文书〈时用要字〉和〈俗务要名林〉为中心》，《敦煌研究》2011年第5期，第84页。

③ ［明］田汝成：《炎徼纪闻》，《景印文渊阁四库全书》352册，台湾商务印书馆1986年，第652—653页。

④ “襈”见于《字汇补·衣部》，文献中有“平时冠巾袍襈，私祖袜系履綦服，服各以其时”（［明］刘侗、于弈正：《帝京景物略·灵济宫》）；或训“襈褶”，指明代一种类似短褂的男子便服（［明］刘若愚：《酌中志·内臣服佩》）。

⑤ 梁思成：《清代营造则例》，清华大学出版社2006年，第63、79页。

得名，明代已经出现，清时更为风行。①《正音撮要》卷二“衣冠”有“昭君套：系女人用，即皮貌（帽）”②。《醒世姻缘传》第一回有“三十六两银子买了一把貂皮，做了一个昭君卧兔”③ 语。“围脖”指围在脖子上的围巾，“风领”指宽大的毛皮围脖，明刘若愚《酌中志·内臣佩服纪略》：“凡二十四衙门内官内使人等，则止许戴绒纻围脖，似风领而紧小焉。”④《红楼梦》第四九回：“（湘云）头上戴着一顶挖云鹅黄片金里子大红猩猩毡昭君套，又围着大貂鼠风领。”⑤ 以此类推，“帓帍”应该是与卧兔相似的名物，可能是一种帽子。

帓，字书训为头巾、幞头；帍，《字汇补·尸部》以为古文“豕”字（《说文》本作“希”），《汉语大字典》以《日用俗字》此句为书证[Z1035]，然而“帓帍”“帓豕”亦不辞。颇疑“帍”非惟豕字，此处当为“虒”之形讹，用作“虎”之俗写，其形亦见于《目连记》《金瓶梅》等。⑥“帓虒”读为“妈虎”，或谓满语 mahū 之音译，本义为做成神怪面孔的人戴假面或扮鬼脸。杂字书指一种皮质的满洲式暖帽，不仅能掩护双耳，而且能拉下来套住头和脸面直至颈部⑦，又名“皮马虎”，用作“卧兔”“围脖”“风领”之类的保暖护具。杂字书中选用字形“帓帍（虒）”，“帍（虎）”“兔”亦成对偶，颇具趣致。

【鹲喇】

鹲喇嘴如戥子盔，大鹏粪似小山冈。（禽鸟章第二十九）765

按：此章罗列鸟名，“鹲喇”不辞。《广韵·麻韵》有“鹲”，训“鸟名，似雉”，文献中仅见的用例是唐柳宗元《同刘二十八院长述旧言怀感时书事》“已看能类鳖，犹讶雉为鹲”句，宋人注“鹲”即如《广韵》语，这条注文显然就是《广韵》编纂者做

---

① 陈芳：《晚明女子头饰“卧兔儿”考释》，《艺术设计研究》2012年第3期，第25—33页；扬之水：《乾隆趣味：宁寿宫花园玉粹轩明间西壁通景画的解读》，《紫禁城》2014年第6期，第114—127页。

② ［日］长泽规矩也：《明清俗语辞书集成》，上海古籍出版社1989年，第1372页。清枝巢子（夏仁虎）《旧京琐记》卷一“俗尚”谓清时北京有帽名“兔窝”者，其形“中浅而缺”，佩戴不限性别（北京古籍出版社1986年，第39页），须加以区别。

③ ［明］西周生：《醒世姻缘传》，上海古籍出版社1981年，第10页。

④ ［明］刘若愚：《酌中志》，北京古籍出版社1994年，第171页。

⑤ ［清］曹雪芹：《红楼梦》，华夏出版社1997年，第441页。

⑥ 刘复、李家瑞：《宋元以来俗字谱》，文字改革出版社1957年，第68页。

⑦ ［日］羽田亨：《满和辞典》Mahū 条引《清文鉴七·乐器三》，昭和四十七年图书刊行会发行，引自张文质《“妈虎”释义》，《河北师范大学学报》1989年第3期，第7—9页。

出对“䳸”字训释的主要依据，然而仍未消除我们认识“䳸喇”的障碍。所幸杂字书中此处是一个比喻句，把“䳸喇”的嘴巴比作了“戥子匳”，这给我们指出了另一条路。

戥子（等子）是用以称量微量物品的小型杆秤，最大单位以两计，最小以厘计，宋吴自牧《梦粱录》卷二十“育子”条记杭城人家新生儿“抓周”习俗中已有“秤尺刀剪、升斗等子”等项①；宋李廌《师友谈记》有“子之文铢两不差，非秤上秤来，乃等子上等来也”之戏语[C2833]。

“戥子匳”之匳当读作榼，泛指盒类容器，戥子榼即盛放戥子的木匣。后世对戥子匣的形制有少量图像和文字记载，如明慎懋官《华夷花木鸟兽珍玩考》卷八“叆叇”：“如大钱，形质薄而透明”，“用绫绢联之缚于脑后”，或有“以金相（镶）轮廓而衍之为柄，纽制其末，合则为一、岐则为二，如市肆中等子匣”。② 这是文献中关于“等子（戥子）匣”最早的记载，明人将叆叇（眼镜）的形状比作等子匣。眼镜于明代中期传入中国，镜片比铜钱略大，镶嵌在金属的镜框内，可以折叠开合，据日人中川忠英《清俗纪闻》中所描绘的乾隆时“等子匣”图，及当代民间收藏品中的“戥子匣”实物图对比可知，确实同重叠纽结可开合的旧式眼镜相似。清佚名《绿牡丹》第二三回“中计英雄龙潭遭逢杰士”中有“拿二尺余长一把琵琶戥子”语③，亦是将其形比作琵琶，可知手中这把二尺余长的戥子是装在匣中的。

而这种“嘴如戥子匳（匣）”的鸟，比较接近鹈鹕。

《山海经·东山经》：“（沙水中）多犁鹕，其状如鸳鸯而人足，其鸣自訆。”明李时珍《本草纲目》以为犁鹕即鹈鹕也，又名犁涂（引陆玑语），是大型群居水鸟，“喙长尺余”，“以嘴画水求鱼”；“颐下有皮袋，容二升物，展缩由之，袋中盛水以养鱼”，又有䴌鸅、淘河、淘鹅、驼鹤等别名。④ 因其下颚具有可扩张的大喉囊，杂字书中形象地把其比作戥子匣。“䳸喇”盖为“鹕鵹”“犁湖”等之音变，“䳸”为民间自造从鸟华声的俗字，适与韵书中训“鸟名，似雉”之“䳸”字同形。

【灯饱】【䅰耓】

饦（吃）客槶頪头不举，分明灯饱嘴犹贪。（饮食章第四）747

① ［宋］孟元老等：《东京梦华录》（外四种），古典文学出版社 1956 年，第 308 页。
② ［明］田艺蘅《留青日札》卷二三“叆叇”条同之，上海古籍出版社 1992 年，第 448 页。
③ ［清］佚名：《绿牡丹》，《古本小说集成》314 册，上海古籍出版社 1994 年，第 239 页。
④ ［明］李时珍：《本草纲目》，刘衡如校注，华夏出版社 1998 年，第 2562 页。

按：此句是对食客享用美味时情态的生动描写。“分明䏂饱嘴犹贪”之“䏂”字，《集韵·梗韵》训为“皮肤急貌”。整理者疑用如程度副词“挺”。①

“䏂”疑为“张”“胀”“撑”等异写，“䏂饱”即表示伤食之“（吃）撑了”，至今口语中仍惯用。急者紧也，饱食腹满之外观或结果即为“皮肤急”也。《广韵·映韵》有从韦登声之“韇”训“张皮”、从巾之“幨（帧）”训“张画绘”者，皆与“䏂”同源。类似用例亦见于其他章节：

犁箭耪耵安排好，又买撇绳换秃镵。（庄农章第二）744

“耪耵”，指耪中间的木撑。②《集韵·青韵》训“耵”为“耒下木”即耜，此处乃是用如“撑”字，受“耪”影响而类化从耒旁。

【蹀跱】【跍踏】

腿疼脚瘥逢神手，跦杜遳拭丫去趏刮趥还。（疾病章第十九）757

按：俗书从走、从足同，“趏趥”疑当读为“跍踏”，为“跍”之缓言，本作适（遁），《说文·辵部》训疾也。《玉篇·足部》“跍”训“蹷也”，当连字头读作“蹷跍”（《广韵·末韵》即作“跍，蹷跍”），读作“数遁”，数亦有疾之训（《尔雅·释诂下》），“数遁（蹷跍）”为通义联言。“趏趥”即“趏”“遁”，“趥（踏）”为补齐音节的无义语素，与字书中训跳、训趿之“踏”同形耳。《类篇·足部》有“蹁，蹁蹅”，训“行跨皃”，亦同“趏趥”。现代方言中称滔滔不绝地说话（带贬义）为“呱嗒”“呱嗒舌”，呱嗒盖即呱、遁也，表动作迅疾；说快板儿打拍子用的乐器称“呱打板儿”，与之形近的木屐或木质拖鞋亦名“呱打板儿”（或拟穿着木屐快速行走时的声音）[F3362—3363]。而以“刷快”“刷括”（当作数遁）[F3739]形容动作迅速利落、出色的说法仍存在今天的江淮方言中，如催促他人动作快些即言“刷括点”等。

杂字书此处谓若遭遇“腿疼脚瘥”等行动不便的毛病，医术高明的“神手”可以令人立刻康复，“跦遳”着来、“趏趥”着回。故与“趏趥”（迅速敏捷）对言，“跦遳”所描述的应该是行走不便的状态。《篇海类编·身体类·足部》有“蹀跱”训行难进皃；“躍跱”训不前也，躍、蹀、跦盖一也；《正字通·足部》以为正字当作“踟蹰”“跱躍”。遳《广韵》音七合切、如擦，直音“拭”当为训读，而杂字书此处盖用“遳”（拭音）如“跱”。

---

① 张树铮：《蒲松龄〈日用俗字〉注》，第79页。

② 张树铮：《蒲松龄〈日用俗字〉注》，第28页。

【桦𣘤】

插栽桦𣘤媛揭皮使，雕刻楠香用水磨。（树木章第二十七）763

按："𣘤"字，字书未见。右侧类似"图"形的部件疑为"卤"之省，"𣘤"为从木图（卤）声之俗字"樐"，《说文·木部》以为"橹"异写，这里读如"栌"。"栌"指漆树科落叶灌木黄栌木，分布于我国西南、华北等地，其树皮含有鞣质，可提取栲胶。桦树树皮可做人造板、木砖、化工品、肥料和装饰材料，两者都具有极高经济价值，这与杂字书中言"桦𣘤揭皮使"是吻合的。《史记·司马相如列传》有"华氾檘栌"，《汉书》作"华枫枰栌"，是华（桦）、栌并言之例。其字右侧"图"形类似"卵"（不知是否与黄栌木叶似卵形相关），"卵"音卢管切（缓韵来母），与注音"暖"音（乃管切，属缓韵泥母）十分相近，疑因此直音之。

【麽】

榆钱麽下蒸方美，杨叶掐来瀹音药，读掠音亦青。（菜蔬章第五）748

按：麽，见于《集韵·锡韵》狼狄切，训"以爪择物"。清黄钺《漫兴》诗三首之二谓"老夫笑有和生癖，手捋榆钱带糁蒸"①，榆钱叶十分鲜嫩，采摘时往往采取轻轻捋抹的方式，韵书中"以爪择"之释十分贴切。然而"麽"字作从麻、从爪，形音不相属，疑其另有本字：麽上所从之麻当为厤之讹、表声（厤、麽音同）；"麽"或本作从扌之"攊（擽）"，训捎（击）。

"以爪择物"盖为寽（捋）之训。《说文·𠬪部》："寽，五指寽也。"又《手部》："捋，取易也。"如《诗·周南·芣苢》之"薄言捋之"语，寽（捋）有用五指握着条状物体向一端抹取、轻轻摘采义；《淄川方言志》作"摞"，《集韵》训"以手理物"②。方言中有读如滤之"捋"表示来回推拉的动作；又有把剪刀口之类放在需要截开的物体上慢慢来回推拉、慢割的动作称"劙"，同读如滤③，疑皆与"寽（捋）"相关。

值得注意的是，《日用俗字》此处瀹字下注"音药，读掠音"，其中"音药"为对"瀹"的直音（同"瀹"）；而"读掠音"三字显得突兀不合，疑当移至上句与"瀹"处在相同位置的"麽"字下，这里用以强调"麽"读如"掠"，掠、擽音正同。

---

① ［清］黄钺：《壹斋集》，黄山书社1999年，第492页。

② 张树铮：《蒲松龄〈日用俗字〉注》，第95页。

③ 廖大国：《文学作品中的江淮方言词语例释》，苏州大学出版社2013年，第130、200页。

《玉篇·麻部》有“⿱麻㐬”，文献中未见有用例，⿱麻㐬、⿸广秝形近，颇疑“⿱麻㐬”为“⿸广秝”之形变，《集韵·尤韵》音力求切，或为望其形作下从“㐬”而比附；《玉篇》训“麻也”则是来自对形变后上所从“麻”之推测。

（孙幼莉：上海辞书出版社，200040，上海）

《龙龛手镜》疑难注音释义续考*

郑贤章

摘　要：《龙龛手镜》是我国历史上一部特色鲜明、具有独特学术价值的字书。该书收录了大量佛典文献中的汉字形体，其注音释义也非常丰富。这些注音释义有一部分还存在问题。有的通过比对不同版本用字可以解决，有的则不能通过版本比对解决，需要另加考证。本文就此展开讨论，考证一批疑难注音释义。

关键词：龙龛手镜　注音　释义

《龙龛手镜》是我国历史上一部特色鲜明、具有独特学术价值的字书。该书收录了大量佛典文献中的汉字形体，其注音释义也非常丰富。这些注音释义有一部分还存在问题，有的通过比对不同版本用字可以解决，有的则不能通过版本比对解决，需要另加考证。笔者曾就此发表过《〈龙龛手镜〉疑难注音释义札考》①《高丽本〈龙龛手镜〉疑难注音释义札考》② 等文章，这里我们继续就此问题展开研究，考证一批疑难注音释义。

1.《龙龛手镜·虫部》③："蟱，音无，蛪蛛也。"

按："蟱"训"蛪蛛"，即"蝥"的换声旁俗字。《广韵·虞韵》武夫切："蝥，《尔雅》云：鼅鼄，鼄蝥。又音牟。"《弘明集》卷2："民之咀命充身，暴同蛛蟱为网矣。"（T52，p13b）慧琳《一切经音义》卷95："蛛蝥，上音诛，下谟侯反。《方言》云：自关而西，秦晋之间谓蝥为蜘蟵。集本作蟱。"（T54，p903a）《新集藏经音义随函录》卷

* 本文系国家社科基金重大项目"历代汉文佛典文字汇编、考释及研究"（16ZDA171）阶段性成果。

① 郑贤章：《〈龙龛手镜〉疑难注音释义札考》，《古汉语研究》2013年第2期。

② 郑贤章：《高丽本〈龙龛手镜〉疑难注音释义札考》，《汉语史研究集刊》第18辑（2014年）。

③ 除特意标明外，文中使用的《龙龛手镜》为中华书局影印的高丽本。

28：“蛛蟱，上音株，下音无，蝃蛛别名也，下正作蝥。”（K35，p643c）“蟱”音“无”，训“蝃蛛”，与“蝥”音义皆同。

2.《龙龛手镜·手部》：“撧，子雪反，手撧断也。”

按：“撧”训“手撧断”，即“絶”字。《汉语大字典·手部》（2082）已考。《集韵·薛韵》租悦切：“絶、劕、㩝，断也，或从刀、从手。”《广韵·薛韵》子悦切：“劕，断物也。”“撧”乃“絶”的异体“㩝”构件移位所致。“絶”意义为“断物也”，与“力”“刀”“手”都有关联，故俗增“力”旁作“劕”，增“刀”旁作“劕”，增“手”旁作“㩝（撧）”。佛典中有“劕”的用例，可补《汉语大字典》“劕”字无用例之憾。《联灯会要》卷11：“今日把老僧搊劕。”（X79，p100c）《虚堂和尚语录》卷6：“今日把老僧搊绝。”（T47，p1029b）“搊劕”即“搊绝”。

3.《龙龛手镜·手部》：“挒，音列，㩿也。”

按：《广韵·薛韵》良薛切：“挒，《埤苍》云：㩿也。”《龙龛》“㩿也”即“㩿也”。《汉语大字典·手部》（1976）引之，未举例。《那先比丘经》卷2：“挒眼去之其视，宁广远不？决耳令大其听，宁能远不？决鼻令大闻香，宁能远不？”（T32，p712c）“挒眼”之“挒”，应即㩿之义，开也，裂也。《集韵·薛韵》“挒，捩也。”《汉语大字典·手部》（1976）引之，亦未举例。《云门匡真禅师广录》卷3：“师遂拈蒸饼挒转云：我惜尔作么生?”（T47，p568a）“挒转”之“挒”，应即捩之义。《五家语录（选录）》卷2：“师遂拈蒸饼捩转云：我惜你作么生?”（J23，p556b）《云门匡真禅师广录》“挒转”，《五家语录（选录）》作“捩转”，可证“挒”即捩之义。

4.《龙龛手镜·土部》：“埫，音伤，新耕土也，又俗音的。”

按：《汉语大字典·土部》（518）引之，未考。“埫”音“伤”，与“塲”同。《广韵·阳韵》式羊切：“塲，耕塲。”《新集藏经音义随函录》卷5：“新埫，尸羊反，亦作塲。”（K34，p780a）《普曜经》卷3：“观耕犁者，见地新埫，虫随土出，乌鸟寻啄。”（T03，p499a）“埫”为“塲”的换声旁俗字。《龙龛手镜》“埫”又音“的”，即“墒”字。《玉篇·土部》：“墒，丁历切，入射也。”“埫”与“墒”形体近似，为其之讹。

5.《龙龛手镜·虫部》：“蚟，音王，蚟孙，虫名。蚟，一名蜻蚓，即今促织也。”

按：“蚟”《龙龛》训“蜻蚓”，亦见他书。《五音集韵》卷三：“蟋，《方言》蜻蚓，南楚谓之蚟蟋。”不过，《龙龛》《五音集韵》“蜻蚓”乃“蜻蛚”，“蚓”为“蛚”字之讹。构件“引”与“列”草写近似。文渊阁四库本、古今逸史本《方言》：“蜻蛚（即趋织也，精列二音），楚谓之蟋蟀，或谓之蛬（梁国呼蛬，音巩），南楚之间谓之蚟孙（孙一作丝）。”《广韵·阳韵》雨方切：“蚟，蚟孙，虫名，又蜻蛚，即今促织也。”《广韵·薛韵》良薛切：“蛚，蜻蛚，蟋蟀。”慧琳《一切经音义》卷66：“蟋蟀，《韩诗外传》云：蜻蛚也。"（T54，p746a）汉郑康成注《易纬通卦验》（文渊阁本）卷下："立秋，凉风至，白露下，虎啸，腐草为嗌，蜻蚓鸣（凉风，风有寒炁。白露，露得寒炁，始转白。虎啸始盛，秋炁有猛意。旧说腐草为鸣，今言嗌，其物异名乎。蜻蚓，蟋蟀之名也。案，《太平御览》引作'立秋，凉风至，报土功，祀四邻'，又《文选》李善注引作'立秋，蜻蛚鸣'。'蚓'字应作'蛚'）。""蚓"为"蛚"字之讹，构件"引"与"列"草写近似。

6.《龙龛手镜·水部》："涑，速侯反，洗浣也。又七亦反，水名也。"

按：《广韵·侯韵》速侯切："涑，浣也。"《新集藏经音义随函录》卷17："澡涑，所谷反，正作漱也，又速侯反，浣也。"（K35，p174c）《广韵·屋韵》桑谷切："涑，水名，在河东。""涑"《龙龛》音"七亦反"，乃"洓"字之讹。《广韵·昔韵》七迹切："洓，水名，在北。""涑"音"七亦反"，与"洓"读"七迹切"音同，两者形体极近。

7.《龙龛手镜·虫部》："鲨，音沙。"

按："鲨"见于佛经，乃用形声方式新造的译音用字。《四分律》卷34："所谓难处者：一王，二贼，三火，四水，五病，六人，七非人，八失梨鲨虫。"（T22，p805b）《四分律名义标释》卷24："失梨鲨虫，是毒虫也。按梵音失梨鲨，声同尸利沙，此翻合昏。若依字释，鲨，师加切，音砂，鲨鸡，虫名也。"（X44，p585b）"鲨"用在译音词"失梨鲨"中，由于"失梨鲨"指毒虫，"鲨"形体从"虫"则又兼有表意的作用。

8.《龙龛手镜·虫部》："蚲，布各反，蚲蜼，螗蜋外也。"

按：《广韵·铎韵》补各切："蚲，蚲蟭，螗蜋卵也。"《集韵·铎韵》补各切："蚲，蚲蟭，螗蜋夘。"《龙龛手镜》"螗蜋外也"乃"螗蜋卵也"，其中"外"乃"卵"之讹。"卵"或作"夘"，与"外"形体近似。"螗蜋外"，文渊阁四库本《龙龛手鉴》作"螗蜋卵"，是。

9.《龙龛手镜·虫部》："蜇，音哲。"

按：《汉语大字典·虫部》（3071）引之，"蜇"正体未详。《中华字海·虫部》（1208）以"蜇"同"蜇"，是。今佛典中有"蜇"的用例。《龙龛手镜·虫部》："蛆，知列反，今作蜇，同。""蜇"与"蛆"同，皆为"蜇"字。《新集藏经音义随函录》卷7："虵蜇，音哲。"（K34，p871b）《中阿含经》卷12："或以龙蛇蜇，或以鞭鞕，或以杖挝。"（T01，p504c）《百喻经》卷4："复取毒蛇内着怀里，即为毒蛇之所蜇螫。"（T04，p556b）

10.《龙龛手镜·手部》："𢱢，五割、苏朗二反。"

按："𢱢"可见于《新集藏经音义随函录》。《新集藏经音义随函录》卷9："𢱢施，上五割反，正作㭊。《尔雅》：㭊，余也。”（K34，p955b）《广韵·曷韵》五割切：“㭊，伐木余㭊。”“⿰扌桒”音“五割反”，可洪以为“㭊”字。《七俱胝佛母所说准提陀罗尼经会释》卷2：“其色绀青，如㭊施鸟毪。”（X23，p768a）“⿰扌桒施”之“⿰扌桒”又有文献当作“橾”，《龙龛》音“苏朗反”，正与“橾”音同形近。《苏悉地羯罗经》卷2：“其色绀青，如橾施鸟毪。”（T18，p652a）慧琳《一切经音义》卷35：“楪施鸟翎，历丁反。《韵英》云：鸟羽也。楪字疑错，所以不音，未详何鸟也。”（T54，p543b）“楪”与“⿰扌桒”形体近似，慧琳认为是个错字，难以考证。正因为如此，有的人以“楪（⿰扌桒）”为“㭊”字，有的以“楪（⿰扌桒）”为“橾”字，而《龙龛》两者皆存。从字形上看，“⿰扌桒”“楪”为“橾”比较可信。

11.《龙龛手镜·手部》：“扢，居乁、古忽、户骨、古代四反，昔摩也。”

按：从字形上看，高丽本《龙龛》“居乁反”应即“居乙反”。《新集藏经音义随函录》卷18：“亲扢，下居乙反、古忽、又户骨、又公大四反。”（K35，p229b）八卷本《龙龛手镜》作“居乙反”，是。韵书中，“扢”训“摩也”，多音“居乞切”。《广韵·迄韵》居乞切：“扢，摩也。”《新集藏经音义随函录》卷30：“《川音》作扢，古代、居乞、户骨三反。”（K35，p700a）《广韵·没韵》古忽切：“扢，摩也。”《广韵·没韵》户骨切：“扢，摩也。”“扢”《龙龛》又音“古代反”，即“摡”字。《广韵·代韵》古代切：“摡，磨也。”《龙龛》“昔摩也”，不通，乃“皆摩也”之讹。八卷本《龙龛手镜》作“皆摩也”，是。

12.《龙龛手镜·虫部》：“蝒，音因。”

按：晋干宝《搜神记》：“土蜂，名曰蜾蠃，今世谓蝒蜷，细腰之类。”此“蝒”本有用法。佛典中，“蝒”乃“蛔”之讹。《新集藏经音义随函录》卷14：“蝒母，上户灰反，正作蛔也，然宜作蝈，乌闲反，赤虫也。此前第四、第六皆作赤虫也。”（K35，p60a）《正法念处经》卷67：“四名赤虫，为断身分风之所杀害。五名蛔母虫，为恶火风之所杀害。”（T17，p397a）“蝒母”即“蛔母”，其中“蝒”即“蛔”字之讹。《新集藏经音义随函录》还认为“蝒”可能是“蝈”字。根据经文，今只从“蝒”为“蛔”之说。

13.《龙龛手镜·手部》：“揥，徒结反，捎取也。又音弟，取也。又音带，搥也。”

按：《广韵·屑韵》徒结切：“揥，捎取。”《广韵·霁韵》都计切：“揥，撮取。”《广韵·霁韵》特计切：“揥，取也。”“揥”又音“带”，训“搥也”，乃“楴”字。《广韵·霁韵》当盖切：“楴，槌也。”根据《广韵》，《龙龛》“搥也”应为“槌也”。俗写中，构件“木”与“扌”常混。

14.《龙龛手镜·殳部》：“嗀，许角反，怒也，欧吐也。”

按："觳"即"㱿"。《说文·口部》："㱿，欧皃，从口㱿声。《春秋传》曰：君将㱿之。"《龙龛手镜》"㱿"训"怒也"，来源不详，疑有误。《广韵·觉韵》许角切："㱿，欧吐。《左传》：褚师声子袜而登席，公怒。辞曰：臣有足疾，君将㱿之。《说文》从口。"敦煌 P2011《王仁昫刊谬补缺切韵·觉韵》："吒，许角反，怒声。七。豞，豕声。殼，急。嚳，鸟肥。㱿，吐，亦作㱿。"《王仁昫刊谬补缺切韵》训"怒"的是"吒"，不是"㱿"。"君将㱿之"之"㱿"，乃呕吐之义，非怒也。

15.《龙龛手镜·虫部》："蛽，俗，音贝，同。"

按："蛽"即"贝"字。《汉语大字典·虫部》（3049）引《字汇·虫部》："蛽，同贝。"没有用例。今佛经中有"蛽"字。《大佛顶广聚陀罗尼经》卷2："铜三百两，延寿药三两，螺蛽五两。"（T19，p165c）根据经文，"贝"盖受上字"螺"的影响类化增"虫"而作"蛽"。

16.《龙龛手镜·虫部》："蜈蚣，上音吴，下音公，蝍蛆，蚰蜒类也，能制蛇。下又音鍾，蟲螽，虫也。"

按：慧琳《一切经音义》卷28："蜈蚣，音吴公，《字林》：蝍蛆也，甚能制虵。"（T54，p494b）《龙龛手镜》"蚰蜒类也"，费解，应为"蚰蜒类也"。"蚰"为"蚰"之讹。《佛说药师如来本愿经》卷1："或有水怖、火怖、刀怖、毒怖、悬崄之怖，恶象、师子、虎狼、熊罴、毒蛇、恶蝎、蜈蚣、蚰蜒如是等怖。"（T14，p403b）此外，《广韵·东韵》以戎切："蚣，蝩螽，虫。"根据《广韵》，"蚣"《龙龛手镜》又训"蟲螽"，乃"蝩螽"之讹。

17.《龙龛手镜·手部》："捾，乌括反，取也。又胡官反，捰乱，摩也。"

按：《广韵·末韵》乌括切："捾，捾取也。""捾"又音"胡官反"，乃"捖"字。《广韵·桓韵》胡官切："捖，捰刮，摩也。"此外，《龙龛手镜》"捰乱"，根据《广韵》，应为"捰刮"。"刮"与"乱"形体近似。

18.《龙龛手镜·水部》："淂，苏老反。"

按："淂"音"苏老反"，疑即"扫"。《广韵·晧韵》苏老切："埽，埽除。扫，上同。""扫"盖与"洒"连用，受其影响类化换旁从"氵"而作"淂"。《康熙字典·水部》"淂"同"浸"，别为一字。

19.《龙龛手镜·手部》："撌，俗，求位反，撌槛也。又丘位反。"

按：《汉语大字典·手部》（2074）引之，未考。"撌"音"求位反"，训"撌槛也"，张涌泉先生以为即"樻"字①，是也。《集韵·至韵》求位切："匮、鐀、樻，《说

① 张涌泉：《汉语俗字丛考》，中华书局2000年，第279页。

文》匣也，一曰乏也。”《集韵·豏韵》胡忏切：“檕、槧，櫃也，亦书作檻。”“攅”《龙龛手镜》又音“丘位反”，疑即“樻”字。《广韵·至韵》丘愧切：“樻，樻梧（椐），木肿节，可为杖。”构件“木”与“扌”草写易混。

20.《龙龛手镜·手部》：“搾，音劳。搾，闭也。”

按：《字汇·手部》：“拵，闭也。”《汉语大字典·手部》（1997）引之，未考。“搾”显然即“拵”。《字汇·手部》：“搾，同拵。”“拵”“搾”皆为“牢”字之俗。《贤愚经》卷2：“勿道此事，急当牢闭，慎勿令出。”（T04，p358a）“牢”与“闭”连用，亦有“闭”的意思。“拵”“搾”盖“牢”的增旁俗字。

21.《龙龛手镜·手部》：“掴，户昆、胡本二反，手推也。”

按：《广韵·魂韵》户昆切：“掴，掴推。”《广韵·没韵》户骨切：“掴，手推也。”“掴”《龙龛》音“胡本反”，训“手推也”，不详。“掴”韵书无“胡本反”一音。“掴”音“胡本反”，乃“梱”字之讹。《广韵·混韵》户昆切：“梱，木未破也。”《新集藏经音义随函录》卷2：“大掴，胡骨反，菓中实也，核也，正作槲也。掴，手推物也，非用，应和尚作胡本反，木未破者，也非用，又胡昆反，亦非用也。”（K34，p673b）“掴”，《新集藏经音义随函录》引应和尚音“胡本反”，训“木未破者”，即“梱”字。玄应《一切经音义》卷4：“大梱，胡本反。《三苍》：全物者也。《通俗文》：合心曰梱。”（C56，p882c）《大宝积经》卷14：“我身开化降伏难头和难龙王，能食大梱如须弥山，不能动是小金刚乎？”（T11，p75c）经文作“大梱”，与玄应所载同，而可洪所见“大掴”即“大梱”，“掴”非“槲”字。《龙龛》“掴”音“户昆反”“胡本反”，实际上代表了“掴”“梱”两字。

22.《龙龛手镜·手部》：“拖，徒可反，引也。又音施，持物惠人也。拕，俗，同上。”

按：《广韵·哿韵》徒可切：“拖，引也。”“拖”音“施”，乃“施”字。构件“扌”与“方”草写易混。《新集藏经音义随函录》卷12：“拖论，上尸智反，持物惠人。”（K34，p1074c）《新集藏经音义随函录》卷8：“揩拖，上滂古反，下尸智反，正作普施也。普，大也，遍也。持物惠人曰施也。谓此菩萨劝王立普施限也。”（K34，p898a）

23.《龙龛手镜·手部》：“拢，音笼，房拢。又力董反，拢略，又拗拢，筹也，酒律。”

按：《广韵·董韵》力董切：“拢，拢略，又拗拢，筹也，谓酒律。”“拢”又音“笼”，训“房拢”，乃“櫳（栊）”字。构件“木”与“扌”草写易混。《绍兴重雕大藏音》卷2：“栊、櫳，并卢东反。”（C59，p523c）慧琳《一切经音义》卷30：“櫳疏，力公反。《广雅》：房龑，舍也。”（T54，p507b）慧琳《一切经音义》卷 98：“房龑，禄东反。《仓颉篇》云：龑，疏也。《广雅》：龑，舍也。”（T54，p916b）《弘明集》卷 8：“割慈亲之重恩，弃房栊之欢爱。”（T52，p53b）

24.《龙龛手镜・土部》：“坆，古文，音梅字。”

按：《汉语大字典・土部》（454）据此以“坆”为“梅”字。其实，《龙龛手镜》只是以“坆”音“梅”，“坆”并一定就是“梅”字。杨宝忠先生也曾指出了“坆”不当是“梅”，应为“牧”字。[①] 笔者以为“坆”或为“煤”字。《〈新集藏经音义随函录〉研究》（612）：“煤”作“炇”“坶”。“坆”盖“炇”“坶”交互影响的结果。

此外，《康熙字典・土部》：“坆，俗坟字。”《汉语大字典・土部》（454）引之，未有“坆”的用例，今佛经中有之，兹补上。《慈悲道场水忏法科注》卷 3：“莫待老来方学道，孤坆尽是少年人。”（X74，p776a）《沙弥律仪毗尼日用合参》卷 2：“祖父皆火葬，无坆墓。”（X60，p403b）

25.《龙龛手镜・手部》：“扞，音汗，卫也，以手扞也，又古旱反。扞，扳物也。扳音厄展反。”

按：《绍兴重雕大藏音》卷 1：“扞、捍，并汗音。”（C059，p513a）《广韵・翰韵》侯旰切：“扞，以手扞，又卫也。”《新集藏经音义随函录》卷 17：“搌治，上女展反，扞物也，正作扳，出《音谱》也，下音持。”（K35，p181c）《龙龛手镜》“扳物”之“扳”，即《新集藏经音义随函录》训“扞物也”的“扳”。“扳”《龙龛手镜》音“厄展反”，有误，根据《新集藏经音义随函录》，应为“尼展反”，与“女展反”音同。“扳物”之“扳”为何字呢？《集韵・獮韵》尼展切：“碾、硍，磨也。或从反。”“扳物”之“扳”当即“硍（碾）”字。

26.《龙龛手镜・艸部》：“营，或作；藭，正，音穷，芎藭也。二。”

按：《广韵・东韵》渠弓切：“藭，芎穷。”《广韵・东韵》去宫切：“芎，芎藭，香草，根曰芎藭，苗曰蘼芜，似蛇床。营，上同。”《玉篇・艸部》：“营，去弓切，营藭，叶似江蓠也。芎，同上。”根据《广韵》《玉篇》，“营”为“芎”的异体，《龙龛》将“营”当作“藭”的异体，误。

27.《龙龛手镜・手部》：“搋，他历反，手挑搋也。又丑列反，沵饰也。”

按：“搋”训“手挑搋也”，与“摘”同。《新集藏经音义随函录》卷 27：“指摘，他的反。摘，拨也，挑也，正作擿、搋二形。”（K35，p584c）《续一切经音义》卷 9：“摘取，上陟革反，《考声》云手摘物也。《说文》作搋，取也，律文作擿，又音他历

① 杨宝忠：《疑难字考释与研究》，中华书局 2005 年，第 80 页。

反。”（T54，p973c）

《广韵·祭韵》丑例切：“揥，佩饰。”根据《广韵》，《龙龛手镜》“丑列反”乃“丑例切”之讹，而“洬饰也”乃“佩饰也”之讹。

28.《龙龛手镜·手部》：“撚，所拜反。”

按：“撚”音“所拜反”，即“摋”字。《新集藏经音义随函录》卷9：“撚，所拜反。”（K34，p954a）《新集藏经音义随函录》卷15：“撚拍，上所界反。”（K35，p119b）慧琳《一切经音义》卷60：“摋拍，上生界反。《考声》云：有威势也。《韵诠》云：急也。顾野王云：猛用力打物也。”（T54，p710b）“撚拍”即“摋拍”。“撚”即“摋”的换声旁俗字。

29.《龙龛手镜·火部》：“熚，音毕，火声也，又熚炥，火皃也。又俗，音烨。”

按：《广韵·质韵》卑吉切：“熚，火皃。”《玉篇·火部》：“熚，卑出切，火声也。熚炥，火皃。”“熚”又俗音“烨”，即“烨”字，构件“畢”与“華”形体近似。慧琳《一切经音义》卷87：“炜爗，上韦鬼反，下炎辄反，古文，正体字。《毛诗传》云：炜，赤貌也。《说文》：盛明貌也。从火，韦声。《广雅》云：烨，光明貌。《古今正字》从火曅声。曅音同上。正体字录作爗。”（T54，p865a）“熚”又俗音“烨”，与“烨”的异体“爗”近似。

（郑贤章：湖南师范大学文学院，410081，长沙）

《龙龛手镜》引《弘明集》《广弘明集》考

辛睿龙

摘　要： 行均所撰的《龙龛手镜》是一部专门辨析手写佛经疑难俗字的字书，其收字来源主要是写本佛经。据统计，《龙龛手镜》据《弘明集》收字2条，据《广弘明集》收字11条。本文主要将《龙龛手镜》的字书材料与《弘明集》《广弘明集》的后代刻本佛经原文以及《弘明集》《广弘明集》的佛经音义材料（主要是《可洪音义》）进行比勘和互证，尝试对《龙龛手镜》所引的《弘明集》《广弘明集》的11条材料进行考辨和梳理。

关键词： 龙龛手镜　弘明集　广弘明集　可洪音义　考辨

《龙龛手镜》（以下简称《龙龛》），辽代僧人行均所撰，成书于辽圣宗统和十五年（997年），是一部专门为佛教僧徒阅读俗字讹文繁多的手写佛经而编撰的字书。全书共收26430余字，分属242部。242部根据平上去入四声分为四卷，各部所收之字也依四声排列。《龙龛》的收字来源主要是写本佛经，行均据写本佛经收录疑难俗字，有时会在注文中标明字头所从出的佛经经名。经笔者统计，《龙龛》据《弘明集》收字2条，据《广弘明集》收字11条。

《弘明集》《广弘明集》皆属汉文大藏经《文史藏》“护法部”中的“文献类”典籍。《弘明集》约成书于梁天监六年至天监十三年（507—514年），是我国最早的一部佛教护法类总集，乃梁建初寺沙门僧祐所撰。据李小荣研究，《弘明集》不是一次性编定的，有初编本和定本之分，其中初编本为10卷，定本为14卷，今传本《弘明集》皆为14卷本。[①]《广弘明集》成书于唐高宗麟德元年（664年），是唐西明寺道宣为增

① 李小荣：《〈弘明集〉〈广弘明集〉述论稿》，巴蜀书社2005年，第616—624页。

广僧佑《弘明集》而编纂的一部佛教思想文献集。据刘林魁研究，《广弘明集》的版本主要有30卷本和40卷本两大类，明代以后刊刻的《广弘明集》多为40卷本。从收录文献数量来看，30卷本和40卷本没有多大的区别，后代的40卷本是将30卷本某些内容较多的卷子进行拆分而成的。① 国内目前能见到的《弘明集》《广弘明集》主要是宋以后刊刻的汉文大藏经所收录的《弘明集》《广弘明集》，敦煌写本中只有《广弘明集》卷一三所引的《辩正论》有部分残片。② 另外，经初步统计，由可洪编纂的成书于后晋天福五年（940年）的佛经音义书《新集藏经音义随函录》（以下简称《可洪音义》）为14卷本《弘明集》做了2018条音义，为30卷本《广弘明集》做了5480条音义。《可洪音义》的成书早于现存最早藏经的刊刻年代，其词目用字往往就是可洪所据本《弘明集》《广弘明集》原经文字的直接摘录，字形在很大程度上保存了写本《弘明集》《广弘明集》的真实面貌。

张涌泉先生和郑贤章先生已对《龙龛》所引的《弘明集》《广弘明集》的13条材料中的部分条目做过考释和研究，当代大型字书《汉语大字典》《中华字海》等已对《龙龛》据《弘明集》《广弘明集》收录的部分疑难俗字做过梳理。本文主要将《龙龛》的字书材料与《弘明集》《广弘明集》的后代刻本佛经原文以及《弘明集》《广弘明集》的佛经音义材料（主要是《可洪音义》）进行比勘和互证③，对《龙龛》所引的《弘明集》《广弘明集》的11条材料进行重新考辨和梳理，对已有的考释成果和相关意见进行订正和补充。④

1. 卷一《人部》平声："俘，此是九子二字，经文云仇子陁也，在《广弘明集》第

① 刘林魁：《〈广弘明集〉研究》，西北大学2007年博士学位论文，第61页。

② 高原乐已详细考察和梳理了历代书目对《弘明集》《广弘明集》版本的著录和历代刊刻大藏经对《弘明集》《广弘明集》版本的收录。参见高原乐《历代〈弘明集〉〈广弘明集〉版本综述》，载《竹林七贤与魏晋精神·云台山第四届竹林七贤文化国际学术研讨会论文集》，中国社会科学出版社2013年，第459—467页。

③ 本文所利用的相关材料的工作本罗列如下：(1)《龙龛手镜》：以高丽本为工作本，参以续古逸丛书本、四部丛刊续编本和文渊阁四库全书本；(2)《弘明集》《广弘明集》：皆以高丽新藏本为工作本，参以赵城金藏本、大正藏本、碛砂藏本、永乐北藏本以及中华藏、大正藏校勘记中利用的资福藏本、普宁藏本、径山藏本、永乐南藏本、龙藏本和日本宫内省图书寮本；(3)《可洪音义》：以高丽新藏本为工作本。本文除注明外，引书页码皆本自相应工作本。

④ 《龙龛》引《弘明集》《广弘明集》的材料合计13条，其中2条，分别为：卷一《言部》入声："䛇(諤)，《江西经音》作謂，五各反。在《广弘明集》。"(51) 卷二《草部》去声："**蕻**(蕻)，旧藏作**荓**，在《广弘明集》二十七卷。"(262) 郑贤章依据大正藏本《广弘明集》和相应的《可洪音义》，认为"諤"乃"謂"之俗，"薤"乃"殣"之俗。参郑贤章《〈新集藏经音义随函录〉研究》，湖南师范大学出版社2007年，第404、361页。郑氏之说可从，本文主要讨论其余11条材料。

七卷。"(26①)

按:"**俘**",张涌泉、郑贤章已做考释。张氏认为,"九子"或当据朝鲜本《龙龛》作"仇子"为长,至于"**俘**"字,各本相同,《中华字海》作"**俘**",当系作者臆改。② 张氏之说可从。郑氏根据大正藏本《广弘明集》第七卷的经文用字,认为"仇"乃姓,《龙龛》"子陁"应为"子陀",乃人名。"仇"与"子"之所以会写作"**俘**",是因为"仇子"二字在竖写时连在一起写作"**俘**",其中"仇"中的"亻"旁拉长,"九"字讹作"乃"并上缩,而"子"字写在"仇"变化后的空余处,这样便成了"**俘**"。③ 郑氏以"**俘**"为"仇子"二字误合,可从;认为"仇"乃姓,"子陁"应为"子陀",欠妥。

今按,《龙龛》此条当对应人名"章仇子陁",其中"章仇"是复姓,"子陁"是名。文渊阁四库全书本邓名世《古今姓氏书辩证》:"章仇,《元和姓纂》曰:齐公族姜姓之后,本章弇,其后避仇,遂加仇字为章仇氏。长安元年,右史知贡举张说下进士章仇嘉昻(勉?勖?)。河间章仇太翼善天文,炀帝赐姓卢氏。天宝剑南东川节度户部尚书章仇兼琼,代居兖州,生湛。"文渊阁四库全书本王应麟《姓氏急救篇》卷下:"章仇氏,四岳之胄。北齐有章仇子池(他),隋有章仇太翼,唐有兼琼。"

今检人名"章仇子陁",高丽新藏本《广弘明集》3见。卷六道宣《列代王臣滞惑上》:"二列毁灭王臣一十一人,傅奕《高识传》列为高识之人,今寻乃是废灭者。魏大武、周高祖、蔡谟、刘昼、阳衒之、荀济、章仇子陁、刘惠琳、范缜、李绪、傅奕(减省除灭半之)、王文同。"(K33P0324c④)卷七道宣《叙列代王臣滞惑下》人名目录:"梁荀济、齐章仇子陀、周卫元嵩、宋刘慧琳、齐顾欢、魏邢子才、凉高道让、齐李公绪、隋卢思道、唐傅奕。"(K33P0324c)卷七道宣《叙列代王臣滞惑下》:"十六,章仇子陁者。魏郡人。齐武平中为儒林学士。"(K33P0336c)郑氏所引经文为第三例。行均据《广弘明集》卷七收"**俘**",由于我们今天无法看到行均所据本《广弘明集》,因此"**俘**"可能出自《广弘明集》卷七《叙列代王臣滞惑下》人名目录,也可能出自《广弘明集》卷七《叙列代王臣滞惑下》正文。《广弘明集》卷七的两处"章仇子陁",

① [辽]释行均:《龙龛手镜》(简称《龙龛》),影印高丽本,中华书局1985年。又续古逸丛书本、四部丛刊续编本、文渊阁四库全书本。

② 张涌泉:《汉语俗字丛考》,中华书局2000年,第49页。

③ 郑贤章:《〈龙龛手镜〉研究》,湖南师范大学出版社2004年,第154—155页。

④ 本文引用佛经经文随文标注页码。括号中,首字母代表佛藏版本简称。其中,K:《高丽大藏经》(以下简称《高丽新藏》),韩国东国大学译经院1976年;T:《大正新修大藏经》(以下简称《大正藏》),台湾新文丰出版公司1996年;C:《中华大藏经》(以下简称《中华藏》),中华书局1993年;M:《影印碛砂藏经》(以下简称《碛砂藏》),上海影印宋版藏经会1935年。佛藏简称字母后为该部佛经所处册数,册数之后为页码,标记为P,页数之后又有a、b、c,分别代表该页上、中、下三栏。

今查赵城金藏本、高丽新藏本、碛砂藏本、永乐北藏本、清龙藏本，皆作“章仇子陁”，唯大正藏本录作“章仇子陀”。《可洪音义》卷二九《广弘明集》卷六音义：“仇子陁，上音求，下音陁，下卷作仇子陁。”（K35P0670a）可知，可洪所据本《广弘明集》卷七亦作“子陁”。

关于“章仇子陁”之“子陁”，文献记载多有不同。除作“子陁”“子阤”“子陀”外，或作“子他”，如《旧唐书·傅奕列传》：“窃见齐朝章仇子他上表言：‘僧尼徒众，糜损国家，寺塔奢侈，虚费金帛。’”① 又如《新唐书·傅弈列传》：“昔高齐章仇子他言僧尼塔庙，外见毁宰臣，内见疾妃嫱，阳谗阴谤，卒死都市，周武帝入齐，封宠其墓，臣窃贤之。”② 或作“子池”，上文所引《姓氏急救篇》即作此形。或作“子佗”，如《资治通鉴·唐纪七·高祖神尧大圣光孝皇帝下之上·九年》：“窃见齐朝章仇子佗表言：‘僧尼徒众，糜损国家，寺塔奢侈，虚费金帛。’”③ 对应四部丛刊初编本史炤《资治通鉴释文》：“章仇子佗：仇，渠尤切，复姓。佗，徒何切。”其中，“池”当为“他”之形误；“他”“佗”同字异体，“陁”“阤”“陀”亦具异体关系，此二组字同音通用，读徒何切，今音 tuó。

2. 卷一《山部》入声：“嶉（嶍），新经作濯，在《广弘明集》。”（77）

按：《龙龛》此条主要包括以下三条信息：（1）行均据《广弘明集》收录“嶍”字；（2）行均所据本《广弘明集》之“嶍”，新经作“濯”，“嶍”与“濯”是文献异文的关系；（3）行均将“嶍”收入《龙龛》山部入声，则以“嶍”为入声字。考“嶍”字不见于《龙龛》之前的字书、韵书，《龙龛》之后的字书收录“嶍”字，源头皆为《龙龛》。《四声篇海·山部》引《龙龛》：“嶍，音翟。在《广弘明集》中。”④《字汇·山部》：“嶍，杜历切，音翟，见《广弘明集》。”⑤《正字通·山部》：“嶍，俗字。旧注：音翟，见《广弘明集》。泥。”⑥《汉语大字典》：“嶍 dí《改并四声篇海·山部》引《龙龛手镜》：‘嶍，音翟。在《广弘明集》中。’《字汇》：‘嶍，杜历切。’”（832a/804a⑦）

---

① ［后晋］刘昫等：《旧唐书》，中华书局 1975 年，第 2716 页。

② ［宋］欧阳修等：《新唐书》，中华书局 1975 年，第 4061 页。

③ ［宋］司马光：《资治通鉴》，中华书局 1956 年，第 6001 页。

④ ［金］韩道昭：《改并五音类聚四声篇海》（简称《四声篇海》），《四库存目丛书》影印明成化七年（1471 年）刻本，第 754 页。

⑤ ［明］梅膺祚：《字汇》，《续修四库全书》影印明万历四十三年（1615 年）刻本，第 532 页。

⑥ ［明］张自烈：《正字通》，《续修四库全书》影印清康熙九年（1670 年）刻本，第 331 页。

⑦ 本文引《汉语大字典》同时标注原版和第二版的页码，以“/”为分隔标记。页码之后，字母“a”代表左栏，字母“b”代表右栏。汉语大字典编辑委员会：《汉语大字典》（原版），湖北辞书出版社、四川辞书出版社 1986 年。汉语大字典编辑委员会：《汉语大字典》（第二版），四川出版集团等 2010 年。

《中华字海》：“⿰山翟，dí，音低阳平。1. 同‘濯’。见《龙龛》。2. 同‘翟’，山雉。”① 具体来看，《龙龛》未对“⿰山翟”字注音，《四声篇海》谓“⿰山翟”字“音翟”，当属望形生音；《字汇》在“音翟”的基础之上增加反切“杜历切”，误上加误；《汉语大字典》承《四声篇海》和《字汇》之误；《中华字海》径言“⿰山翟”或同“濯”而未加说明，又误以直音字为异体字，以“⿰山翟”或同“翟”。

文献中“⿰山翟”字有用例。明万历刻本屠叔方《建文朝野汇编》卷二：“蒙化县属蒙化州甸尾巡检司、临安府属西河县曲陀巡检司、河泊所、通海县河泊所、⿰山翟（⿰山翟）峨县铁冶所、宁州河泊所，凡七处。”清抄本姜清《姜氏秘史》引此段文字，字亦作“⿰山翟（⿰山翟）”。“⿰山翟峨”之“⿰山翟”当为“嶍”字之讹。嶍峨县，即峨山彝族自治县，今属云南玉溪市，盛产铁矿，明清置铁冶所。李贤《明一统志》卷八六：“铁，河西嶍峨二县出。”②

今检高丽新藏本《广弘明集》及其相关异文材料，未见“嶍”字用例，基本可以排除行均所据本《广弘明集》之“⿰山翟”为“嶍”字之讹的可能性。行均所据本《广弘明集》之“⿰山翟”，异文作“濯”。检高丽新藏本《广弘明集》，“濯”字 25 见，用字皆不存在讹误或假借的情况。其中，《广弘明集》卷三〇引《述怀诗二首》之一：“惚恍回灵翰，色肩栖南嵎。濯足亐流澜，采练衔神疏。”（K33P0659b）我们猜测行均“⿰山翟”字或本于此，“濯”字受上字“嵎”影响，类化改从山旁作“⿰山翟”。

3. 卷一《宀部》入声：“宓，弥必反，安，宁，止，默也。又美笔反。又《广弘明集》第八卷，今作⿸𠂆必，音伏，～羲字。”（158）

按：高丽新藏本《广弘明集》卷八引道安《二教论·儒道升降第二》：“昔宓羲氏，仰观象于天，俯察法于地，近取诸身，远取诸物，于是始作八卦。”（K33P0346a）《龙龛》此条即本于此，行均所据本《广弘明集》与高丽新藏本同，上字皆作“宓”。行均又谓“宓羲”之“宓”今作“⿸𠂆必”，今按，作“⿸𠂆必”者，当为“虙”之俗省。《可洪音义》卷二九《广弘明集》卷八音义：“宓羲（羲），上音伏，古皇帝也。正作虙。”（K35P0672c）可知，可洪所据本《广弘明集》亦作“宓”，可洪亦以“虙”字为正。古帝王“伏羲”，其书写形式较多，主要包括伏羲、宓羲、虙羲、伏戏、伏牺、包牺、庖牺等。

4. 卷二《火部》上声：“烜，况晚反，光明也。又姓，司～氏以阳燧取水火于日月也。又旧藏作煖，许袁反，人名，在《广弘明集》第十九。”（242）

---

① 冷玉龙等：《中华字海》，中国友谊出版公司 1994 年，第 460 页。

② “⿰山翟”字还见于刘向《请雨华山赋》，《古文苑》卷二一、《全汉文》卷三五、《古今图书集成·山川典》卷六八引《请雨华山赋》皆有“调修崪⿰山翟寒服”语，此赋阙讹难读，“⿰山翟”字存疑俟考。

按：高丽新藏本《广弘明集》卷一九引萧子显《御讲金字摩诃般若波罗蜜经序》："既非冯煖之市义，又无汲黯之请罪。"（K33P0492c）《龙龛》此条即本于此。冯煖市义，典出《战国策·齐策四》。人名"冯煖"，行均所据本《广弘明集》下字作"烜"，行均所见旧藏作"煖"。《可洪音义》卷三〇《广弘明集》卷一九音义："冯㷗（煖），许元反，人名也。"（K35P0690b）可知，行均所见旧藏本、可洪所据本、高丽新藏本三者用字相同，下字皆作"煖"。"烜""煖"同源通用字。[1]

又，中华藏所据赵城金藏本与高丽新藏本同，亦作"冯煖"（C63P0173a），中华藏校勘记："冯煖"，碛砂藏本、普宁藏本、永乐南藏本、径山藏本、清龙藏本皆作"冯媛"。（C63P0181c）碛砂藏本《广弘明集》卷一九音义："冯媛，下音院。"（M477P0122b）"媛"当为"煖"字之误。冯媛，指汉元帝时的冯倢妤。晋张华《女史箴》："玄熊攀槛，冯媛趍进。"《广弘明集》经文中说的是为孟尝君"市义"的冯煖，与汉元帝时的冯媛不是一个人。又，大正藏本作"憑煖"（T52P0237c），大正藏底本为高丽新藏，高丽新藏本作"馮煖"，大正藏本上字录作"憑"，转录失误。

5. 卷二《口部》入声："曜，旧藏作躍，音药，在《广弘明集》第卅卷。郭氏又俗音曜。"（278）

按：《龙龛》"曜"字，郑贤章已做考释。郑氏利用《绍兴重雕大藏音》这一书证材料，利用《投子义青禅师语录》《法华经大窾》《大吉义神咒经》等例证材料，认为"曜"即"曜"字。[2] 郑氏之说可从。行均所据本《广弘明集》作"曜"，所见旧藏作"躍"，"曜""躍"当属版本异文关系。"曜""躍"音形皆近，文献中常常混用，互为异文，《广弘明集》中就有用例。《广弘明集》卷一五引《文殊像赞（并序）》："世尊兴出，乃授躍进之明，显潜德于香林，因庆云而西徂。"（K33P0436b）"躍"，资福藏本、日本宫内省图书寮本皆作"曜"。《广弘明集》卷二三引僧肇《鸠摩罗什法师诔》："曜日绝尘，思加数年。"（K33P0533b）"曜"，赵城金藏本、资福藏本、普宁藏本、径山藏本、日本宫内省图书寮本皆作"躍"。《龙龛》此条明言"曜"字出自《广弘明集》第三十卷，今检高丽新藏本《广弘明集》卷三〇，未见"曜"字，而"曜"字出现5次，"躍"字亦出现5次。"曜"字对应经文条目分别为："珍祥盈四八，玄黄曜紫庭。"（K33P0657c）"丹沙映翠濑，芳芝曜五爽。"（K33P0659a）"恒曜揜芳霄，熏风动兰月。"（K33P0660c）"楼帐荣岩谷，缇组曜林阡。"（K33P0664a）"仙花曜日彩，神幡曳远阴。"（K33P0672b）"躍"字对应经文条目分别为："激响穷山，愤发幽诚，流音在耳，

---

① 王力：《同源字典》，商务印书馆1982年，第560页。

② 郑贤章：《〈郭迻经音〉研究》，湖南师范大学出版社2010年，第25—26页。

欣躍晨征。”(K33P0660c)“私心庆躍，得未曾有，捃采余韵，更题鄙拙。”(K33P0663a)“金辂徐既动，龙骖躍且鸣。”（K33P0664a）“前驱闻凤管，后乘躍龙骖。”（K33P0668a）“辎轩转朱毂，骊马躍青丝。”（K33P0668a）今按，行均据《广弘明集》第三十卷收录“曜”字，“曜”依郑氏考释当为“曜”字之讹，又“曜（曜）”与“躍”互为异文，则《龙龛》“曜”字可能出自《广弘明集》上列十条经文中的其中一条。

6. 卷二《广部》平声：“**麾**（麾），旧藏作麾，音许为反，旌～也。在《弘明集》第二十八卷中。”(298)

按：《汉语大字典》收“麾”字，以“麾”同“麾”，可从。(4724b/5040b)《龙龛》言“麾”字“在《弘明集》第二十八卷中”，今按，“弘明集”上当脱“廣”字，“麾”字当在《广弘明集》第二十八卷中。就目前所知，《弘明集》只有10卷本和14卷本两种，因此“在《弘明集》第二十八卷中”的说法不成立。《广弘明集》卷二八引沈约《南齐南郡王舍身疏》：“弟子树因旷劫，向报兹生，托景中琁，联华日采，玉组夙纡，蕃麾早建。”(K33P0619c)《龙龛》此条当本于此，即行均所据本《广弘明集》卷二八“蕃麾”之“麾”作“麾”。《可洪音义》卷三〇《广弘明集》卷二八音义：“蕃麾，上方烦反，下许为反。”（K35P0707b）可知，可洪所据本、行均所见旧藏本、高丽新藏本同，皆作“麾”。《龙龛》此条“弘明集”上脱“廣”字，后代字书讹以传讹，多误以“麾”字在《弘明集》第二十八卷中，而不知其本当在《广弘明集》第二十八卷中。

7. 卷二《米部》平声：“**粦**（粦），新藏作鳞，在《广弘明集》第廿卷。又俗音憐，在《大哀经》第五。”(304)

按：“粦”字，张涌泉已做过考释。张氏认为，行均谓“粦”《新藏》作“鳞”，意指《新藏》用“粦”作“鳞”，换言之，即“粦”为“鳞”的俗讹字。《龙龛》全书通例如此。“粦”字俗又音“憐”者，乃指《大哀经》写本“粦”字又用同“憐”。慧琳《音义》卷一九《大哀经》第五卷音义：“憐伤，练田反。《集训》云：憐，爱也。《考声》：哀也。俗作怜。经文从米作粦，非也，书错不成字也。”盖即行均所本，是其切证。[①] 张氏对“粦”字的考释基本可信，但对《龙龛》所引的“新藏”的界定似有不妥，且未从《广弘明集》卷二〇对“粦”字及其异文“鳞”字进行梳理。今按，“粦，新藏作鳞，在《广弘明集》第廿卷”这句话主要包含两个信息：(1) 行均据《广弘明集》卷二〇收录“粦”字，(2) 行均所据本《广弘明集》卷二〇之“粦”字，行均所见新藏作“鳞”，“粦”与“鳞”属版本异文的关系。行均在《龙龛》一书中用“新藏

---

① 张涌泉：《汉语俗字丛考》，第938页。

作某”“旧藏作某”的方式罗列文献异文，并没有对前后字的字际关系进行沟通。今检高丽新藏本《广弘明集》卷二〇，未见“粼”字，“鳞”字3见。“鳞”字对应经文条目罗列如下：“金鳞铁面，贡碧砮之賝，航海梯山，奉白环之使。”（K33P0497a）“鳞羽被解罗之泽，黎元沐仁寿之慈。”（K33P0499c）“采彼玳鳞，拾兹翠羽，润珠随水，抵玉琨山。”（K33P0501a）《龙龛》“粼”字可能出自《广弘明集》卷二〇上列三条经文中的其中一条。

又，《经律异相》卷二五《慈力王刺血施五夜叉》：“我等自是无复饮食，饥渴顿乏，求活无路。大王慈悲，岂不矜愍？”（K29P1018c）“矜”，资福藏本、普宁藏本、径山藏本皆作“粼”，日本宫内省图书寮本作“憐”。此条可作为“粼”或用同“憐”的旁证。

8. 卷三《貝部》上声：“賅，新藏作皎，～然，在《广弘明集》第十二卷。”（350）

按：《汉语大字典》收“賅”字，据《龙龛》以“賅”为“皎”，可从。（3640a/3880a）行均据《广弘明集》卷一二收录“賅”字，且行均所见新藏作“皎”，今检高丽新藏本《广弘明集》卷一二，未见“賅”字，“皎”字2见。“皎”字的对应条目分别为：“因果之道，斯理皎然，闇识之徒，弗能悟矣。”（K33P0394b）“案经所明业果不谬，作善得福为恶受殃，斯理皎然，如何致惑？”（K33P0398a）《龙龛》“賅”字可能出自《广弘明集》卷一二上列两条经文中的其中一条。

9. 卷四《辵部》平声：“迷，旧藏作迷，又郭氏：俗，呼角反。在《广弘明集》第廿四卷中。”（489）

按：“迷”字，郑贤章已做考释。郑氏认为，“迷”本为“迷”之误，《龙龛手镜》又引郭氏音“呼角反”，来源不明，俟考。[①] 郑氏之说可从。行均据《广弘明集》卷二四收录“迷”字，且行均所见旧藏作“迷”，今检高丽新藏本《广弘明集》卷二四，未见“迷”字，“迷”字5见。“迷”字的对应条目分别为：“此乃迷於向方，不知厥路者也。”（K33P0545c）“扶力脩喭，迷猥不次。”（K33P0549b）“心居魔境，为魔所迷，意附邪途，受邪易性。”（K33P0553c）“迷人知返，去道不遥。”（K33P0554a）“法师非是无知，遂为愚者所迷。”（K33P0554a）《龙龛》“迷”字可能出自《广弘明集》卷二四上列五条经文中的其中一条。

“迷”字，《龙龛》引郭氏又音呼角反，郑氏以其来源不明，存疑俟考。今按，郭氏读“迷”为“呼角反”，则是以“迷”为“觳”字之俗。《类聚名义抄·辵部》：“迷

---

① 郑贤章：《〈郭迻经音〉研究》，第186页。

（迷）、𨗽（遨）、𨘥（邂），俗𣫍字，呼角反。”[①]《龙龛》卷四《辵部》入声：“遨、邂，二俗；𨘥，或作。呼角反。今作𣪊（𣫍），急速也。”（494）《龙龛》卷一《殳部》入声：“𣫍（𣫍），许角反，急束也。”（194）《玉篇・革部》：“𣫍，呼角切，急束也。”[②]根据以上字书材料，可知“迷”读“呼角反”，当为“𣫍”字之俗，《类聚名义抄》的这条材料是其切证。“𣫍”字，读“呼角反”训“急束也”，可知“𣫍”字当从革㱿声，俗书增加义符“辵”或作“𨘥”。《类聚名义抄》言“迷”“遨”“邂”皆为“𣫍”字之俗，此三者之过渡字形当即为“𨘥”字。其中，“迷”字声符为“朱”，“朱”读平声虞韵字，“殳”亦读平声虞韵字，二者表音功能相同。写“𨘥（𣫍）”为“迷”者，当是误以“𣫍”从“殳”得声（本当从“㱿”得声），而“殳”“朱”表音功能相同，遂替换声符“𣫍”为“朱”。

10. 卷四《糸部》去声：“𦃃（𦅻），《随函》云：误，合作僣，子念反。在《弘明集》第一卷。”（402）

按：“𦅻”字，张涌泉已做考释。张氏认为，《龙龛》此字作“𦃃”，《四声篇海》引《龙龛》同，《康熙字典》作“𦅻”。“𦃃”“𦅻”皆是“僣（僭）”的俗字。今本《弘明集》卷一《正诬论》：“石崇之为人，余所悉也，憍盈耽酒，放僭无度。”卷末所附音义云：“僭，子念反。”正有僭字。盖《弘明集》旧本“僭”字误作“𦃃”，故《随函》正其谬。[③] 张氏之说可从。大正藏本《代宗朝赠司空大辨正广智三藏和上表制集》卷一引《杜中丞请回封入翻译制一首》有“委新龙武军将军李元琮句当与三藏及兴善寺大德缙真”语（T52P0832a），大正藏校勘记云：“缙”，敦煌甲本、乙本皆作“潛”，敦煌丙本作“𦅻”。检大正藏，知经文所言为兴善寺的潛真和尚，则作“缙”“𦅻”者，皆当为“潛”字俗讹。俗书“潛”“僭”多相混乱，大正藏此条校记可以补充证明《龙龛》“𦃃（𦅻）”字当即“僭”之俗。

又，敦煌写本 S.6204《字宝》去声字：“𦅻缀，则暗反。”P.3906《字宝》、P.2717《字宝》同，P.2717《字宝》“则暗反”后又接“知卫反”。《字宝》此条，张涌泉已做考释。张氏将“𦅻”录作“𦃃”，认为“𦃃”当是“鐕”的俗字。[④] 张氏之说可从。综上可知，“𦃃”字至少一身兼二职，一同“僭”，一同“鐕”。

11. 卷四《頁部》上声：“𩑦（頊），误，新藏作宇，义合作㺄，音雨，孔子头也。在梁《弘明集》第一卷中。”（484）

---

① ［日］正宗郭夫：《类聚名义抄》，东京风间书房 1954 年，第 71 页。

② ［梁］顾野王撰，［宋］陈彭年等重修：《重修玉篇》，影印张氏泽存堂本，中国书店 1983 年，第 485 页。

③ 张涌泉：《汉语俗字丛考》，第 956 页。

④ 张涌泉：《敦煌经部文献合集》（第七册），中华书局 2008 年，第 3770 页。

按：《汉语大字典》收“頊”字。《汉语大字典》：“頊，‘頨’的讹字。《龙龛手鉴·頁部》：‘頊，误。新藏作，字义合作頨，孔子头也。在梁《弘明集》第一卷。’按：《弘明集》卷一引牟融《理惑篇》作‘仲尼反頨’。”（4363b/4650b）

今按，《汉语大字典》以《龙龛》“頊”字为“頨”之俗讹，可从；将《龙龛》“新藏作宇，义合作頨”录作“新藏作，字义合作頨”，不妥。检诸本《龙龛》，除高丽本作“新藏作宇”外，他本皆作“新藏作字”。今按，“字”当为“宇”之形误，“义”字当属下读，“义合作某”乃《龙龛》说字术语，指根据文意应当作某字。高丽新藏本《弘明集》卷一引牟融《理惑篇》作“仲尼反宇”（K33P0146b），“宇”，资福藏本、普宁藏本、径山藏本皆作“頨”。《可洪音义》卷二八《弘明集》卷一音义：“反頨，于主反。夫子首相也。”（K35P0641a）《论衡·骨相篇》：“皋陶马口，孔子反羽。”《论衡校释》：“孙（诒让）曰：‘羽’当作‘頨’。《牟子理惑论》：‘仲尼反頨。’《广韵》：‘頨，孔子头也。’本书《讲瑞篇》又作‘反宇’。《礼纬含文嘉》（据《古微书》）云：‘孔子反宇，是谓尼邱，德泽所兴，藏元通流。’《史记》作‘圩顶’。（黄）晖按：《刘子·命相篇》亦作‘反宇’。‘羽’‘宇’字通。刘歆《钟律书》曰：‘羽者，宇也，宇覆之也。’《路史·后纪十》注引《世本》云：‘圬顶反首。’《白虎通·姓名篇》：‘孔子首类鲁国尼丘山。’是‘反宇’谓孔子首如尼丘山。盖山形如反复宇之状也。《说文》‘頨’无‘羽’音，读若‘翩’。盖因孔子首如反羽，故有以‘羽’为声，而云孔子头也。孙云：‘字当作頨。’非是。‘羽’为“宇’之借字，字当作‘宇’。《荀子·非相篇》：‘仲尼之貌，面如蒙倛。’注云：‘其首蒙茸然，故曰蒙倛。’方以智曰：‘反宇，反唇也。’失之。”[①] 今按，“反頊”“反頨”“反宇”“反羽”同词异形，皆指孔子中央低四周高的头形。

（辛睿龙：河北大学文学院，071002，保定）

① 黄晖：《论衡校释》，中华书局1990年，第112页。

《玉篇》疑难字札考*

熊加全

摘　要：《玉篇》收录了大量形、音、义有问题以及字际关系不明的疑难字，这些疑难字大都被后世大型字书未加考辨地加以转录，由此给读者对其的解读与使用造成诸多不便。文章选取了其中的15个疑难字，利用相关的书证、例证材料，以形、音、义为线索，并结合汉字俗写变易规律，对其做出考释，以供探讨。

关键词：《玉篇》　疑难字　考释

《玉篇》为南朝梁顾野王所撰，是继《说文》《字林》之后的一部重要字书，也是中国辞书史上第一部以楷书为主体的历史性语文字典。由于卷帙浩繁，在《玉篇》成书不久，梁简文帝即命萧恺等人对其进行删改。至唐上元元年，孙强复为《玉篇》增字减注。孙强本《玉篇》流行于世，顾氏原本《玉篇》渐亡。至宋真宗大中祥符六年，陈彭年、丘雍等人又奉敕修订广益孙强本《玉篇》。广益本《玉篇》流行于世，孙强本《玉篇》亦亡。广益本《玉篇》亦称《大广益会玉篇》、宋本《玉篇》、今本《玉篇》、《玉篇》等。相较于原本《玉篇》，广益本《玉篇》增收了大量的疑难字，这些疑难字或是形、音、义有误，或是字际关系不明，而且往往也没有提供具体的文献用例，由此给这些字的考释工作带来很大困难。然而，我们以形、音、义为线索，结合汉字俗写变易规律，利用相关的书证、例证材料，也能对其中的一些疑难字做出考释。文章选取了广益本《玉篇》所收的15个疑难字试做考释。不当之处，敬请方家批评指正。文中各例先引《玉篇》，然后以“按”字揭出笔者考释。

* 本文是中国博士后科学基金面上资助项目“《字汇》整理与研究”（项目编号：2016M600629）与中国博士后科学基金特别资助项目“《字汇》《正字通》注音释义对比整理与研究”（项目编号：2017T100600）。

一、墡

《玉篇·土部》：“墡，时阐切。白垩名，白墡也。”（8下左[①]）

按：此字《玉篇》无例证，佛经有此字用例，提供如下：唐道世撰《法苑珠林》卷第七《六道篇》第四之三：“此地狱一一纵广万踰缮那，次上余有一千踰缮那，五百踰缮那是白墡，五百踰缮那是泥。”（T53，p0322c）唐道世撰《诸经要集》卷第十八《受报缘》第三：“此七地狱，一一纵广万踰缮那，次上余有一千踰缮那，五百踰缮那是白墡，五百踰缮那是泥。”（T54，p0166b）宋志盘撰《佛祖统纪》卷第三十二《世界名体志》第十五之二：“南洲下土泥五百由旬，白墡五百由旬。”（T49，p0316b）案：“墡”当即“善”之增旁俗字。玄应《音义》卷一四：“白墠，《字林》音善，即白土也，亦名垩。案：吴普《本草》云‘白垩一名白善’是也。”（56，p1036b[②]）慧琳《音义》卷五八《十诵律》第十六卷：“白墠，音善。即白土也，亦名垩，亦名白墠，律文作墡，非体也。”（58，p651b[③]）慧琳《音义》卷五九《四分律》第五十二卷：“白墠，《字林》音善。墠，土名也，即白土也，亦名垩。案：吴谱《本草》云：‘白垩，一名白墡。’是也。”（56，p1036b）慧琳《音义》卷五八“吴普”误作“吴谱”。慧琳《音义》卷六七《阿毘昙毘婆沙论》第七卷作：“白墡，字体作墠。《字林》：‘音善，土名也。’即白土也，亦名垩。案：吴普《本草》云：‘白垩，一名曰墠。’是也。”（58，p812a）此条亦见《太平御览》卷九八八引《本草经》曰：“白垩即白善土也，生邯郸。”吴普为三国魏人，曾从华佗学医，附见《三国志·魏书·华佗传》。玄应《音义》和《太平御览》引吴普《本草经》皆作“白善”，可见其字本当作“善”，作“墡”乃后起增旁字，作“墠”则又是假借字。《玉篇校释》“墡”字下注：“墡之言善也，泥土黑污，惟垩色白，土之善者也，故名白善土，字因增益偏旁为墡，墡垩同实异名。”（266～267[④]）此说亦其证也。

二、䟕

《玉篇·走部》：“**䟕**，初缁切，又七才切。走也。”（49上右）

---

① ［梁］顾野王：《大广益会玉篇》（简称《玉篇》），中华书局1987年。

② ［唐］释玄应：《一切经音义》（简称玄应《音义》），《中华大藏经》本，中华书局1993年。

③ ［唐］释慧琳：《一切经音义》（简称慧琳《音义》），《中华大藏经》本，中华书局1993年。

④ 胡吉宣：《玉篇校释》，上海古籍出版社1989年。

按：“⿺走差”当即“⿺走才”字之俗。《名义·走部》：“⿺走戈（⿺走才），千戈（才）反。疑之，起而去也。”（100 上[①]）敦煌本《王韵》平声皆韵楚皆反：“⿺走才，起去。”（《集存》364[②]）故宫本《王韵》同。“起去”即“疑之，起而去也”之省。五代本《切韵》平声皆韵楚皆反：“⿺走差，趑去。又作⿺走戈。”（《集存》748）“⿺走差”即“⿺走差”字之俗，“趑”当即“起”字俗写。正如“才”俗可写作“戈”，“⿺走戈”即“⿺走才”字之俗。故“⿺走差”“⿺走才”音义并同，“⿺走差”即“⿺走才”改换声符而形成的异体俗字，亦应训为“疑之，起而去也”。《玉篇》训“⿺走差”为“走也”，当为不识其为“⿺走才”字之俗而妄补。

三、榒

《玉篇·木部》：“榒，尼革切。木名。”（63 下右）

按：此字《说文》《名义》皆未收，《玉篇》收于部末，当即宋人据俗书所增。“榒”当即“搦”字之讹。《说文·手部》：“搦，按也。从手。弱声。”（255 下[③]）《玉篇·手部》：“搦，女卓、女革二切。正也；持也。”（30 上左）“榒”“搦”音同。又《大正藏》本慧琳《音义》卷四八《瑜伽师地论》第三卷：“榒触，又作⿰弱攵，同。女革、女卓二反。榒，执捉也。《说文》：‘榒，按也。’”（T54，p625c12）“榒”字，《中华大藏经》本皆作“搦”，是也。又《卍新纂续藏》本宋法应集、元普会续集《禅宗颂古联珠通集》卷第三十：“动弦别曲闻一知十，手榒手檯以胶投漆。庵内不见庵外，无孔铁锤不会。人生相识贵知音，水入水兮金愽金。”（X65，p0663b02）“手榒手檯以胶投漆”，《卍新纂续藏》本宋绍隆等编《圆悟佛果禅师语录》卷第十九《颂古下》、清集云堂编《宗鉴法林》卷六十三《越州干峰禅师》、清净符汇集《宗门拈古汇集》卷第三十一《越州干峰和尚》等皆作“手搦手擡以胶投漆”，此亦其证也。《〈可洪音义〉研究》“搦”字条“搦”俗亦作“榒”（612[④]），此亦为其证。故《玉篇》之“榒”当即“搦”字俗讹，“搦”讹作“榒”，后人不识，又改其训为“木名”，遂致二字相隔不通。《集韵》训“木名”，亦当为《玉篇》所误。

---

① ［日］空海：《篆隶万象名义》（简称《名义》），中华书局 1995 年。

② 周祖谟：《唐五代韵书集存》（简称《集存》），中华书局 1983 年。

③ ［汉］许慎：《说文解字》，中华书局 1963 年。

④ 韩小荆：《〈可洪音义〉研究》，巴蜀书社 2009 年。

四、蘻

《玉篇·艸部》："蘻，力质切。"（69 上右）

按：此字《说文》《名义》皆未收，《玉篇》收于《艸部》之末，且义阙，当为陈彭年等据俗书所增。《正字通·艸部》："蘻，讹字。"（945 上[①]）《正字通》谓"蘻"为讹字，是也。今案："蘻"当即"薸"字之讹。《说文·艸部》："薸，苕之黄华也。从艸，㶾声。一曰末也。"（22 上）《玉篇·艸部》："薸，芳烧切。黄花也。"（67 上左）"蘻""薸"形近，正如《〈可洪音义〉研究》"幖"俗作"㡯"（362），"標"俗作"檁"（362），"漂"俗作"潔"（623）等，"薸"俗书亦可写作"蘻"。《酉阳杂俎》前集卷之十六《广动植》之一："海间生屈龙，屈龙生容华，容华生蘻，蘻生藻，藻生浮草。"[②]《淮南子·墬形》作："海闾生屈龙，屈龙生容华，容华生薸，薸生萍藻，萍藻生浮草，凡浮生不根茇者生于萍藻。"高诱注："海闾，浮草之先也。薸，流也，无根水中草。"王念孙云："三'萍'字皆后人所加。（《埤仓》引此已误）'薸'一作'藻'，'萍'一作'苹'。《吕氏春秋·季春篇》注曰：'萍，水藻也。'（今本'藻'误作'藻'。）《尔雅·释草》注曰：'水中浮苹，江东谓之藻。'则薸即是萍，不得言薸生萍藻。且萍藻为二物，又不得言萍藻生浮草也。《酉阳杂俎》正作'薸生藻，藻生浮草'。"[③] 故上文《酉阳杂俎》"海间"之"间"即"闾"字之讹，"蘻"即"薸"字之讹，此即为《玉篇》之"蘻"即"薸"字俗讹之证也。"薸"讹作"蘻"，《玉篇》改其读为"力质切"，此即望形生音也。《广韵》入声质韵力质切："蘻，草名。"（382[④]）《广韵》补其训为"草名"，此即因陈彭年辈不识其为"薸"字之讹而妄补，皆不足据。

五、秥

《玉篇·禾部》："秥，女占切。禾也。"（74 下右）

按：《玉篇校释》"秥"字下注："《集韵·盐韵》同，疑为俗黏、粘字。"（2951）胡氏所言当是。《龙龛》卷一《禾部》："稴秥，二俗。女廉反。正作黏。"（142[⑤]）此是

① ［明］张自烈编，［清］廖文英补：《正字通》，中国工人出版社 1996 年。

② ［唐］段成式：《酉阳杂俎》，中华书局 1981 年，第 150 页。

③ 何宁：《淮南子集释》，中华书局 1998 年，第 374 页。

④ ［宋］陈彭年：《钜宋广韵》，上海古籍出版社 1983 年。

⑤ ［辽］释行均：《龙龛手镜》（简称《龙龛》），中华书局 1985 年。

其证也。东晋僧伽提婆与僧伽罗叉译《中阿含经》卷第一："复次，如王边城多积秥豆及大小豆，为内安隐，制外怨敌，是谓王城三食丰饶，易不难得。"慧琳《音义》卷五二《中阿含经》第一卷云："黏豆，女鞹反。豆名也。"（T52，p456b10）查《中华大藏经》本对应经文亦作"黏豆"，故"秥豆"同"黏豆"。此亦为"秥"即"黏"字之俗之又一切证也。《玉篇》训"秥"为"禾也"，当为望形生训。《字汇》又转训为"稬禾"，于文献无征，亦不足据。

六、穔

《玉篇·禾部》："穔，胡光切。野谷也。"（74下右）

按："穔"当即"穬"字之俗。《说文·禾部》："穬，芒粟也。从禾，廣声。"（144下）《可洪音义》卷十八："穔，古猛反。谷芒也。正作穬。"（60，p86b5[①]）《龙龛》卷一《禾部》："穔，俗；穬，正。古猛反。谷芒也；又稻不熟也。二。"（144）以上二书并其证也。宋景霄纂《四分律钞简正记》卷十一："十七种谷者。祇云：一稻；二赤稻；三小麦；四穔麦；五小豆；六胡豆；七大豆；八豌豆；九粟；十黍；十一麻子；十二姜芍；十三阇豆；十四博罗陀；十五莠子；十六指耶；十七俱陀婆。是名十七种。"（X43，p0310a）"穔麦"，宋元照撰《四分律行事钞资持记》（T40，p0310b）及宋惟显编《律宗新学名句》卷下《僧祇十七种谷》（X59，p695b）皆作"穬麦"。慧琳《音义》卷三三《佛说未成有经》一卷亦曰"穬麦，上虢猛反。《字统》云：'谷名有百种，归于五。稷属谓之穗谷，豆属谓之角谷，麦属谓之芒谷，麻属谓之树谷。'案：穬麦者，即芒谷也。《考声》云：'穬，谷之有芒者也。'《说文》从禾，廣声。正作穬也。经文从麦作麥黄，是大麦也。《考声》亦云：'大麦也。'诸书字并无此字也。"（58，p65b）故"穔麦"同"穬麦"，即指大麦，"穔"即"穬"字异体，此亦其证也。"穔"字，《玉篇》音"胡光切"，当为见其从黄而妄改；训"野谷也"，亦为陈彭年等不识而妄补，于文献无征，不足信。

七、粣

《玉篇·米部》："粣，亡原切。粣（此字当为字头误重，应删）粉泽。"（75下右）

按：《玉篇·米部》"粣"字上字曰："粈，山人切。粥凝也；又粉滓也。"（75下

---

① ［五代］释可洪：《新集藏经音义随函录》（简称《可洪音义》），《中华大藏经》本，中华书局1993年。

右）《玉篇校释》“**糒**”字下注：“‘粉泽’者，元刊本作‘涂粉泽也’，《广韵》《集韵》并云‘粥凝’，《集韵》：‘粈，粉泽也。’又《桓韵》：‘糗，糗糗，饭泽。’糗与**糒**同。糗之言漫冱然也，**糒**之言蔄胡然也。粉泽与粥凝厥状相似，故粥凝谓之粈，亦谓之**糒**。粉泽谓之**糒**，亦谓之粈。”（2991）胡氏所言非是。《名义·米部》：“粈，所臻反。粉滓。”下字曰：“**糒**，亡原反。粥凝。”（153 下）可见原本《玉篇》亦然。故宫本《王韵》平声臻韵所臻反：“粈，粉滓。”（《集存》449）又平声魂韵亡奸反：“**糒**，粥凝。亦蔄。”（《集存》451）《广韵》平声臻韵所臻切：“粈，粉滓。”（64）又魂韵莫奔切：“**糒**，粥凝。”（71）《名义》《切韵》《广韵》诸书，“粈”皆训“粉滓”，“**糒**”皆训“粥凝”，二字释义区别甚明。今本《玉篇》“粈”字训为“粥凝也”，又训为“粉滓也”，“粥凝”之训当为“**糒**”字之训误植于此。“**糒**”又训为“粉泽”，“泽”即“滓”字之误。《可洪音义》卷二三：“怿，羊益反。悦也；乐也；改也。正作怿。”（60，p265c2）“怿”即“怿”字之俗。《名义·土部》：“垩，吾靳反。淀𣳚也。”（8 下）“𣳚”即“滓”字之俗。“怿”字右旁所从之“睪”与“滓”字右旁所从之“宰”俗写形近，故“滓”亦可讹作“泽”。“**糒**”训“粉泽（滓）”，当又因“**糒**”字之训误植于“粈”字之下，进而又误植“粈”字之训于此。《集韵》平声臻韵**疏**臻切：“粈，粉滓也；粥凝也。或从先。”（128[①]）《集韵》“粈”字亦训为“粉滓也；粥凝也”，亦为《玉篇》所误也。胡吉宣据《玉篇》之谬而谓“**糒**”与“**糗**”同，又谓“粉泽与粥凝厥状相似，故粥凝谓之粈，亦谓之**糒**。粉泽谓之**糒**，亦谓之粈”，皆非是。《大字典》[②]《字海》[③]“粈”字下“粥凝”之训与“**糒**”字下“粉泽（滓）”之训皆因沿袭《玉篇》之谬而误为增设，皆应删。

八、弸

《玉篇·弓部》：“**弸**，必耕切。弓也。”（81 上右）

按：《龙龛》卷一《弓部》：“**弸**，或作；**弸**，正。必耕反。弓也。二。”（151）“**弸**”即“**弸**”字之俗，《龙龛》却以“**弸**”为“或作”，而以“**弸**”为“正”，非是。“**弸**”当即“弸”之异体字。《说文·弓部》：“弸，弓强皃。从弓，朋声。”（270 上）《玉篇·弓部》：“弸，悲矜切。弓强皃。又普耕切。”（80 下左）“**弸**”“弸”音同，正如“堋”同

---

① ［宋］丁度：《集韵》，上海古籍出版社 1985 年。

② 汉语大字典编辑委员会：《大字典（第二版）》（简称《大字典》），四川辞书出版社、崇文书局 2010 年，第 3349、3366 页。

③ 冷玉龙等：《中华字海》（简称《字海》），中华书局、中国友谊出版公司 1994 年，第 1291、1298 页。

“堋”，“繃”同“绷”，“傰”同“倗”，“锄”同“錋”，“蹦”同“掤”等，“弸”即“弸”字异体，义为弓强皃。《龙龛》《玉篇》训“弸”为“弓也”，当为后人不识“弸”即“弸”字异体而妄补。

九、钋

《玉篇·金部》：“钋，普剥切。金针。”（84下左）

按：《集韵》入声觉韵匹角切：“钋，金鉾。”（658）“鉾”即“矿”之异体字。唐颜元孙《干禄字书·上声》：“矿鉾，上通下正。”（37上）“金鉾”即指一种矿物质。《玉篇》此字无例证，佛经有此字用例，提供如下：《波斯教残经》（敦煌莫高窟藏本今归京师图书馆，佚籍丛残十五）：“将欲炼金，必先藉火。若不得火，炼即不成。其惠明使，喻若金师。其嚂嚁而云嚯，犹如金钋。其彼饥魔，即是猛火。炼五分身，令使清净。惠明大使，于善身中。使用饥火，为大利益。”（T54，p1282a）从上下文意来看，“金钋”当指未经冶炼的金属矿石，“金钋”当同“金朴”，“钋”当是“朴”的换旁俗字。佛经有“金朴”的用例，如隋灌顶撰《大般涅槃经疏》卷十二：“次譬云金朴者，玉未理者名璞，金未理者亦名朴，此有木边玉边之异。金未理者亦名矿，矿者异金名也。”（T38，p111a）故“金钋”同“金朴”，“钋”当即“朴”之换旁俗字。《玉篇》训“钋”为“金针”。“金针”之“针”当为“钋”字之误。

十、昳

《玉篇·日部》：“昳，附夫切。日也。”（95下左）

按：《玉篇校释》“昳”字下注：“疑由扶桑日出而从日作昳。”（3986）胡吉宣望文为说，其言非是。《大字典》《字海》此字皆无用例，佛经有此字用例，提供如下：《嘉兴藏》本清兴林等编《方融玺禅师语录》卷第三《十二时歌》：“时昳未，青天白日着鬼魅，十字街前占卦灵，说我今年多好睡，义不通，禅二会，开口便把人得罪，只因当面不容情，过后惹得人指背。”（J29，p0836c）又《嘉兴藏》本清罗机御编《调时居士证源录·十二时歌》：“日昳未，家无四壁少筭计，或搬柴，或运水，任意逍遥无拘系。”（J38，p0483c）古代以十二时辰来计时，十二时辰即指：子时、丑时、寅时、卯时、辰时、巳时、午时、未时、申时、酉时、戌时、亥时，又名夜半、鸡鸣、平旦、日出、食时、隅中、日中、日昳、晡时、日入、黄昏、人定。故上文中“时昳”“日昳”并指“未时”，即“日昳”也，上文之“昳”皆为“昳”之形误。“夫”“失”形近，俗写常可讹混，正如韩小荆《〈可洪音义〉研究》“趺”俗作“趺”，“趺”俗作“趺”，“鈇”俗作“鉄”，“扶”俗作“抶”等，《玉篇》之“昳”亦当为“昳”字之讹。《正字通·日部》：“昳，昳字之讹。旧注：音扶。日也。误。日无昳名。”（462上）《正字通》所言亦其证也。《玉篇》收录“昳”字，不识其为何字，见其从日而训为“日也”，此即望形生训；又见其从夫而音“附夫切”，此又为望形生音。

十一、暪

《玉篇·日部》：“暪，莫本切。暗。”（96上右）

按：“暪”疑即“瞒”字之俗。笺注本《切韵》（斯2071）平声寒韵武安反：“瞒，目不明。”（《集存》116）敦煌本《王韵》、故宫本《王韵》、《广韵》皆同。“瞒”，《集韵》又音“谟奔切”。“暪”“瞒”形音义俱近，“暪”当即“瞒”之形误。唐慧觉录《大方广佛华严经海印道场十重行愿常徧礼忏仪》卷第三十五《罪报忏悔》：“若先现在世时，杀生祭神，不信真正邪见自养谄诳暪昧故，堕饿鬼中，具受众苦，游历地狱，故言不在彼坟基也。”（X74，p0324c）“暪昧”即“瞒昧”之讹，佛经中常见，例不赘举。宋祖琇撰《僧宝正续传》卷第二《宝峰准禅师》：“僧云：‘和尚莫暪人好。’”（X79，p0561a）《大正藏》本《云门匡真禅师广录》《明觉禅师语录》《佛果圆悟禅师碧岩录》《续传灯录》等皆作“和尚莫瞒人好”，故上文之“暪”亦“瞒”字之讹，义为欺骗。又清超永编《五灯全书》卷第三十四：“师曰：‘明眼人难暪。’”（X82，p0006b）《大正藏》本《杨岐方会和尚后录》《明觉禅师语录》《续传灯录》等皆作“明眼人难瞒”，故上文之“暪”亦“瞒”字之讹，义亦为欺骗。清性深等编《莲峰禅师语录》卷之五：“庭前柏树子，千古落人间。易会西来意，难通赵老关。急似箭峻如，山拶着通身。都是眼依然，白日被他暪。”（J38，p0351b）从上下文意来看，此“暪”亦为“瞒”字之俗，义亦为欺骗。以上诸文皆为“暪”即“瞒”字俗讹之证也。又《集韵》上声混韵母本切：“瞒，暗（暗）也。”此“瞒”即为《集韵》转录《玉篇》“暪”字而来，又录作“瞒”，此亦“瞒”可误作“暪”字之证也。故“暪”即“瞒”字之讹。

十二、㬰

《玉篇·日部》：“㬰，奴侯切；又日朱切。日色。”（96上右）

按：邓福禄、韩小荆《字典考正》“燸”字条谓“燸”字为“煖（暖）”字之俗[①]，“曘”当同“燸”，亦为“煖（暖）”字异体。《玉篇》此字无例证，佛经有此字用例，提供如下：隋慧远撰《温室经义记》：“和曘名温，荫障名室。”（T39，p0512c）从上下文意来看，此“和曘”即同“和暖”。唐玄一集《无量寿经记》：“若依称赞净土经者，言调和冷曘自然随意者，其冷燸量不伤性故曰和。欲名冷冷应，欲曘曘应，故言随意。”（X22，p0065c）从上下文意来看，“冷曘”“冷燸”同，并同“冷暖”，“欲曘曘应”当同“欲暖暖应”。慧琳《音义》卷六六《阿毗达磨发智论》卷第一：“煗身，上奴管反。《广雅》云：‘煗，温也。’《尔雅》：‘燠也。’《说文》作暖，从火爰声。或作㬉，今通作暖，《论》作燸，音而朱反，非也。”（58，p783b）故“暖”“煗”“㬉”“燸”并为异体字。《〈可洪音义〉研究》“煗”俗作“晲”“曘”等（610），“曘”与“煗（暖）”字俗体“晲”“曘”形近义同，“曘”亦当为“煗（暖）”字之俗。《正字通·日部》：“曘，俗㬉字。（旧）注音殊。日光。误。”（472下）《正字通》所言亦其证也。《可洪音义》卷五：“曘，奴短反。正作㬉。”（59，p711a4）“曘”同“曘”“㬉”“暖（燸）”，《玉篇》音“奴侯切”当为“奴短切”之误。又音“日朱切”，正同慧琳《音义》谓音“而朱反”非，此为后人不识其为“暖（燸）”字异体而见其从需所妄改也，亦非。《玉篇》训“曘”为“日色”，亦当为后人不明其为“暖（燸）”字之俗而妄补，亦不足据。

十三、𡾊

《玉篇·山部》：“𡾊，力鱼切。山名。”（103上左）

按：《玉篇》此字亦无例证，佛经有此字用例，提供如下：大英博物馆藏敦煌本《慧远外传》：“我忆昔在𡾊山之日，初讲此经题目便敢得。”（T85，p1315c）下文曰：“道安答曰：‘从𡾊山远大师处得来。’”（T85，p1318c）下文又曰：“皇帝，臣僧于大内蒙陛下供养数年，今拟却归𡾊山，伏乞陛下进旨。”下文又曰：“望𡾊山而路远，睹江河以逍遥。”（T85，p1319c）下文又曰：“须臾之问（间）便生（至）𡾊山，远公亦也不归。”（T85，p1319c）又大英博物馆藏敦煌本《进旨》亦云：“望𡾊山而路远，睹江河以逍遥。是日远公能涉长路而行，遂即密现神通。远公既出，长安足下云生如壮士展臂须臾之间便至𡾊山，远公亦也不归。”（T85，p1324b）《大正藏》作“𡾊山”者仅以上数例，而作“廬山”者众多，“𡾊山”当即“廬山”，“𡾊”当即“廬”字之俗。《玉

① 邓福禄、韩小荆：《字典考正》，湖北人民出版社2007年，第246—247页。

篇校释》“**爈**”字下注：“‘山名’者，《广韵》引同，据上元本文也，应即廬山字。”（4205）胡氏所言亦其证也。故“**爈**”即“**廬**”之换旁俗字。

十四、騴

《玉篇·馬部》：“**騴**，于鵷切。**騴**骊，骏马。”（108下右）

按：“**騴**骊”当即“盗骊”之讹，“**騴**”当因“盗”讹为“温”而又涉义改换义符所形成的俗讹字。《尔雅·释畜》：“小领盗骊。”郭璞注：“《穆天子传》曰：‘天子之骏，盗骊、绿耳。’又曰：‘右服盗骊。’盗骊，千里马。”（160①）郝懿行义疏曰：“小领，细颈也。盗骊，《史记·秦本纪》作‘温骊’，索隐云：‘温，音盗。’徐广本亦作盗。刘氏音义云：‘盗骊，盗，窃也。窃，浅青色。’邹诞生本‘盗’作‘駣’，音陶。按：《广雅》作‘駣騱’、《玉篇》作‘桃騱’，皆‘盗骊’之异文。《穆天子传》：‘天子之俊，赤骥、盗骊、白义、踰轮、山子、渠黄、华骝、绿耳。’又云：‘次车之乘，右服渠黄而左踰轮，右骖盗骊而作山子。’皆郭注所引也。”（4546）《广雅·释兽》：“駣騱。”王念孙疏证云：“《史记·秦本纪》：‘造父得骥温骊。’徐广云：‘温一作盗。’索隐云：‘邹诞生本駣，音陶。’则盗骊即此駣騱也。《尔雅》云：‘小领盗骊。’《穆天子传》：‘天子之骏盗骊。’郭璞注云：‘为马细颈。’骊，黑也。《玉篇》作‘桃騱’，《御览》引《广雅》亦作‘桃’，《集韵》云：‘駣騱，兽名。似马。’”（390上②）以上诸说并其证也。《玉篇·馬部》：“骊，力支切。盗骊，千里马也。”（107下左）《新撰字镜·马部》：“骊，力支反，平。骏马也；纯黑也。”（250③）“骏马”“千里马”义同，故“温骊”“駣騱（騂）”“桃騱”“駣**驝**”俱本作“盗骊”，“温骊”之“温”即“盗”字俗讹，“**騱**”“**騂**”“**驝**”等并即“骊”字之俗，而“**騴**骊”之“**騴**”即因“盗骊”俗讹作“温骊”后而又涉义改换义符所形成的俗讹字。《玉篇校释》“**騴**”字下注：“《切韵》平声魂韵于浑反义同，案：騴骊本为盗骊。盗形误为温，而复变易马旁，此伪字也。《史记·秦本纪》：‘造父得骥温骊。’徐广音义：‘温，一作盗。’司马贞：温音盗，邹诞生本作‘駣’，《广雅·释兽》作‘駣騱’，本书又作‘桃騱’，‘駣’‘桃’并为‘盗’之声误。”（4474）此说亦其证也。故“**騴**骊”即“盗骊”之讹。

---

① 周祖谟：《尔雅校笺》，云南人民出版社2004年。

② ［清］王念孙：《广雅疏证》，中华书局2004年。

③ ［日］昌住：《新撰字镜》，《佛藏辑要》第三十三册，巴蜀书社1993年。

十五、**賂**

《玉篇·貝部》：“**賂**，力振切。贪也；难也。或作遴。”（120下左）

按：《新撰字镜·貝部》：“**賂**，力振反。遴字。难也；贪也。”（578）《说文·辵部》：“遴，行难也。”（41上）《广雅·释诂二》：“遴，贪也。”王念孙疏证云：“遴者，《方言》：‘荆、汝、江、湘之郊，凡贪而不施或谓之悋。悋，恨也。’《说文》：‘吝，恨惜也。’遴、吝、悋并通。”（44上）“遴”本义指“行难也”，其训“贪也”，即因与“吝”音同而假借作“吝”字所致的假借义。“**賂**”训“难也”，亦因与“遴”音同而假借作“遴”字所致的假借义。“**賂**”训“贪也”，即“吝”之增旁俗字。《玉篇·口部》：“吝，力进切。《论语》云：‘改过弗吝。’吝，惜也。”（25下左）《书·仲虺之诰》：“用人惟己，改过不吝。”孔传：“有过则改，无所吝惜。”《后汉书·黄宪传》：“时月之间，不见黄生，则鄙吝之萌复存于心。”李贤注：“吝，贪也。”“**賂**”“吝”音义并同，“**賂**”当即“吝”因涉义增加义符而形成的异体字。

以上通过举例的方式对《玉篇》所收的15个疑难俗字进行了考辨，然而，《玉篇》中还贮存大量的疑难俗字，有待于我们对其进行系统的考辨与研究。通过这些研究，可以使我们认识到加强对《玉篇》疑难俗字进行系统的整理与研究具有重要的意义：不但有利于《玉篇》文本的校理，而且有利于提高后代语文辞书的编纂质量与利用价值。

（熊加全：湖南科技学院人文与社会科学学院，425199，永州）

《字汇》疑难字考证*

吴 萍

摘 要：《字汇》在中国字典史上起到了承上启下的重要作用，共收 33179 字，其中包括少量音义不全、字形存疑的疑难字，这些字或未见于旧辞书而直接取自于古代文赋，或沿袭旧辞书却无确切音义。《字汇》在注释这些字时采用了“音义未详”“义阙”“疑×字之讹”等方式。本文参考《汉语大字典》注音释义及前人考证材料，针对部分有疑问的疑难字进行了音义考证。

关键词：《字汇》 疑难字 音义未详 义阙 形讹

《字汇》“字宗《正韵》，已得其概。而增以《说文》，参以《韵会》”①，在中国字典史上起到了承上启下的重要作用。它“以数多寡，其法自一画至十七画，列二百十有四部，统三万三千一百七十九（33179）字”②，确立了笔画排字法，将部首和部内汉字全部按照笔画多少的顺序进行排列，便于读者检索，为后世字典所效仿。《字汇》所收汉字多数来自《正韵》，少数来自《篇海》与《集韵》，其注音释义“多系承袭前代辞书之旧，缺乏自己的按断，旧辞书有疏漏者，亦多相沿而不能发正”③。另外，《字汇》中还收录了少量的疑难字，这些字或未见于旧辞书而直接取自于古代文赋，或沿袭旧辞书却无确切音义。《字汇》在注释这些字时采用了“音义未详”“义阙”“疑×字之讹”等方式。本文参考《汉语大字典》注音释义及前人考证材料，针对部分仍有疑

---

* 本文受国家社科基金重大招标项目“历代汉文佛典文字汇编、考释及研究”（16ZDA171）、湖南省教育厅科学研究项目“《汉语大字典》称引《字汇》疑难字研究”（16C1682）资助。

① ［明］梅膺祚：《字汇》“凡例”，上海辞书出版社 1991 年，第 5 页。

② ［明］梅膺祚：《字汇》“序”，第 2 页。

③ 张涌泉：《论梅膺祚的〈字汇〉》，《中国语文》1999 年第 6 期，第 473 页。

问的疑难字进行了音义考证。

一、“音义未详”字

《字汇》注释“音义未详”者共10字：圚、𡻕、𣚍、樈、𣛮、𣹢、菝、𦊐、𤟽、𪇰。（笔者认同《汉语大字典》音义的字不另作考证，下同。）

1. 𣚍

《字汇·木部》（222）：“𣚍，见扬子云《蜀都赋》。音义未详。”①

《汉语大字典·木部》（1374）：“𣚍，《正字通》读若柯。竹枝相磨戛。《正字通·木部》‘本赋（扬雄《蜀都赋》）洪溶忿苇，纷扬搔𣚍’。言竹枝相磨戛也。一说树枝交连曰𣚍。按：《全汉文·扬雄〈蜀都赋〉》为‘洪溶忿苇，纷扬搔翕’。”②

按：“𣚍”盖为误收讹字。

查阅古代文献，“𣚍”字见于《四库全书·〈扬子云集〉·〈蜀都赋〉》：“其竹则钟龙筡堇，野筱纷𡻕。宗生族攒，俊茂丰美。洪溶忿苇，纷扬搔𣚍，与风披，夹江缘山，寻卒而起。”③《四部丛刊·〈古文苑〉·〈蜀都赋〉》：“纷扬搔𣚍，舆风披。”④（“舆”为“与（與）”之形讹）《蜀都赋》全文多为四字格，“与风披”一句明显与上下句式不符。

《康熙字典·木部》：“𣚍，……按，赋杪本赋：‘洪溶忿苇，纷扬搔合。柯与风披，夹江缘山，寻卒而起。’合字属上句，柯字属下句，𣚍字似误。”⑤ 四字成句，合乎格式。《古文苑》（墨海金壶本）、《古文苑》（龙溪精舍丛书）和《职方典》三个版本的《蜀都赋》并为“合柯”，是为旁证。

笔者认为，“𣚍”字盖为“合、柯”二字之形讹。“纷扬搔合”一句中“扬”与“合”相对，“柯与风披”与“寻卒而起”相对，描写了竹林的张合、起伏之貌，于义甚通。

查清严可均《全汉文》（清光绪刻本）、《四库全书·古文苑》本《蜀都赋》：“洪溶忿苇，纷扬搔翕，与风披拖，夹江缘山，寻卒而起。”⑥ 进一步讹“𣚍”为“翕”，并衍

---

① ［清］梅膺祚：《字汇》，第222页。下文所引《字汇》版本相同，“（）”内标注页码。

② 汉语大字典编辑委员会：《汉语大字典》（第二版），崇文书局2010年，第1374页。下文所引《汉语大字典》版本相同，“（）”内标注页码。

③ ［汉］扬雄：《扬子云集》卷5，四库全书本，第16页。

④ ［宋］章樵：《古文苑》卷4，四部丛刊本，第9页。

⑤ ［清］张玉书等：《康熙字典》增订版，社会科学文献出版社2015年，第691页。

⑥ ［清］严可均：《全汉文》卷51，清光绪刻本，第2页；章樵：《古文苑》卷4，四库全书本，第9页。

一“拖”字，组成四字句式，有以讹传讹之嫌。

《汉语大字典》沿袭《正字通》说法，将“合、柯”讹读为“龠”，并依字形注音、据上下文释义，失。

二、“义阙”字

《字汇》注释“义阙”者共4字：亠、臮、頄、頞。

2. 頄

《字汇·頁部》(538)：“頄，王仲宣《羽猎赋》‘溃颈破頄’。注：‘音遏，义阙。’”

《汉语大字典·頁部》(4655)：“頄，《吴下方言考》音光。耳后骨。三国魏王粲《羽猎赋》‘溃颈破頄’。清胡文英《吴下方言考》：‘頄，耳后骨也。吴中掌人耳曰耳頄。’”

按：《龙龛手镜·光部》：“䫜，支甚反。”[①]《四声篇海》同此。郑贤章老师据其音义考证：䫜乃煩字之讹。[②] 郑老师考证有理，《广韵·寝韵》章荏切：“煩，头骨后。”[③]“煩”读音与“支甚切”相通，其义放在“溃颈破頄”中亦可通。然《龙龛》中字形“䫜”与“頄”稍有不符，注音亦与《字汇》引证不符。郑老师也指出：“《龙龛》音‘支甚切’，与音‘guāng’的‘頄’不同。”因此，“頄”字来源可再考证。

笔者认为，“光”音辞书无考，用“耳后骨”义解释“溃颈破頄”亦不免牵强，《汉语大字典》的注释盖不可信。《吴下方言考》中的“頄”很可能是方言字，即为方言词（“光”音、“耳后骨”义）所造（或借形）之形声字。

查历代文献，“頄”字仅见于东汉王粲《羽猎赋》。宋章樵《古文苑·羽猎赋》（龙溪精舍丛书）：“溃颈破頄（《粲集》作頄，音遏）。”前为“頄”，后又称“《粲集》作頄”，不合理，当有传抄讹误。《古文苑·羽猎赋》（墨海金壶本）：“溃颈破頄（《粲集》作頞，音遏）。”

可知，“頄”字盖为“頞”之形讹。清桂馥《说文解字义证》：“頞，鼻茎也，从页安声。乌割切。……王粲《羽猎赋》‘溃颈破頞’，頞音遏，当即此頞。”[④] 可为旁证。

《字汇》中“《注》音遏”当为引章樵注。然“頞”字读音与“遏”相去甚远，依桂氏说法，“頞”为“頞”之形讹（《汉语大字典·頁部》“頞、頞”异体是其比），

① ［辽］释行均：《龙龛手镜》卷1，文渊阁四库本，第99页。

② 郑贤章：《龙龛手镜研究》，湖南师范大学出版社2004年，第209页。

③ ［宋］陈彭年等：《宋本广韵》，江苏教育出版社2005年，第94页。

④ ［清］桂馥：《说文解字义证》卷27，清道光连筠簃丛书本，第4页。

“頞”义放在“溃颈破頫”中理解无碍。

由此推知，“頫”字来源很有可能是字形的两次传抄讹误：頞—類—頫。“類”字草写“”“”① 分别与“頞”“頫”近似。

三、“疑×字之讹”“疑即×字”“疑音×”类

《字汇》注释为此类“疑××”者共 24 字：⿸疒乖、⿷匚豆、昰、⿰山果、⿱山紆、㲉、⿰犭瞿、豎（豎）、肔、⿰犬夫、繁、⿰糹聶、苐、虩、衜、衡、襧、覷、彖、都、頫、颩、磬、⿰龍它。

3. ⿱山紆

《字汇·山部》（129）：“⿱山紆，枚叔《梁王菟园赋》：‘崟岩⿱山紆嵸。’注：‘⿱山紆疑是巃字。’”

《汉语大字典·山部》（816）：“⿱山紆，音义未详。《古文苑·枚乘〈梁王菟园赋〉》‘崟岩⿱山紆嵸巍𡾯焉’，章樵注‘⿱山紆疑是巃字，巃嵸巍𡾯，皆山之险怪状’。”

按：章樵注不可信。“⿱山紆”“巃”二字形体相差甚远又无共同声符，并无形讹或通用基础。

明何景明《何大复先生集》：“客曰：‘天皇之庭，广莫之墟，有山焉。其山卑五岳小三嵕。巄巄嵸嵸，⿱山紆⿱山紆𡾋𡾋。’”② “巄”“⿱山紆”同时出现在上下句，当为两字。同时，若“⿱山紆”同“巄”，则“⿱山紆⿱山紆𡾋𡾋”四字一音，亦不合理。

笔者认为，“⿱山紆”很可能是“紆（纡）”的繁化增旁字。

《说文·糸部》：“纡，诎也。从糸于声。一曰萦也。”③《龙龛手镜·糸部》：“紆纡，意俱反。萦纡也。曲也。劳也。”④ 可见，“紆（纡）”有曲折、萦回义。

常见“纡纡”连用例，义与“纡”同。如：明孙瑴《古微书·礼含文嘉》：“金形则锌锌然、廉廉然、脱脱然、监监然、严严然，水形则延延然、颊颊然、纡纡然、絜絜然、安安然。虽不能通其详，其大指可知矣。”⑤ 明彭孙贻《茗斋集·武陵旌》：“武陵山青巀嶪，武陵之水何纡纡，丹泥而朱提，黄金错盘螭。”⑥

在众多文献中还有“盘紆（纡）”与“盘⿱山紆”的用例。如：

---

① 李志贤等：《草书大字典》，上海书画出版社 1994 年，第 1354 页。

② ［明］何景明：《何大复先生集》卷 3，四库全书本，第 10 页。

③ ［汉］许慎：《说文解字》，中华书局 1999 年，第 272 页。

④ ［辽］释行均：《龙龛手镜》卷 4，第 16 页。

⑤ ［明］孙瑴：《古微书》卷 17，四库全书本，第 6 页。

⑥ ［清］彭孙贻：《茗斋集》卷 2，四部丛刊本，第 23 页。

张衡《南都赋》："坂坻巀嶭而成巘，溪壑错缪而盘纡。"①（《正字通·山部》"巘"字条引作"盘紆"）宋玉《高唐赋》："水澹澹而盘纡兮，洪波淫淫之溶滴。"② 司马相如《子虚赋》："其山则盘纡茀郁，隆崇嵂崒。"③ 嵇康《琴赋》："且其山川形势，则盘纡隐深，磪嵬岑嵓。"④ 前两例用"盘紆（纡）"形容"溪壑"与"水"，后两例则是形容山势。

《职方典·杨廷宣〈连云栈赋〉》："夫山本其奥也，石备其崇也，水出其蒙也。盘嵺突兀，岑崟嵂崒，澒洞深涯，蓊蔚茀郁。"⑤ 这是"嵺"的另一用例，组成"盘嵺"一词形容山势，与上举《子虚赋》《琴赋》"盘紆（纡）"用例语境相似，词义相同。明周复俊《全蜀艺文志·赋》存异文"盘纡突兀"⑥，是为确证。

由此推断，"嵺"乃"紆（纡）"之繁化增旁字，特指山势萦纡。

4. 眲

《字汇·目部》(311)："眲，延知切。音移。膏泽也。〇按：此字疑即貤字之讹。"

《汉语大字典·目部》(2643)："眲，《字汇》延知切。膏泽。《字汇·目部》：'眲，膏泽也。'一说疑为'貤'的讹字。《字汇·目部》：'眲，按：此字疑即貤字之讹。'"

按：《汉语大字典》音义本《字汇》。

《古文苑·枚乘〈菟园赋〉》："若乃夫采桑之妇人兮，袿裼错紆，连袖方路，摩眲长髮，便娟数顾。"章樵注："眲音移，膏泽也。长音杖，髮即发字，谓加髢为高髻也。"⑦ 清吴玉搢《山阳志·遗文卷四·菟园赋》（楚州丛书）同上。盖为《字汇》所本。

《枚乘〈梁王菟园赋〉校议》："袿裼错纡。袿，即长襦，妇人之上衣。袿裼言打开上衣，露出内衣，言劳动体热。此并下句'连袖方路'，并言采桑妇女之多。"⑧ 笔者认为，后句"摩眲长髮"中"眲"若为"貤字之讹"，于形相近，却于义不通，《集韵·支韵》余支切："貤，移也。"⑨ 其义若释为"膏泽"，则有抚摸发油，使其平整之义，于义勉强通顺，但无源可寻。

---

① ［明］张溥：《汉魏六朝百三家集》卷 14，四库全书本，第 2 页。
② ［梁］萧统：《文选》卷 19，四库全书本，第 3 页。
③ ［梁］萧统：《文选》卷 7，第 22 页。
④ ［梁］萧统：《文选》卷 18，第 18 页。
⑤ ［清］陈梦雷：《古今图书集成·职方典》卷 600，《保宁府部》109 册，中华书局影印本，第 8 页。
⑥ ［明］周复俊：《全蜀艺文志》卷 2，四库全书本，第 31 页。
⑦ ［宋］章樵：《古文苑》卷 3，四库全书本，第 7 页。
⑧ 赵逵夫：《枚乘〈梁王菟园赋〉校议》，《文史》2004 年第 4 辑。
⑨ ［宋］丁度：《集韵》卷 1，述古堂影宋钞本，第 18 页。

《全汉赋·菟园赋》："摩眦长髲。"注："《文选》谢灵运《会吟行》李善注引作'若采桑之女，连袖方路，摩陀长髻，便娟数顾。'黄校谓：'髲'为'发'之讹。"①

笔者认为，"眦"字很可能为"陀"字之形讹。上述《会吟行》李善注引文可为佐证。

《龙龛手镜·阜部》："陀，丈尔反，毁落也。"②《玉篇·阜部》："阤，除尔切。小崩也，毁也，落也。"③《说文解字系传》："阤，小崩也。……池倚反。"可知，"陀""阤"音义皆同，"陀"即"阤"字，有"毁落"义无误。

因此，"摩眦长髲"盖为"摩陀长髮"，"眦、陀（阤）"形近致讹。推其义，为抚落长发以显美貌之义，与文意相谐。

"眦"字于今文佛经中亦有一处用例，为"地"之形讹字：

"不许作四浊释。旧云：四浊障除如四达，更除一浊如露眦。"（宋有严笺《法华文句记笺难》卷3，X29，P0536c）④

"'四衢道中'者，旧云：四浊障除如四达路，更得一浊除，如露地坐。"（隋智顗说《妙法莲华经文句》卷5，T34，P0069c；元普瑞集《华严悬谈会玄记》卷18，X08，P0228a）

"眦""地"异文，盖为形近致讹。

5. 緐

《字汇·糸部》（362）："緐，蒲禾切。音婆。姓也。《史·魏相传》：'司直緐君。'〇按，此字疑繁字之讹。"

《汉语大字典·糸部》（3673）："緐，繁的讹字。《正字通·糸部》：'緐，繁字之讹。'"

按：笔者认为，"緐"确为"繁"之讹字。二字形近易讹，"司直緐君"之"緐"在古代文献中多为"繁"，现举证如下：

《广韵·戈韵》薄波切："繁，姓也。《左传》殷人七族有繁氏。汉有御史大夫繁延寿。"⑤

《史记·张丞相列传》："而丞相司直繁君奏京兆尹赵君迫胁丞相诬以夫人贼杀婢，

---

① 费振刚等：《全汉赋》，北京大学出版社1997年，第29页。

② ［辽］释行均：《龙龛手镜》卷2，第77页。

③ ［梁］顾野王撰，［宋］陈彭年等重修：《宋本玉篇》卷22，影泽存堂本，第20页。

④ 文中佛经用例皆参考CBETA汉文大藏经电子佛典集成。T表示《大正新修大藏经》卷数，X表示《卍新纂大日本续藏经选录》卷数，P表示页数，a、b、c分别表示上、中、下栏。

⑤ ［宋］陈彭年等：《宋本广韵》，江苏教育出版社2005年，第46页。

发吏卒围捕丞相舍，不道。”索隐：“繁，姓也，音婆。”①

《日知录·汉书注》：“《史记·张丞相世家》：‘丞相司直繁君。’索隐曰：‘繁音婆。’《文选》‘繁休伯’，吕向音步何反。则繁之音婆相传久矣。”②

另有多例可证“繁”“繁”互为异文，如：

明方以智《通雅·地舆》（光绪重刻本）：“崞县，崞音郭，今属太原之代州。《九域志》有崞山。《地理志》名山无崞山而有五台山。《道经》以为紫府。《内经》以为清凉山也。今代州仍有五台县，汉之虑虒也，与繁峙接界。”③ 文渊阁四库本作：“与繁峙接界。”④

地名“繁峙”“繁峙”互为异文。今有繁峙县，位于山西省东北部，隶属山西省忻州市。始建于春秋时期，历史悠久，繁峙从隋朝开皇十八年（598年）得名。⑤

宋朱熹《诗经集传·周颂》（中华书局影印本）：“燕及皇天，克昌厥后。绥我眉寿，介以繁祉。既右烈考，亦右文母。”⑥ 宋吕祖谦《吕氏家塾读诗记·臣工之什》（四部丛刊本）：“介以繁祉。”⑦《毛诗·臣工之什诂训传》（四部丛刊本）：“介以繁祉〔燕，安也。笺云：繁，多也。文王之德，安及皇天，谓降瑞应无变异也。又能昌大其子孙，安助之以寿考与多福禄。〕”⑧

诗句中“繁祉”“繁祉”互为异文，为多福禄之义。可见，“繁”为“繁”之讹字无误。

6. 纁

《字汇·糸部》（364）：“纁，邹长倩《遗公孙贤良书》：‘五丝为纁，倍纁为升。倍升为緎，倍緎为纪，倍纪为緵，倍緵为襚。’此自少之多，自微至著也。音无考，疑音聂也。”

《汉语大字典·糸部》（3701）：“纁，《六书故》尼辄切。”

按：《汉语大字典》引证有误，《六书故》反切应为“尼摄切”。

《六书故·工事》：“纁，尼摄切。丝接岐也。《西京杂记》曰：‘五丝为纁，倍纁为

① ［南朝宋］裴骃等：《史记三家注》卷96，同文书局石印本，第36页。

② ［明］顾炎武：《日知录》卷27，康熙锦江书院刻本，第30页。

③ ［明］方以智：《通雅》卷16，光绪重刻本，第4页。

④ ［明］方以智：《通雅》卷16，第7页。

⑤ 繁峙县人民政府网：http://www.fanshi.gov.cn/zjfs/fsgk/lishiyange/。

⑥ ［宋］朱熹：《诗经集传》卷19，中华书局影印本，第230页。

⑦ ［宋］吕祖谦：《吕氏家塾读诗记》卷29，四部丛刊本，第9页。

⑧ ［汉］毛苌传、郑玄笺：《毛诗诂训传》卷19，第10页。

升。’”①《西京杂记》：“五丝为𦅾。”注引《六书故》：“𦅾，尼摄切。”② 是为确证。后代注音皆从《六书故》，如：明《通雅》：“𦅾，尼摄切。丝接岐也。”③ 宋陆佃《增修埤雅广要·蚕》：“五丝为𦅾〔音聂〕。”④

“摄”“辄”同属中古“葉”韵，“尼摄切”与“尼辄切”读音相同，注音可换用。但若论出于《六书故》，则必须改为“尼摄切”。

7. 鄐

《字汇·邑部》(497)：“鄐，慈夜切。音藉。亭名，在臭丘。〇《集成》他计切。音替。〇按，此字疑‘郜’字之讹。”

《汉语大字典·邑部》(4046)：“鄐，同䣜。《集韵·合韵》：‘鄐，亭名，在贝丘。’按：当从‘朁’作‘䣜’。《广韵·合韵》：‘䣜，徂合切。亭名，在贝丘。’”

按：“慈夜切”为“鄐”字本读音。《唐韵残卷·叶韵》慈夜反：“鄐，亭名，在贝丘。现《埤苍》，加。”⑤《广韵·祃韵》慈夜切：“鄐，亭名，在贝丘。”⑥ “他计切”为后起俗读音，盖依字形而读。《新修玉篇·邑部》：“鄐，慈夜切，亭名，在贝丘。省本从昔。〇《韵》又他计切，亭名。”⑦

“鄐”“郜”音义皆异，本为两字。《刊谬补缺切韵·昔韵》祥石反：“郜，乡名，在临卭。”⑧《唐韵残卷·昔韵》祥亦反：“郜，乡名，在临卭。”⑨《广韵·昔韵》祥易切：“郜，乡名。”⑩《左传·庄公八年》：“冬十二月，齐侯游于姑棼、贝丘。”杜预注：“姑棼、贝丘，皆齐地。乐安博昌县南有地名贝丘。”⑪ 可见，“郜”“鄐”分别在今天的四川和山东境内，两者意义有别。

后来有形近混用的情况，借“郜”表“鄐”，“鄐”字另起俗读音“他计切”（读声旁“替”），与原义相配。《类篇·邑部》：“郜，慈夜切。亭名，在贝丘。又祥亦切。乡名，在临卭。”“鄐，他计切。亭名。”⑫

---

① ［元］戴侗：《六书故》卷30，四库全书本，第30页。

② ［汉］刘歆：《西京杂记》卷下，关中丛书本，第9页。

③ ［明］方以智：《通雅》卷37，第7页。

④ ［宋］陆佃：《增修埤雅广要》卷22，明万历刻本，第1页。

⑤ ［唐］孙愐：《唐韵残卷》，蒋斧印本，第15页。

⑥ ［宋］陈彭年等：《宋本广韵》，第123页。

⑦ ［金］邢准：《新修絫音引证群籍玉篇》卷2，金刻本，第24页。

⑧ ［唐］王仁昫：《刊谬补缺切韵一》，敦煌本P.2011，第124页。

⑨ ［唐］孙愐：《唐韵残卷》，第36页。

⑩ ［宋］陈彭年等：《宋本广韵》，第153页。

⑪ 李梦生：《春秋左传集解》，凤凰出版社2010年，第76页。

⑫ ［宋］司马光等：《类篇》卷18，四库全书本，第21页。

《字汇》“鄁”字同收两读而未做说明，不妥。且误将“贝丘”抄为“臭丘”，失。

查检前期辞书，亦未见有“鄁”字注释为“郶”之音义的情况，因此《字汇》中“此字疑‘郶’字之讹”的说法并不合理。

同时，《汉语大字典》的按语“当从晋作鄑”也无充足证据。《广韵》《集韵》《新修玉篇》中“鄁”“鄑”并存，释义同为“亭名”，而字形与字音匹配关系多样。《广韵·祃韵》慈夜切“鄁”，覃韵昨含切“鄑”，合韵徂合切“鄑”。《集韵·合韵》（述古堂影宋钞本）昨合切“鄁”，霁韵他计切“鄑”，覃韵祖含切“鄑”、徂含切“鄑”。《集韵》（潭州宋刻本）四种音切全与字形“鄑”相配。《新修玉篇·邑部》慈夜切、他计切“鄁”，又才含切、作合切、他计切“鄑”。

“鄁”“鄑”二字形近相混，但是从早期辞书的注释中并不能明确分出“鄁”“鄑”二字孰正孰讹。笔者认为可权且将二字音义分别收录，并指出形近致讹的可能性，而孰为本字本音暂不可下断语，但可以肯定的是“鄁（鄑）”“郶”音义并异，不可相混。

8. 頫

《字汇·頁部》（538）：“頫，扬子云《蜀都赋》‘如平阳，頫臣沼。’注：‘頫疑是俯字，与俯同。一本作频字。’”

《汉语大字典·頁部》（4655）：頫，“（一）同《字汇》。（二）《龙龛手鉴》音规。规则；法规。《龙龛手鉴·頁部》：‘頫，在《百缘经》。’北齐郑述祖《天柱山铭》：‘礼义以成頫矩，仁智用为枢机。’按，‘頫矩’即‘规矩’”。

按：“頫”字未见于《说文》《广韵》，盖为后起讹俗字，并有以下两种讹用情况：

（1）“頫”为“频（頻）”之形讹。

在宋章樵《古文苑》、明郑朴编《扬子云集》、明周复俊《全蜀艺文志》等版本的《蜀都赋》中都是“如平阳，頫巨沼”，非“臣沼”。“平阳”“巨沼”相对，“如”“頫”相对。章樵注：“如，往也。平阳尤平野。頫疑是俯字，与俯同。一本作频字。”

笔者认为，“頫”即“频”之讹。“频”同“濒”，有濒临之义。《说文·频部》：“瀕（濒），水厓。人所宾附，频蹙不前而止。从页从涉。凡频之属皆从频。”① 可见，“濒”“频”皆为“瀕”之隶定。与“俯”相比，“濒”义与上下文更相符。《蜀都赋》：“若其游怠鱼弋，郄公之徒相与如平阳，頫巨沼。罗车百乘，期会投宿。观者方堤，行船竞逐。”② 上有“鱼弋”，下有“行船竞逐”，这些活动都必须“濒巨沼”才能达成。清陈

① ［汉］许慎：《说文解字》，第239页。
② ［汉］扬雄：《扬子云集》卷5，第18页。

元龙辑《御定历代赋汇·蜀都赋》:“如平阳，频巨沼。”① 是为旁证。张衡《南都赋》:“祓于阳濒。”李善注引扬雄《蜀都赋》:“相与如平阳濒。”② 虽引文不全，但也不失为字形为“濒”之旁证。

在下例中，“頩”亦即“频”之讹，但取义不同。《广韵·真韵》符真切:“频，数也，急也，比也。”③

《清远县志·艺文·立志说》:“君子立身天地间，固当负荷天地之事。直上与古之圣贤为徒，而士之卑卑者有所不屑。直以天下国家为吾分内而頩頩，于尺寸之功者有所不为。”④ 文中“頩頩”为“频频”，有频繁（为之）之义。

(2)“頩”为“规（規）”之形讹。这点《汉语大字典》已做考证。

笔者认为，从“规”到“頩”，大概还经历了“𩑒”这一中间过程，通过两步讹变而成。

《碑别字·支韵》:“䂓𩑒，规也。一，汉《景君碑》。二，齐《天柱山铭》。”⑤（《全北齐文·天柱山铭》:“礼义以成頩矩。”⑥）

河南《夏邑县志·田赋》:“评曰：田赋之制，三代尚矣。暴秦者兴尽地利而废古法，卒之富者䂓田百千，而贫者居无立锥。”⑦《经籍籑诂》:“规，规画而有之。《国语·周语》‘规方千里以为甸服’注。”⑧ 查韦昭注:“规，规画而有之也。”⑨ 此义与“䂓田百千”合。

“頩”既为“规”“频”之讹，则不宜另列音义。

9. 鼟

《字汇·鼓部》(587):“鼟，疑鬔字之讹。”

《汉语大字典·鼓部》(5080):“鼟，《集韵》蒲孟切，去映并。磞鼟，石声。《集韵·映韵》:‘鼟，磞鼟，石声。’”

按:《集韵》同收“鼟”“鬔”二字，读音相近，皆与“磞”组合成拟声词“磞×”，释义模式并为“磞×，石声”。但各版本《集韵》存在组词用字差异。现以南宋初明州

---

① [清] 陈元龙:《御定历代赋汇》卷 32，四库全书本，第 16 页。

② [梁] 萧统:《文选》卷 4，第 9 页。

③ [宋] 陈彭年等:《宋本广韵》，第 29 页。

④ [清] 李文烜:《清远县志》卷 13，清光绪刻本，第 21 页。

⑤ 罗振鋆:《碑别字》卷 1，食旧堂丛书版，第 6 页。

⑥ [清] 严可均:《全北齐文》卷 7，清光绪刻本，第 2 页。

⑦ [明] 郑相:《夏邑县志》卷 3，天一阁藏明嘉靖刻本，第 3 页。

⑧ [清] 阮元:《经籍籑诂》卷 4，琅嬛仙馆原刻本，第 16 页。

⑨ [三国吴] 韦昭注解:《国语》卷 2，国学基本丛书本，第 18 页。

刻本、述古堂影宋抄本、文渊阁藏本三个版本为例，并按此先后顺序比较如下（暂不论“磈”之字形差异）：映韵蒲孟切“⿱鼓石”，磈⿱彭石、磈⿱彭石、磈⿱鼓石（字头为“⿱鼔石”）；映韵普孟切“⿱彭石”：磈⿱彭石、磈⿱彭石、磈⿱嗀石（字头为“⿱鼓石”）；证韵皮孕切“磈”：磈⿱彭石、磈⿱鼓石、磈⿱彭石。

可见，在“磈×”一词中，“⿱彭石”“⿱鼓石”字形互现，二字音近义同、字形接近，应有正讹之分。结合字形考虑，“⿱彭石”中声符“彭”与字音相谐，盖为正字，“⿱鼓石”与其他二字“⿱嗀石”“⿱鼔石”皆为“⿱彭石”之形讹。《汉语大字典》未辨正讹，“⿱彭石”“⿱鼓石”分别注音释义，失。《字汇》注释“疑⿰壴毛字之讹”中的“⿰壴毛”亦为“⿱彭石”之形讹，亦失。

当然，除了这些用“音义未详”“义阙”“疑×字之讹”等方式明确标明的疑难字之外，《字汇》还存在大量沿袭前期辞书之旧、以讹传讹的疑难俗字，需要进一步做形、音、义三方面的辨识、考证。

（吴萍：中南林业科技大学政法学院，410004，长沙）

《通用规范汉字表》疑难字考辨*

杨清臣

摘　要：《通用规范汉字表》是最新、最权威的规范汉字的依据。本文结合《通用规范汉字字典》和《〈通用规范汉字表〉解读》，对其中的三级字表所收的6个疑难字进行考释，并指出三级字表中的部分汉字属疑难字，在没有厘清字际关系前，不适合作为人名用字继续使用。

关键词：通用规范汉字表　疑难字　人名用字

《通用规范汉字表》是贯彻《中华人民共和国国家通用语言文字法》，适应新形势下社会各领域汉字应用需要的重要汉字规范，是最新、最权威的规范汉字的依据。字表共收字8105个，分为三级：一级字表收字3500个，二级字表收字3000个，三级字表收字1605个。[①] 字表颁布以后，商务印书馆出版了受教育部语言文字信息管理司策划并委托编写的《通用规范汉字字典》（以下简称《字典》）和《〈通用规范汉字表〉解读》。结合两书，笔者对字表进行研究，发现三级字表收录了一些疑难字。所谓疑难字，是指音、义不详或形音义可疑的字。疑难字可分为疑字和难字，难字是指音未详、义未详或音义未详的字；疑字是指音义虽全，但形音义可疑，也就是形音义之间或字形与字用之间有矛盾的字。[②] 字表所收字在《通用规范汉字字典》中音义俱详，但它的形音义之间存在矛盾，属于疑字的范畴。

---

* 本文是河北省社会科学基金项目“《尔雅》名物词用字的历时考察与研究”（HB14YY037）阶段性成果。

① 教育部、国家语言文字工作委员会：《通用规范汉字表》，语文出版社2013年，第7页。

② 杨宝忠：《疑难字考释与研究》，中华书局2005年，第633页。

一、瑖

瑖 duàn 三级 13 画 〈文〉像玉的石头。见于人名。（《字典》82）①

按："瑖"字始见于《广韵》，泽存堂本《广韵》去声《换韵》丁贯切："瑖，石之似玉。"《集韵·换韵》都玩切："瑖，石之似玉者。""瑖"字从玉、段声，训似玉之石，形音义相合，似乎没有可疑之处。检宋元以后的字书，《四声篇海》卷三《玉部》引《馀文》："瑖，丁贯切，石之似玉也。"《新修玉篇》卷一《玉部》引作："⿰王取，丁贯切，石之似玉。"《四声篇海》《新修玉篇》同出王太《类玉篇海》，同引一书似乎不可能出现所引字形不同的情况。两书引《馀文》字多出《广韵》《集韵》，若《广韵》有所收之字，《馀文》注音、释义悉取自《广韵》。《四声篇海》引《馀文》字形、反切、释义与泽存堂本《广韵》同，日本龙谷大学藏大宋递修本《广韵》字作"⿰王取"，与《新修玉篇》引《馀文》同。可见《四声篇海》《新修玉篇》所见《馀文》或《广韵》版本不同。再去查阅《广韵》版本，钜宋本、俄藏黑水城文献本《广韵》并作"⿰玉取"，与上述两本又有不同。再检索《广韵》之前的韵书，故宫本《王韵》去声《翰韵》同位置作："⿰玉取，石似玉。"敦煌本《王韵》字作"⿰玉取"②，中间部分即似"耳"字，又似"目"字，与《广韵》作"目"字稍别。《说文》《玉篇》无⿰王取、⿰玉取、⿰玉取字，以音义考之，此字实为"⿱臤玉"字之变，《说文·玉部》："⿱臤玉，石之似玉者，从玉、臤声。"《万象名义·玉部》："⿱臤王，都瓘反，似玉。"《万象名义》"都瓘反"与"丁贯切""都玩切"同音。《说文》作"⿱臤玉"，《万象名义》少一点作"⿱臤王"，故宫本和敦煌本《王韵》以及或本《广韵》易旁作"⿰玉取"，俗书耳、目相近，故"⿰玉取"或书作"⿰玉取"，"⿰玉取"字在传抄中脱去一点即成"⿰王取"字，大宋递修《广韵》即如此作。"⿰王取"字从玉、取声，声旁与音切不谐，人或不知其演变过程，径改从段得声，泽存堂本《广韵》《集韵》是也。又，俗书叚、段相乱，"瑖"又或为"瑕"字异写，四部丛刊影明径山寺本《法苑珠林》"瑕疵"字作"瑖疵"。

二、虷

虷 gān 三级 9 画 〈文〉冒犯；触犯。另见 hán（130 页）。（《字典》106）

① 王宁：《通用规范汉字字典》，商务印书馆，2013 年。

② 故宫本《王韵》、敦煌本《王韵》均出自周祖谟《唐五代韵书集存》，中华书局 1983 年。

按：《字典》：“虷，hán 三级 9 画 【虷蟹】〈文〉孑孓，蚊子的幼虫。另见 gān（106 页）。”“虷”训“孑孓”，本于《庄子》。《庄子·秋水》：“还虷、蟹与科斗，莫吾能若也。”陆德明释文：“虷，音寒，井中赤虫也。一名蜎。”《广雅·释虫》：“孑孓，蜎也。”《字典》以“虷蟹”为词，似有不当。虷字从虫，训为虫名，形义相谐，然训“干犯”，则与字形不合。《汉书·鲍宣传》：“乃二月丙戌，白虹虷日，连阴不雨，此天有忧结未解，民有怨望未塞者也。”颜师古注：“虷，音干。”《集韵》平声《寒韵》：“虷，犯也。”以义考之，此字即“干”的分化字。《说文·干部》：“干，犯也。”《资治通鉴》卷三十五：“乃二月丙戌，白虹干日，连阴不雨，此天下忧结未解，民有怨望未塞者也。”正作“干”字。“干”受虹字类化加虫旁。“白虹干日”即“白虹贯日”，指白色长虹穿日而过，是一种罕见的日晕天象。古人认为人间有非常之事发生，就会出现这种天象变化。《战国策·魏策四》：“夫专诸之刺王僚也，彗星袭月；聂政之刺韩傀也，白虹贯日。”《史记·鲁仲连邹阳列传》：“昔者荆轲慕燕丹之义，白虹贯日，太子畏之。”

三、鍷

鍷 jì 三级 11 画 〈文〉金圭。见于人名。（《字典》154）

按：广益本《玉篇·金部》：“鍷，决倪切，金圭也。”此《字典》所本。日本宫内厅藏宋元递修本《玉篇》：“鍷，决倪切。”《新修玉篇》、泰和本《篇海》引《玉篇》与宋本同。元刻本《玉篇》：“鍷，决倪切，金也。”此字居《玉篇》部末，《说文》《万象名义》、切韵系韵书没有收录此字。孙强、陈彭年辈始收“鍷”字时只录字形和读音，无释义。元刻本《玉篇》始增义训，因“鍷”字从金旁，故训释为金。清人见其从金、从圭，又改训为金圭，金圭之训殆望形生训，不足为据。这个字是个疑难字，至于它是何字之变尚待考证，《通用规范汉字表》没必要收录。

四、睒

睒 shǎn 三级 12 画 〈文〉晶莹的样子。见于人名。（《字典》324）

按：《新华字典》（第十一版）：“shǎn❶闪电。❷晶莹的样子。”[①] 比《字典》多出一个义项。《康熙字典·日部》：“睒，《篇海》失冉切，音闪，睒电也。又弋照切，音

① 中国社会科学院语言研究所：《新华字典》（第十一版），商务印书馆 2011 年，第 439 页。

曜，义同。”此《新华字典》第一义项所本。《四声篇海》卷十五《日部》引《龙龛》：“睒，弋照、失冉二切。”《龙龛·日部》：“睒，失冉反。”并无释义。《新修玉篇》卷二十《日部》引《龙龛》：“睒，失冉切，正作睒。”依《新修玉篇》，“睒”其实是“睒”字之变，俗书日、目相混，故“睒”变作“睒”。慧琳《一切经音义》卷五十四：“睒电，上摄冉反，电光也。《仓颉篇》云：睒，暂见也。《说文》：暂视也。从目，炎声。”是训“闪电”之“睒”实为“睒”字之讹。

《正字通·日部》：“睒，失冉切，音闪，《太玄经》：明复睒。韩愈诗：太白睒睒。又矆睒，今谓电光。○《正韵·琰韵》存‘睒’阙‘睒’，‘睒’注晶荧貌。《广韵》：暂见。引韩诗作睒睒。溷睒、睒为一，不知晶荧宜入睒，注视貌、暂见宜入睒。注睒与覢通，非睒与睒通也。”《正字通》认为：睒训“晶荧貌”，睒训“注视貌、暂见”，两字不同；《洪武正韵》把两义并入睒字中，不收睒字，其实是错误的。《洪武正韵·琰韵》：“睒，晶荧貌。《广韵》：暂见。韩愈诗：太白睒睒。《吴都赋》：忘其所以睒睗。”今本《太玄经》、韩愈诗并从目作，是也。睒睒，谓光闪烁晶荧貌，古书经见：北周卫元嵩《元包经·孟阴》：“睛睒睒，步趸趸。”唐段成式《酉阳杂俎·雷》：“忽暴风雨，有物坠如玃，两目睒睒。”元吴师道《德兴开化道中》诗之二：“宿云逗疏雨，睒睒吐晨旭。”康有为《大同书》丙部：“惟黑种之人，铁面银牙，目光睒睒。”是训“晶荧”之“睒”也是“睒”的讹字，《洪武正韵》的说法是正确的。

五、䡵

䡵 suì 三级 16画 〈文〉车饰。见于人名。（《字典》352）

按：《康熙字典·车部》：“䡵，《广韵》《集韵》并徐醉切，音遂。《广韵》：輰䡵，车也。又《玉篇》：车饰。”《字典》的训释大盖本于《康熙字典》引《玉篇》。广益本《玉篇·車部》：“輰，余章切，輰䡵，车；䡵，似醉切。”《万象名义·車部》：“輰，余章反，车；䡵，辞醉反，上文。”字书无“”字，当是“䡵”字之讹，《万象名义》“輰”字释义当为“［輰］䡵，车”，“䡵”字下所谓“上文”即与上字释义相同的意思。《新修玉篇》《四声篇海》引《玉篇》并作：“䡵，似醉切，輰䡵，车也。”与《万象名义》《玉篇》同。“輰䡵”一词出《广雅》，《广雅·释器》：“輰䡵，车也。”王念孙疏证：“輰䡵，通作阳遂。”《晋书·舆服志》：“阳遂车，驾牛，盖本于魏制也。”《晋书·舆服志》：“阳遂四望繐窗皁轮小形车，驾牛。”《太平御览》卷七百七十三：“孤李降给云母阳遂车一乘，犊车二十乘，鹿车五十乘。”并“輰䡵”本作“阳遂”之证。元刻本《玉篇》：“輰，余章切，輰䡵，车；䡵，似醉切，车饰也。”此《康熙字典》所本。元刊本《玉篇》

本于宋本，但它与广益本《玉篇》《万象名义》《新修玉篇》不同，不足为信，所谓“车饰”是虚假字义。《通用规范汉字表》收“韆”不收“輰”，也欠妥当。

六、昡

昡 xuàn 三级 9画 〈文〉日光。见于人名。(《字典》415)

按：《楚辞·离骚》：“世幽昧以昡曜兮，孰云察余之善恶。”王逸注：“昡曜，惑乱貌。”洪兴祖补注：“昡，日光也。”此盖《字典》释义所本。《文选·屈平〈离骚经〉》：“时幽昧以眩曜兮，孰云察余之美恶。”《文选》引《离骚》“昡”从目作，引王逸注：“眩曜，惑乱貌。屈原答灵氛曰当时之君皆暗昧惑乱，不知善恶。谁当察我之善情而用己乎？是难去之意。”依照文意，王注是正确的。其实“昡”就是“眩”的讹字，俗书目、日相近，又“眩”字受“曜”字影响类化，所以“眩”讹作“昡”。“眩曜”有惑乱、迷惑义，古书常见：《文选·何晏〈景福殿赋〉》：“虽离朱之至精，犹眩曜而不能昭晰也。”《资治通鉴·隋炀帝大业七年》：“备设天下珍膳，盛陈女乐，罗绮丝竹，眩曜耳目。”字又或作“炫耀”“炫曜”，汉王符《潜夫论·潜叹》：“及欢爱、苟媚、佞说、巧辩之惑君也，犹炫耀君目，变夺君心。”三国魏曹植《车渠碗赋》：“虽离朱之聪目，内炫曜而失精。”洪氏不知“昡”即“眩”之讹，见其从日，因训“日光”，望文生训。

三级字表收字1605个，主要收录姓氏人名、地名、科学技术术语和中小学语文教材文言文用字中未进入一、二级字表的较通用的字，它可以满足信息化时代与大众生活密切相关的专门领域的用字需要。① 上述6个三级字属于疑难字，没有必要收录。值得指出的是，这6个字除了“虷”字外，其余5字全部可以作为人名用字。人名用字多取自有吉祥含义的汉字，以此寄托长辈对子女的希望。在取名时，人们往往会舍弃常用字，而去翻阅字典找一些生僻字，只要字典中出现某个汉字，而它的训释又具有褒义，人们就会拿来用作人名。殊不知大型字书中储存了很多疑难字，而这些疑难字亟待后人整理。字书整理的滞后性导致一些疑难字成为人名用字。《通用规范汉字表》之所以收录上述5字，大概也是因为它们常常用作人名用字存在于社会交际中。但反过来，如果这个汉字字义本身就存在问题，那么这个字也就失去了人名用字的意义，不能再作为规范汉字使用了。

(杨清臣：河北大学传世字书与出土文字研究中心，071000，保定)

---

① 教育部、国家语言文字工作委员会：《通用规范汉字表》，语文出版社2013年，第7页。

徐铉的《说文》学

刘青松

摘　要： 徐铉校订的《说文解字》即“大徐本”在《说文解字》的流传过程中具有里程碑式的意义。徐铉的校勘是理校加本校，但其理校的“理”不是普通的事理，而是由《说文》生发的一套科学的文字系统论，这个系统论对后世《说文》学的形成起到了承前启后的作用。但当“大徐本”成书后，这一理论却被隐藏在了背后，人们对“大徐本”版本的重视远远大于对其文字理论的关注。本文分析徐铉的校语，从中抽绎出他的文字学理论，并加以评析，试图在文字学史上给他一个全面公正的评价。

关键词： 徐铉　《说文》　文字理论　系统

《说文解字》(以下简称《说文》) 自汉代成书以后，随着时代的发展，逐渐被臆改、增损，导致失真，宋雍熙三年（986 年），有感于“历代传写，讹谬实多，六书之踪无所取法”①，诏令徐铉等校订《说文》。徐铉校订的《说文》后世称为“大徐本”(以别于其弟徐锴的《说文解字系传》，即“小徐本”)。1963 年中华书局影印《说文》出版时，其前言总结徐铉的工作主要有五个方面：第一，改易《说文》十五卷为三十卷；第二，增加标目于卷首；第三，将孙愐《唐韵》反切注于《说文》每字之下；第四，增加注释，注明正俗之讹变，补释许注义未备者；第五，增加新附字。② 这个总结全面描述了徐铉的校勘工作，但对徐铉的文字学思想并未予以深入探究。20 世纪 60 年代周祖谟先生作《徐锴的说文学》一文③，此后学界对“小徐本”语言理论方面的研究渐多，但长期以来，对“大徐本”的关注，主要是文本本身以及它的个别失误，对其

① 宋雍熙三年诏，见《说文解字》，中华书局 1963 年，第 322 页。

② 见《说文解字》“前言”，第 2—3 页。

③ 周祖谟：《问学集》，中华书局 1966 年。

理论建树鲜有论及者，这不能不说是文字学史上的一个缺憾。我们认为，“大徐本”在《说文》的流传过程中具有里程碑式的意义，这个意义不仅在于徐铉给后世提供了一个完整的《说文》版本，更重要的是徐铉的校勘体现出了一种以《说文》为基础的传世文字学的理论。这个理论无论在深度还是广度上，都超出了“小徐本”的影响；无论在古代还是现代，在指导字书的编纂和文字规范方面都具有重大的意义。在文字学史上，徐铉承前启后的地位不应当被忽略。

一、徐铉的校勘工作

徐铉的校勘工作体现在三个方面。首先，搜集众本进行他校，即“今以集书正副本及群臣家藏者，备加详考”①。其次，利用他书征引进行校订，如《竹部》据孙愐《唐韵》引补“笑”字。再次，吸收前人的见解，即“阳冰之后，诸儒笺述，有可取者亦从附益”②，所以前人无论徐锴、李阳冰的观点，都可以看作徐铉的观点，至少是为他所接受的观点。徐铉的校勘体例有二：第一，《说文》说解中出现的字，小篆字头中都应该出现，否则不是说解为后人窜乱就是小篆字头失收；第二，某字见于小篆字头，该字所从的偏旁也应该见于小篆字头，否则不是该字衍文就是小篆字头失收。从校勘体例中可以看到徐铉的一个重要的标准就是“以许证许”，乍看这似乎是校勘学上的“本校”，但他的校勘不是机械地前后对照，而是以《说文》生发出来的以文字系统论为指导的校勘。从这个角度说，又是一种“理校”，但这个“理”不是事理，而是指导文字规范的理论。从这个意义上说，徐铉的校勘丰富了“理校”的内涵。

（一）订正《说文》字头或重文

1. 根据偏旁多有此字而认为《说文》必有此字。

有些字常常在《说文》中作某字的偏旁，但今本《说文》正篆字头没有这个字，因此徐铉断定，《说文》中应该收录了此字。如：

（1）《金部》：“鐂，杀也。”徐锴曰：“《说文》无劉字，偏旁有之，此字又史传所不见，疑此即劉字也，从金从丣，刀字屈曲传写误作田。”

《说文》无“劉”字，但“劉”字作为一个声符偏旁出现在《竹部》“藰”字、《水部》“瀏”字中，因此推断《说文》正篆必有“劉”字，不然“藰”“瀏”诸字无从得声。徐铉认为“劉”字应该是《金部》的“鐂”字，因为“劉”字的“刀”旁讹误作

---

① ［宋］徐铉：《上校订说文表》，见《说文解字》，第 321 页。

② ［宋］徐铉：《上校订说文表》，见《说文解字》，第 321 页。

“田”字而误作“鐂”。段玉裁云：“以许订许，此必作劉。若无劉字，劉声无本矣。……二徐固皆不误。”①

（2）《鬼部》徐铉补“魋”字，原因是《言部》“讙”从言魋声，如果《说文》无“魋”，则“讙”字无以得声。段玉裁接受了这个正篆，只是将它从《鬼部》移到了《隹部》而已。

（3）《糸部》“綥”，徐铉为补重文“綦”，“綦，綥或从其”。

徐铉为“綥”补重文“綦”是为了《说文》中其他部首从“綦”得声的字服务的，如《玉部》“璂”字、《艸部》“藄”字，二者均从“綦”得声，无“綦”则二字之声无着落。段玉裁云：“考《玉部》有璂，《艸部》有藄，则当依大徐补也。”②

2. 根据《说文》正文说解中有此字认为《说文》正篆中必有此字。

某字形为今本《说文》正篆字头所无，但此字常常在《说文》的说解中出现，此字必然应当得到解释，不然这样的字书是不完善的，因此徐铉断定《说文》必当有此字。如：

（1）为《人部》正篆增“借”字，证据有二：第一，《说文·叙》云：“六曰假借。”第二，《又部》：“叚，借也。”因此徐铉为《说文》补“借”字。段玉裁云：“大徐依注义、序例、偏旁所有而补正文者十九字，‘借’其一也。《序》曰：‘六书，六曰假借。’《又部》‘叚’下曰‘借也’，此处当有‘借’篆可知矣。”③

（2）为《心部》正篆增“志”字，其依据是《说文·心部》：“意，志也。”说解中出现了“志”字。④

（3）为《言部》正篆增“诏”字，理由是《说文叙》中引《仓颉篇》“幼子承诏”语中有“诏”字。

以此为据，徐铉根据《说文》说解、序例、偏旁等增加了 19 个小篆字头：诏、志、件、借、魋、綦、剔、𩨊、醆、趄、顩、玝、𦨣、槸、致、笑、迓、睆、峰。此 19 字“《说文》阙载，注义及序例、偏旁有之”⑤，这 19 字不见于《说文》正篆字头，徐铉认为是“漏落”，应予补足。

《说文》的说解中或有未见于正篆的后起俗字，徐铉一概认为正篆所当有，难免求之过深。例如，段玉裁根据《文选》注引《独断》“诏，犹告也，三代无其文，秦汉有

① ［清］段玉裁：《说文解字注》，上海古籍出版社 1988 年，第 714 页。
② ［清］段玉裁：《说文解字注》，第 651 页。
③ ［清］段玉裁：《说文解字注》，第 374 页。
④ 段玉裁云：“大徐以‘意’下曰‘志也’，补此为十九文之一。”（《说文解字注》，第 502 页）
⑤ ［宋］徐铉：《上校订说文表》，见《说文解字》，第 322 页。

也”，认为：“据此可证秦已前无‘诏’字，至《仓颉篇》乃有‘幼子承诏’之语，故许书不录‘诏’字。铉补之，非也。”①《说文》收录的多是秦代及以前的文字，徐铉把文字当成一个平面来看，没有顾及文字的发展，所以会出现这样的失误。但具体问题上的失误，并不是徐铉文字理论的不足。徐铉的理论是一个操作层面的理论，因为不是每一个汉字都能找到具体源头，他将文字体系看成是一个封闭自足的系统，在这个理想的系统中，字与字应该得到互证。在进行文字规范时，面对成千上万的汉字，这种操作未尝不是一种理想的选择。

（二）为《说文》说解矛盾处寻找依据

在《说文》所收的大量形声字中，有些形声字的声符不见于《说文》正篆，故而没有音和义，因此得不到解释，从之得声的字也就无从释读，这于《说文》的体例大不相合，徐铉除了认为《说文》漏收这个声符字外，另一个办法是看作某字的省文。

1. 形声字声符为《说文》正文所无，徐铉认为某字之省，且将形声字看作会意字。例如：

（1）《禾部》：“稀，……从禾，希声。”徐铉注：“徐锴曰：‘当云从爻，从巾，无声字，爻者，稀疏之义，与爽同意，巾象禾之根茎，至于莃、晞，皆当从稀省，何以知之？《说文》无希字故也。’”

《说文》以“稀”字为形声字，从禾，希声，但《说文》无“希”字，所以也就没有为“稀”注音的依据。徐铉认为，“稀”字是会意字，当从爻，从巾，爻为稀疏之义，巾象禾之根茎。《说文》中存在一系列从“希”得声的字如莃、晞等，解决了“稀”字的问题，其他字就可以“稀”省声的方式解决了。②

（2）《水部》：“染，从水，杂声。”注引徐锴曰：“《说文》无‘杂’字，裴光远云：‘从木，木者所以染，栀茜之属也，从九，九者染之数也。’未知其审。”

《说文》以“染”为形声字，从“杂”声，但《说文》中无“杂”字，所以也就没有为“染”注音的依据。徐铉引裴光远说，认为当从“水”从“九”从“木”，是个会意字。这样就解决了“染”的声符没有着落的问题。段玉裁云：“裴说近是，礼，一入为縓，再入为赪，三入为纁，朱则四入，五入为緅，玄则六入，七入为缁。字从九者，数之所究。言移易本质必深入之也。”③ 因此，段玉裁同意徐铉的观点，认为“此当云

---

① ［清］段玉裁：《说文解字注》，第 92 页。

② 段玉裁进一步认为，《说文》当有“希”字，“许书无希字，而希声字多有，……不得云无希字，许时夺之，今不得其说解耳。”（《说文解字注》，第 321 页）

③ ［清］段玉裁：《说文解字注》，第 565 页。

从水、木，从九”①。

（3）《阜部》：“隓，败城阜曰隓，从阜𡏟声。”臣铉等曰：“《说文》无‘𡏟’字，盖二左也，众力左之，故从二左。”

《说文》以“隓”字为形声字，从阜，𡏟声，但《说文》无“𡏟”字，所以也就没有为“隓”注音的依据。徐铉认为，“隓”字是会意字，从阜，从二“左”，乃“众力左之”之意。这样解决了《说文》无“𡏟”字的问题。

2. 形声字声符为《说文》正文所无，徐铉认为某字之省，仍将其看作形声字。例如：

（1）《齿部》：“齹……从齿，佐声。”臣铉等曰：“《说文》无佐字，此字当从𨑳，传写之误。”

《说文》以“齹”字从“佐”声，然《说文》无“佐”字，“齹”无由得声，徐铉以为当从《允部》之“𨑳”省声，是传抄之误。

（2）《人部》：“佚，……从人，关声。”臣铉等曰：“关不成字，当从朕省。”

《说文》以“佚”字从“关”得声，然《说文》无“关”字，“佚”无由得声，徐铉以为当从《舟部》“朕”省声。②

（3）《火部》：“𤎊，……从火，稫声。”臣铉等案：“《说文》无稫字，当从䵗省，疑传写之误。”

《说文》以“𤎊”字从“稫”得声，然《说文》无“稫”字，“𤎊”无由得声，徐铉以为当从《黍部》“䵗”字省声。

由于《说文》系统性极强，徐铉并非孤立地解决一个字校勘的问题，而是充分考虑到了字与字之间的关系。如通过对全书的考察，徐铉看到某些字与字之间存在循环论证的问题，因此，也提出了修改意见，如：

《攴部》：“敳，从攴，岂省声。”臣铉等案：“岂字从敳省，敳不应从岂省，盖传写之误，疑从耑省，耑，物初生之题尚敳也。”

《说文》以“敳”从岂省声，《岂部》有“岂”字，这样似乎没有什么问题，但徐铉看到《岂部》“岂”，“从豆，敳省声”，如此，“敳”从岂省声，“岂”从敳省声，陷入了循环论证，并没有解决二者的读音问题，因此认为，“敳”从耑省，为会意字。这样，一系列从“敳”、从“岂”的字所存在的问题都得到了系统的解决。

① ［清］段玉裁：《说文解字注》，第 565 页。

② 段玉裁云：“关，许书无此字，而送、佚、朕、皆用为声，此亦许书夺扁之一也。”（《说文解字注》，第 377 页）

又，由于语音的发展，到了宋代，《说文》某些形声字中的声符已经不符合当时的语音状况。徐铉已经意识到古今音声不同，但只是浅层的感性认识，受当时学术水平的限制，没有深究，因此在校勘中出现了一些音韵上的错误。例如：

《女部》："妯，从女，由声。"徐锴曰："当从胄省。"《竹部》："笛，从竹，由声。"徐锴曰："当从胄省，乃得声。"《车部》："轴，从车，由声。"徐锴曰："当从胄省。"

在宋代，"由"与"妯""轴""笛"声音已不相近，所以二徐有这样的改动。按："由"，古音余纽幽部，"妯""轴""笛"并定纽觉部，韵部阴阳对转。把从"由"声改为从"胄"省是二徐不知古音，实际上"胄"也从"由"声。但徐铉受后人诟病的"不通古音"，如果仔细研究，也能看到，尽管其校勘有一些操作上的失误，但这些失误也不是孤立地改动《说文》中的某一个字，而是以整部书的系统性来做全面的规整，其系统论的价值远远大于具体操作的失误。

二、徐铉的校勘对清人的影响

徐铉的方法是科学的，尽管在具体操作上受当时学术水平所限有不大精确之处，但毕竟在《说文》学的发展过程中起到了中流砥柱的作用。因此"大徐本"《说文》做到了皇帝期许的"自我朝之垂范，俾永世以作程"① 的作用，后来的乾嘉诸儒无论如何批判他不知古音，但都在不自觉地遵循他的方法。对于《说文》中存在问题的部分，徐铉大部分只是指出，很少改动。后来段玉裁开始运用这个理论，并改正了其认为的错误之处，例如：

（1）段玉裁为《木部》增"欂"字，原因是《说文》说解中有此字，如《木部》："榕，欂栌也。"而《木部》有"栌"无"欂"，则《说文》当有"欂"字（《魏都赋》《鲁灵光殿赋》《景福殿赋》《长门赋》李善注并引《说文》"欂栌，柱上枅也"）。因此，段玉裁增加"欂"篆，说解为："欂栌，柱上枅也。"而据《说文》体例修改旧本"栌"的说解"柱上柎也"为"欂栌也"。

（2）段玉裁为《兔部》增"免"字，这是在二徐基础上的进一步发挥，《子部》："娩，生子免身也。从子免。"徐锴曰："《说文》无免字，疑此字从𡣍省，以免身之义，通用为解免之免，晚、冕之类皆当从娩省。"徐锴认为，"娩"字从"免"，《说文》无"免"字，应当是从"𡣍"省。二徐的见解还是保守的，并没有因为"晚""冕"诸字皆从"免"而在《说文》正篆中增加"免"字，而是让它们一律从"娩"省。段玉裁云：

---

① 宋雍熙三年诏，《说文解字》，第 322 页。

"按许书无'免'字。据此条则必当有免字，偶然逸之。"① 段玉裁认为《说文》本有"免"字，只是在流传过程中亡佚了，因此增加"免"字于《兔部》。

(2)《说文》中"讄""鸓""櫑""累""垒""勵"诸字，并云"畾声"，但《说文》正篆无"畾"字。段玉裁云："凡许书字有畾声者，皆当云靁省声也。"② 这个修改也不是孤立的，而是一系列的改动。

段玉裁的方法无疑出于徐铉，他受人诟病的"勇于删改"，也是其系统论的一个表现，段玉裁之"勇"是以精审的文字理论为背景的，绝不是刻意求异，可能在具体操作上会出现个别失误。段玉裁自己有时也不甚自信，如"鸓"下云"许书不必有此字，姑补于此"③，但这个系统理论是无懈可击的。段玉裁在《車部》"軹"下云："孰谓今人不胜古人也！"虽为表彰程瑶田《通艺录·考工创物小记》之对"軹"与"轵"的考释，但同时也反映了乾嘉学者对于科学方法的坚定自信。

三、徐铉校勘中体现的文字系统论

无论是字形还是声音方面的校勘，我们都能看出徐铉在有意识地维系《说文》一书的系统性，这种做法对于一本字书来说，难免求之过深。但《说文》从诞生之日起，就不仅仅是一本字书，而是以系统论为特点的文字学。因此徐铉的工作不仅仅是《说文》文本的校勘，而是基于《说文》系统的文字学。但当"大徐本"成书后，这一理论却被隐藏在了背后，以至于后人忽略了徐铉文字学上的贡献。

徐铉校勘《说文》建立在对小篆形体知识充分掌握的基础上，他首先是《说文》的研究者，其次才是个校勘者。此外，作为书法家的徐铉对小篆有深入的研究，在现存徐铉摹秦篆《峄山石刻》中可见，其摹本已与秦篆有了部分的不同，存在以文字形体知识补全蚀泐笔画、修正结构等现象，其摹本的文字学价值大于书法学价值。④ 从"大徐本"《说文》的校语中我们可以推知他的文字学理论：《说文》是一个封闭的系统，具有整体性和关联性。《说文》中的任何一个字（包括解说语）甚至正篆的每一个部件，都应该得到解释。也就是说，《说文》中正篆加说解的总字数（133441 字）就是由 9353 正篆加上 1163 个重文的基本文字构成的。正篆与重文身上能拆下来的部件又都在这 9353 正篆加上 1163 个重文之中包含。这里徐铉把《说文》看成是一个完全封

① ［清］段玉裁：《说文解字注》，第 742 页。

② ［清］段玉裁：《说文解字注》，第 571 页。

③ ［清］段玉裁：《说文解字注》，第 467 页。

④ 陈英杰：《五代宋初篆书名家徐铉》，载《全国首届近代汉字研讨会论文集》，2016 年 8 月，第 8 页。

闭自足的理想系统，力求在这个封闭的系统内达到“以许证许”，这是文字整理可操作的方法。《说文》的作者许慎并非没见过古文字，他见过的古文字要比现代人多并且真，他之所以没有将它们全部杂糅在一起做一个简单的汇总处理，是因为有些字形不符合文字的构形系统，达不到彼此互证的状态，因而将它们逐出了这个系统。这一点，是现代意义上的字典无论如何也做不到的。《说文》的 9353 正篆加上 1163 个重文是许慎面对纷繁复杂的文字进行的优选，正如姜亮夫先生所说：“汉文字的一切规律，全部表现在小篆形体之中，这是自绘画文字进而为甲文金文以后的最后阶段，它总结了汉字发展的全部趋向，全部规律，也体现了汉字结构的全部精神。”① 许慎首先发现并逐字证实了这一规律，因此，《说文》不是一部文字汇编，而是“具有自觉理论意识的理论证实性的专著”②。但从《说文》出现一直到宋代，对《说文》的研究多是仿照其体例编修字书，宋代之后才开始对《说文》进行系统研究，是徐铉再次发现并在校勘中贯穿了这一理论，他的贡献是承前启后的。在校勘的过程中，徐铉始终将《说文》看成一个封闭自足的系统，《说文》中的每个字、每个部件相互独立而又相互牵制、相互证明，不许出现游离的状态，也不许出现得不到证明的部件——这就是文字的系统性。尽管徐铉没有提出明确的文字学理论，但他在实践中一直贯穿这个理论。清儒的《说文》之学是在这个基础上形成的，王宁先生的文字构形学理论及汉字规范工作，也是基于这个基本观念形成的。后人常以古文字批评《说文》的个别说解，多是由于不懂这个规律导致的。

也许我们今天看到的“大徐本”距许慎《说文》原本已相去甚远，但是《说文》流传到现在已经不仅是一本字书，而是文字系统论的体现，是传统中国语言文字学的结晶。从这个意义上说，徐铉校勘反映的文字理论价值远远大于其版本价值，其在《说文》学史上承前启后，厥功甚伟。即使后世有出土《说文》出现，与“大徐本”相差巨大，也丝毫不能抹杀“大徐本”《说文》的价值。因为“大徐本”的贡献不仅仅在于保存了一本名为“说文解字”的汉代典籍，更在于它继承并发扬了一种文字学精神。这种理念，不仅在古代，即使在当今社会，在进行文字规范时同样具有积极的参考价值。

（刘青松：河北大学文学院，071002，保定）

① 姜亮夫：《古文字学》，浙江人民出版社 1984 年，第 59 页。

② 王宁：《说文解字研究文献集成》“序”，见《说文解字研究文献集成》（古代卷）第一册，作家出版社 2007 年，第 3 页。

王观国《学林》对汉字使用问题的探究

张素凤　　曹云雷

摘　要：王观国《学林》内容十分丰富，超过一半的条目涉及语言文字问题。对汉语用字问题的研究与思考在该书占有相当大的比重。本文运用汉字语用学理论，对《学林》书中注意到的用字现象做了简单归纳，并进一步探讨引起这些用字的原因。

关键词：本用　借用　同源

一、引论

宋代是一个崇尚思辨的时代，也是一个学术变革的时代，语言学的研究亦呈现一种繁荣的景象。人们在思想上打破了千百年来唯《说文》是从的观念，疑古创新成为当时的一种风尚。但在中国语言学史上，历来对宋代语言学评价不高。宋代的语言学，正如王宁先生所说，是一个"被忽视的时代"，但是绝对不是一个可以忽视的时代。近年来，人们开始重新审视宋代语言学在中国古代语言学史上的作用和地位。学界对宋代语言学的研究，主要有以下几个关注点：（一）广韵研究；（二）说文二徐的研究，尤以徐锴为重；（三）王圣美右文说的研究；（四）古文字学的研究；（五）六书学。跟以上所举的这些焦点问题相比，宋代语言学中的其他可钻研的现象如语用方面、语音分歧方面、音义关系方面，却几乎被忽略了。要了解一个时代的语言学的面貌，不是仅仅一点或者五点就可以的，而是要全方位、多角度、多侧面地研究，这样才能对这个时代的语言状况有一个比较全面的了解。

对于汉字使用问题的研究，王宁先生早在1994年就提出"汉字字用学"的概念，她认为"汉字学既要弄清一个中文字符原初造字时的状况——字源，又要弄清汉字在各个历史阶段书面的言语作品中使用的情况——字用”①。“确定了本字，又弄清了它的原初造字意图，便追溯到了汉字的字源。但是，汉字的使用过程中，随时发生着记录职能的变化，汉字字用学，就是汉字学中探讨汉字使用职能变化规律的分科。”这为字用学的建立奠定了良好的基础。其后，李运富先生在《汉字语用学论纲》中针对建立汉字语用学的学理依据、汉字语用学的学科定义、汉字语用学的主要内容做了进一步的探讨。② 他指出，“字”的具体所指可以归纳出三种指称：（1）指称外部形态，即字样；（2）指称内部结构，即字构；（3）指称记录职能，即字用。因此汉字的本体研究从学理上来说，至少应该产生三种平面的“学”。字用学属于汉字学本体研究的三大平面之一。“汉字语用学是研究汉字使用职能和使用现象的科学，也就是研究如何用汉字记录汉语以及实际上是怎样用汉字记录了汉语的科学。它既有个体的，也有总体的，既有共时的，也有历时的。‘字用学’的全名之所以要叫‘汉字语用学’而不取‘汉字字用学’，一是为了显示所谓用字就是记录语言或者在语言中使用，离开语言就无所谓字用；二是为了避免‘汉字’跟‘字’重复。‘汉字语用学’也可以叫作‘汉语字用学’。”③

二、王观国和《学林》

《学林》④（作者王观国，字彦宾，湖南长沙人，约宋高宗绍兴十年前后在世）共10卷358篇，内容涉及语言文字的研究、文献古籍的考证、诗词歌赋的理解、礼仪风俗的变迁、天文地理、方志轶事等，十分丰富。其中关于语言文字部分涵盖文字、词汇、训诂、音韵、方言俗语、语言理论等多个方面，尤其是对于汉字使用问题的研究更是深入而具体。《四库全书总目提要》称其“书中专以辨别字体、字义、字音为主。自六经、史、汉旁及诸书，凡注疏笺释之家，莫不胪列异同，考求得失，多前人之所未发。……论其大致，则引据详洽，辨析精核者十之八九。以视孙奕《示儿编》，殆为过之。南宋诸儒讲考证者，不过数家，若观国者，亦可谓卓然特出矣”。

本文拟运用李运富先生关于汉字语用学的理论，挖掘王观国关于语言文字使用职能的一些独特观点，为以后的汉语史研究提供新鲜的养分和依据，为汉字语用学提供一批新的材料，为《学林》一书的深入研究起到一个抛砖引玉的作用。

---

① 王宁：《〈说文解字〉与汉字学》，河南人民出版社 1994 年。

② 李运富：《汉字汉语论稿》，学苑出版社 2008 年，第 60 页。

③ 王宁：《〈说文解字〉与汉字学》，河南人民出版社 1994 年。

④ ［宋］王观国：《学林》，中华书局 1988 年。

三、《学林》语言文字部分关涉到的用字现象

内容涉及语言文字的共计 202 条，占全书的 56.4%，除去极小一部分关于字音问题的内容，大部分都是王氏对用字问题的研究与思考。要考察王观国对用字问题的研究，首先要从他所关涉和注意到的用字现象入手。这些用字现象并非王氏有目的、有计划、成系统的观察所得，而多是作者平日阅读偶有所见，因此并无严密的系统性可言。下面就笔者对王氏书中注意到的用字现象做粗略归纳。

（一）对个体字符职能或特定词项用字进行测查

1. 对个体字符职能或特定词项用字进行泛时说明

釐：按：字书“釐”字，里之切。理也；福也。“氂”字，十毫也。所谓“毫氂”者，当用“氂”字，而太史公用“釐”字者，假借用之也。

復、覆：观国按：字书“復”有二义：扶又反者，其义则“再也”。若“隐公四年”《左氏传》曰“诸侯復伐郑”，“桓公元年”《左氏传》曰“郑人请復祀周公”之类是也。音服者，其义则反也。若《周易》“復卦”，《诗》“宣王復古”之类是也。……观国按：字书“覆”亦有二义，扶又反者，其义则“盖覆”也；音福者，其义则“败也，倒也”。

亟：观国按：字书欺冀切者，数也；纪力切者，急也。……如此类“亟”字并音欺冀切，其义则皆数也。……如此类“亟”字并音纪力切，其义则皆急也。以此考之，则亟有二音，自分二义，各有区别矣。

以上各例是对字书所收字的职能归纳，也就是包括了词在不同时期的职能，因此具有泛时性。同样，“鲧”“吊”“假”“副”“苹”“断”“蔡”“橱”“欿”“艾”等条目内容都有对字书中某字的职能归纳，具有泛时性。

2. 对个体字符职能或特定词项用字进行历时测查

雅、疋：《君牙》本《君雅》，古文用“牙”字，其实音“雅”，后之变古文为隶者，亦用“牙”字耳。古文惟用“疋”字为“大雅”“小雅”之字，以“雅”为乌鸟，及后世变古文为隶古，又变隶古为今文，遂各用他音字或俗字以易之，而“雅”字遂专为“大雅”“小雅”之“雅”矣。“疋”音“雅”，又音所菹切，又音山吕切，后世文士不复用此字者，盖后世书籍皆用今文而无古文。

伯：“春秋成公二年”《左氏传》曰：“五伯之霸也，勤而抚之。”《史记·邹阳传》曰：“诚能用齐、秦之义，后宋、鲁之听，则五霸不足称，三王易为比也。”……颜师古注曰：“伯读曰霸。”……观国按：“霸”“伯”二字，古人通用。然《左传》曰：“五

伯之霸也，勤而抚之。”……则此“伯”字当音“百”，故曰“五伯之霸也”一句之中，用“伯”“霸”二字，则“伯”音“百”可知矣。其他散言“五霸”，则或用“霸”字，或用“伯”字，可通用也。

第一例对“雅”“疋”及“牙”的职能关系及变化情况进行说明；第二例则侧重说明“王霸”这一词项用字情况。同样，“莜”“上下”“中兴”“雇”“进”“荼”“天禄”“切”“叒”“欿”“格”“鲑”“流连”“翰猷”“渑”“奉亹萬”“薄”“摧”“雕”“能”“趣趋”“曾”“湛”“庆”“鲧”“柒”“壶瓠”“吴吳”“方书”“甌瓶”“荼”“叒”“偏”“貙刘”“鄭郿”“槜”“於戏”“敉”“無亡无”“奉亹萬”“稾稾”“辨”“摧”“冰”“称秤”“景”“尊”“襁迭”“曾”“卝”“不”“弯关贯”“尒参”“蕴”“赀訾”“省文”等条目，都有对个体字符职能或特定词项用字的历时变化情况进行说解的内容。

（二）文献用字测查

1. 专书或专人用字测查

鲧：“骸”音衮，亦作“骸”，其字皆从骨。诸字书皆曰“禹父名也”。“鲧”音衮，亦作“鮌”，其字皆从鱼，诸字书皆曰“鱼也”。禹父之名当用“骸”……故经书惟《尚书》多用俗字，如古文“景”字，《尚书》变为“影”；古文“敉”字，《尚书》变为“勅”；变“尔女”之“女”为“汝”，变“多蓺”之“蓺”为“藝”。秦始皇改“辠”为“罪”，《尚书》乃用“罪”字。汉文帝改“對”为“對”，《尚书》乃用“對”字。以至变“说”为“悦”，变“柒”为“费”，变“銛銛”为“聒聒”，变“於乎”为“鸣呼”，凡此皆用俗字代古文也。

该条目针对“鲧”的用字特点引发对《尚书》用字特点的分析，用大量例子说明《尚书》多用俗字的特点。

諮：《十月》诗曰“譐沓背憎，职竞由人”；毛氏传曰“噂犹噂噂，沓犹沓沓”；郑氏笺曰“噂噂沓沓，相对谈语，背则相憎”。释音曰“沓，徒合反”。观国按：《字书》：“噂啫，语多也。‘噂’亦作‘譐’，兹损切；‘啫’亦作‘諮’，徒合切。”其字从口，或从言，其义一也。《诗》多用省偏旁之文，故用“沓”字，乃“啫”之省文耳。

该条目针对“諮”的用字情况引发对《诗经》“多用省偏旁之文”用字特点的概括。同样，“周行”“流离”“拏帑”“黰谖”“褖缘绿”“捋”“刀”等条目都涉及《诗经》的用字特点。而“諮”“伯”“路”“渎”“毂”“专剸鱄”等则涉及《左传》的用字特点，“古文”“伯”“溢镒”等涉及《史记》的用字特点，“古文”“路”“交趾”“摧”“省文”“耤”等涉及《汉书》的用字特点，“疑异”“蕴”等涉及《易经》的用字特点，“疑异”“仞”等条目中则涉及《孟子》的用字特点，“后汉一字名”则涉及《后汉书》的用字特点，“黯黯”涉及《晋书》的用字特点。

介鸡：《左传》云“季氏介其鸡”，《史记》曰“季氏芥鸡羽”……司马迁改“介”为“芥”，而杜预用其说以训《左传》耳。观国按：“介”与“芥”本不相通用，“介”者，“介胄”之“介”也；“介其鸡”者，为甲以蔽鸡之臆，则可以御彼之金距矣。司马迁误改“介”为“芥”，而杜预循其误，既自以为疑，又增胶沙之说。夫以胶沙而播其羽，是自累也，又恶能胜彼鸡？大率司马迁好异而恶与人同。观《史记》用《尚书》《战国策》《国语》《世本》《左氏传》之文，多改其正文。改“绩用”为“功用”，改“厥田”为“其田”，改“肆觐”为“遂见”，改“宵中”为“夜中”，改“方命”为“负命”……如此类甚多。子长但知好异，而不知反有害于义也。

该条目由《史记》中“介鸡”的写法引发对司马迁“好异而恶与人同”的用字特点的总结概括，并列举多个用例加以佐证。同样，在“古文”“厘”“柒”“吴吴”“雒”“嗛”等条目都涉及司马迁用字特点的说明。

伯：《前汉·元帝纪》曰“汉家自有制度，本以霸王之道杂之”；又《十二诸侯年表》曰“周厉王奔于彘，乱自京师始，而政由五伯”；又《郊祀志》曰“合十七年而伯王出焉”。此班固用“霸”字又用“伯”字也。观国窃谓一篇文中当用一色字，用“霸”则无须用“伯”，用“伯”则无须用“霸”，今一篇文章既用“霸”又用“伯”，二字音义皆同，别无两意，何苦为此多歧也？

针对《汉书》中“王霸”词项的书写形式，说明班固“既用霸又用伯”的用字特点。同样，在“古文”“聊胶”“卢”“莽”“朐腮”“阌”“庳”“会缶”“琥珀”“無亡无”“縠”“啖袴”“嗛”“省文”等条目都涉及班固用字特点的说明。

此外，还谈到郑玄（“柒”字下）、郭璞（“流离”）、宋玉（“方俗声语”）、秦始皇（“鲧”）、汉文帝（“鲧”）、隋文帝（“孙休四子名”）、武则天（“孙休四子名”）、王莽（“纚疊”）、唐明皇（“鲧”和“於戏”）等人的用字特点。

2. 专书或专人用字比较

槜：《春秋·定公十四年》：“五月，於越败吴于槜李。”杜预注曰：“槜李，吴郡嘉兴县南醉李城。”……啖助《春秋纂例》曰：“於越败吴于隽李。”在《春秋》谓之“槜李”，在杜预注谓之“醉李”，在《春秋纂例》谓之“隽李”。盖“槜”与“醉”同音可通用，……“槜”在后也，“隽”乃“槜”之省文耳。

该条目把《春秋》“杜预注”《春秋纂例》中“槜”的不同写法进行比较，并对各种字形在读音和形体方面的关系进行分析说明。

攌僒：《史记·贾谊传鹏鸟赋》曰：“拘士系俗兮，攌若囚拘。”……《前汉·贾谊传鹏鸟赋》曰：“愚士系俗，僒若囚拘。”……观国按：《史记》“攌若囚拘”，《汉书》“僒若囚拘”，用字不同者，盖贾谊文当时相传非一本，其用字固有不同处。司马迁、班固各以其所传贾谊文纂而作史，故其用字有不同也。

省文：《史记》有《伍子胥传》，而《汉书·艺文志·阴阳家》有《五子胥》十篇；用“五”字者，省文也。《史记·货殖传》曰“瑇瑁、珠玑、齿革”，而《汉书·郊祀志》曰“毒冒、犀玉二十余物”；用“毒冒”字者，省文也。《史记·平准书》曰“皆仰给县官，无以尽赡”，而《汉书·食货志》曰“卬以给澹”，又曰“必卬于市”；用“卬”字者，省文也，用“澹”字者，假借也……《史记·货殖传》“愈于纤啬”，而《汉书·食货志》曰“民俞贫困”；用“俞”字者，省文也……《史记·游侠传》“以睚眦杀人”，而《汉书·孔光传》曰“厓眦莫不诛伤”；用“厓”字者，省文也。

以上两例列举了《史记》和《汉书》的不同用字现象，并对造成这种现象的原因或字形之间的关系进行说明。同样，“容颂”条目下“观国按：《史记》用‘容’字，《汉书》用‘颂’字，其义一也”，也比较了《史记》和《汉书》用字的不同。

此外，王氏在《学林》中还对《论语》与《史记》（“介鸡”“不”条目），《论语》与《左传》（“狃午”“不”），《诗经》与《礼记》与《韩诗外传》（“其记己忌”），《诗经》与《礼记》与《毛诗》（“木瓜诗”），《诗经》与《礼记》（“其记己忌”“亟”“幽黝”“省文”），《诗经》与《左传》（“其记己忌”“矜”），《诗经》与《汉书》（“厘”“省文”），《左传》与《礼记》（“姓名异音”），《左传》与《国语》（“疑异”），《左传》与《公羊传》与《穀梁传》（“蔑”“宁宁”），《尚书》与《左传》（“其记己忌”“不”），《尚书》与《孟子》（“其记己忌”），《尚书》与《丧服四制》（“其记己忌”），《尚书》与《礼记》（“其记己忌”“雅疋”“省文”），《尚书》与《汉书》（“省文”），《史记》与《周礼》（“省文”）、《史记》与《法言》（“省文”），《史记》与《汉书》与《礼记》（“厘”），《史记》与《汉书》与《左传》（“专剸鱄”），《史记》与《汉书》（“容颂”“方俗声语”“格”“橐导”“卢”“羹”“会缶”“瓠”“唊袴”“嗛”“宁宁”“精”“姓名异音”“赀訾”），《史记》与《文选》（“射干”），《史记》与《蒙求》（“疑异”），《前汉书》与《后汉书》（“雇”“皋”），《汉书》与《易经》（“沫沫”），《汉书》与《礼记》（“省文”），《汉书》与《说文》（“古文”），《汉书》与《孟子》（“省文”），《汉书》与《晋书》（“朐腮”“宁宁”），《汉书》与《唐书》（“橐导”），《汉书》与《文选》（“切”“卢”“甘泉赋”“茸佴”），《鹖冠子》与《刘子》（“疑异”）的用字情况进行了比较。

（三）某时某地用字测查

古文：秦时钟鼎篆铭“有”字皆篆为“彐”，如“有秦”，篆为“彐秦”之类。后世字书“彐”字为“又”字，诸字书未尝读“又”为“有”也。

参：草书法，“喿”字与“参”字同形，故晋人书“操”字皆作“摻”，今《法帖碑》本中“王操之”书皆作“摻之”；……“参挝”者，击鼓也，文士用“参挝”字，或用为“摻”，或用为“傪”，皆读音七绀切，盖假借也。……古人草书“缲”字作“縿”字，盖“缲”音骚，乃绎茧为丝者；“縿”音衫，乃旌旗之斿也。又草书“澡”字作“渗”字，盖“澡”音早，而“渗”音所禁切也。又草书“趮”字作“蔘”字，盖“趮”音躁，而“蔘”音骖也。若据草书而改变隶体，则碍矣。又如草书“方”字类“才”字，故“於”字改为“扵”，“游”字改为“遊”。如此类甚多，皆非法也。

以上两例都是对某时某地用字情况的说明。同样，“雅疋”“庆”“鲧”“辜孤”“子贱”“王乔”“梗俑”“留落”“徧”“貙刘”“於戏”“無亡无”“黾”“暴”“黖谖”“辨”“省文”“称秤”“丱”等条目内容都涉及对某时某地用字特点的说明。

四、王观国对用字不同现象的原因分析

以上对王氏在《学林》一书中关涉和注意到的用字现象进行了简单分类，王氏不仅注意到了各种用字现象，更对这些现象背后的成因进行了深入的分析。他对用字原因的探讨可以分为以下几个方面。

（一）借用同音近音字引起用字不同

王氏于《学林》一书中表述借用的字际关系时，常用“本作、本用/当用”“非～字也/以代～字也”“假借/借用/借音用字”“通用”“通”“代”等一系列词语来表示。很显然，字与字之间的关系以“借”来维系时，字符读音之间往往具有相同或相近的关系。

1. 本无其字的假借

雇：今按《前汉》“顾山”用“顾”字，《后汉》“雇山”用“雇”字，二字皆借用之字也。然“顾”音固，而“雇”本音户，为“雇鸟”之字，但借音顾耳。当用“顾”字为“顾山”“顾僦”“顾赁”之字，盖“顾讬”“顾命”，亦有倩讬僦赁之意也。《说文》曰：“雇音户，九雇，农桑候鸟。”亦作“鳸”“鳲”“鶚”。《尔雅》曰“春鳸鳻鶞”，《尔雅·释音》曰“鳸音户”，《玉篇》曰“雇，乎古切，亦作鳲、鶚，今以为雇僦字”，《广韵》曰“雇，古暮切，本音户，九雇鸟也，相承借为雇赁字”。然则“雇”字本非“雇僦”“雇赁”之字，其曰相承借用，则是义无所考，但借用之耳。

粊：《史记·鲁世家》曰“伯禽率师伐之于肸，作肸誓”，裴骃注曰“《尚书》作粊誓”。然则司马氏假借用“肸”字，“肸”非古文“粊”字也，许慎《说文》作“棐”，为北下米，与比下米一也。

显然，“顾”与“雇”、“肸”与“粊”读音相近，均为本无其字的假借字。同样，

“聊胶”“仞”“皋”“艾”“朐朒”“蔑”“庳”“渑”“专剸鱄”“省文”“耤”“姓名异音”“蕴”“其记己忌”等条目内容都涉及因本无其字而借用同音近音字现象。

也有的用“母”或“母字”说明假借字与增加表义构件本字的关系。如：

卢：《汉书·扬雄甘泉赋》曰“玉女欣视其青卢”，注曰“卢，目童子也”。而《文选·甘泉赋》作“青矑”。按《字书》“矑，目童子也”，班固亦省文用“卢”字耳。……“卢”者字母也，加“金”则为“鑪”，加“火”则为“爐”，加“瓦”则为“甗”，加“目”则为“矑”，加“黑”则为“黸”。凡省文者，省其所加之偏旁，但用字母，则众义该矣。亦如“田”者字母也，或为“畋猎”之“畋”，或为“佃田”之“佃”，若用省文，唯以“田”字该之，他皆类此。

同样，下文提到的“会缶”条目把“垂”说成母字，“甀”看作后起分化字；“市”条目把“市”和“朩”说成母字，把“沛”“柿”和“肺”“秭”“姊”“栜”“泲”看作后起分化字。当然，若母字在后起分化本字未出现前使用即为假借，在后起分化本字出现后使用则为通假。

卝：许慎《说文》曰：“磺，胡猛切，朴也，亦作卝，古文也。故《周礼》有卝人，掌金玉锡石之地。”郑氏注曰：“卝之言矿也，金石未成器曰矿。”观国按：“磺”亦作“礦”，“卝”亦作“釥”，则“卝”者，古文“礦”字也。

显然，“卝”作为古文字形，在重造本字“磺”“矿”出现前使用，为“本无其字”的假借。

2. 本有其字的通假

薄：《郊特牲》曰：“薄社北牖，使阴明也。”郑氏注曰：“薄社，商之社，商始都薄。”然则本用“亳社”字，记《礼》者，借用“薄”字耳。

该例中术语除了“借用”外，还有“本用”，说明这里的借用是本有其字的通假。同样，“鳌”“鲧”“茸佴”“流离”“路”“摧”“吴吴”“雒”“阌”“省文”“贯湞”“阙地”“进”等条目，除了用“借”“假借”类术语外，也用“当用”“本用”“本作”等术语说明字际关系，说明这些借用字均为本有其字的通假字。

奉亹萬：古之字画少者，易于讹改，故以点画多而同音者代之，如“一二三四五六七八九十”，则以“壹贰叁肆伍陆柒捌玖拾”代之，“百千”则以“伯仟”代之，“尺”则以“赤”代之，“疋”则以“匹”代之，是以“万”以“萬”代之也。所代之字，初无意义，唯取点画之多耳。

矜：《小旻诗》曰：“战战兢兢，如临深渊，如履薄冰。”而“春秋僖公二十二年”《左传》引《诗》曰：“战战矜矜，如临深渊，如履薄冰。”乃改“兢兢”为“矜矜”者。“兢兢”，戒慎之意，与“矜矜”不同。《左氏》改“兢兢”为“矜矜”，假借而已，释音当随其所用之字而训之。

显然，“一”“二”“三”等“古之字画少者，易于讹改，故以点画多而同音者代之”是本有其字而不用，却用同音近音字“代”的原因之一。而“战战兢兢”中“兢”写作“矜”虽然没有用“本用”等术语明确说明，但我们可以断定，这里的“假借”实质是“本有其字”的通假。同样，“諸”“甂甂”“孥帑”“交趾”“琥珀”“溢镒”“黖谖”“穀”“禒缘绿”“参”“假”“木瓜诗”等条目内容都涉及有本字而不用，而借用同音近音字现象。

3. 音近义通的同源关系

弯关贯：而古人以“关”“贯”二字与“弯”通用之……“关”“贯”二字，于字书未尝音作“弯”，古人假借依其声类而用之也。亦如“藏”者隐藏也，“赃”者贼赃也，“臧”者臧否也，史家于三字皆以“藏”字当之，盖“藏”“赃”“臧”三字义不同，亦不同音，是亦依其声类而借用之，取其意通而已。

矜：《烝民诗》曰：“不侮矜寡，不畏强御。”……“春秋昭公元年”《左氏传》亦引《诗》曰：“不侮鳏寡，不畏强御。”乃改“矜寡”为“鳏寡”者。《左氏》多假借改易《诗》《书》之字，取其意通而已。

同样，“辜孤”“姓名异音”“啖袴”等条目内容也涉及了借用音近义通的同源字现象。“依其声类而借用之”反映了王氏对“借”这种字际关系的认识，即发生“借”之字际关系的两字间，不一定有严格意义上的同音关系，只是声类相同即可；“取其意通而已”说明在字义上具有某种共通点。显然，具有这两个特点可以判定为具有同源关系。可见王氏的“借用”针对非本字而言，非本字指不是为这个词所造的字，包括词义引申派生出的同源词。由此可知王氏对同音借用中有音义联系的同源词已经予以关注。这种朦胧的意识发展到后来，黄侃先生把借用分为两类：一为别字，一为通用字。现在王宁老师，把借用分为同音借用和同源通用两类。

（二）减省构件引起用字不同

路：《前汉·娄敬传》曰：“敬脱挽辂。”苏林曰：“辂，音‘冻洛’之‘洛’，一木横遮车前，二人挽之，一人推之。”孟康注曰：“辂，胡格反。”按：《字书》：“轄，胡格反，挽车当胸横木也。”然则本用“輅”字，史家从省文用“辂”字耳。

会缶：《前汉·高祖纪》曰：“十一年七月，淮南王布反。十二年十月，上破布军于会缶。”……观国按：《史记·高祖纪》：“十一年七月，淮南王黥布反。十二年十月，击破布军会甀。”又《史记·黥布传》曰：“西与上兵遇蕲西会甀。”……而《汉书·高祖纪》作“缶”者，省文也。《前汉·地理志》沛郡蕲县有垂乡。然则《地理志》用“垂”字者，亦省文也。凡省文，必存其母而省其枝叶。“垂”者母也，“瓦”“缶”枝叶也。班固于《地理志》省“瓦”“缶”而用“垂”可也，于《高祖纪》乃省“垂”而存“缶”，误矣。

显然，“然则本用‘轄’字，史家从省文用‘辂’字耳”属于减省间接构件的省文现象，“班固于《地理志》省‘瓦’‘缶’而用‘垂’可也”则属于减省直接构件的现象。“于《高祖纪》乃省‘垂’而存缶，误矣”则说明被省的常常是表义构件，表音构件不能省。这种省略的结果就是造成假借或通假用字现象。同样，“諎”“觚甬”“卢”“流离”“朐腮”“樢”“苴菹葙”“刀”“省文”“茸佴”“蛾”“蕴”等条目内容也谈到字形偏旁减省而引起的用字不同现象。

（三）字体变化引起用字不同

蕴：《广韵》曰“薀，藏也，俗作蕴”，《史记·酷吏义纵传》曰“敢行，少蕴藉”……《史记·义纵传》用“蕴藉”，皆用俗书“蕴”字耳，盖变古文为隶，变隶为今文，书史中字多失其原，不足怪也。《南史》王蕴，字彦深，以俗书为名，尤不可。

尒㐱：而俗书“㐱”字亦作“尔”，如书“珍”为“珎”，书“诊”为“詠”，书“参”为“叅”之类，皆因草书“㐱”字为“尔”形，故隶书亦从而变之，然失字法益远矣。

辨：“辨”音“卞”，又音“办”。《广韵》曰：“辨，蒲苋切。具也，俗作辦。”然则古无从力之“辦”，止用“辨”字。《仪礼》中“辨”字甚多，皆不用从“力”之“辦”，唯用“辨”字耳。……“辨”者，字母也。隶书虽用“辦”字，及施于篆，止用“辨”字。亦如篆“星”为“曐”，篆“夢”为“㝱”，篆“奔”为“犇”，篆“塵”为“䨓”，篆“雷”为“靁”，篆“原”为“厵”，篆“畝”为“晦”，篆“看”为“輡”，篆“顶”为“顬”，篆“曹”为“䡮”，篆“犟”为“强”，篆“香”为“馫”，篆“雍”为“雝”，篆“集”为“雧”，凡此皆字之有母者，隶文从省，而施于篆，则用字母也。

以上用字变化主要是因为字体演变引起某些构件变异为与之相近的其他构件，从而引起字形变化，成为另一个字，造成古今用字不同。同样，“断”“敕”“摧”“参”“称秤”“雅疋”“柒”“無亡无”“稾稾”“穀”“弈奕”“搿”“省文”“冰”“於戏”等条目内容也涉及因字体改变换造成构件变化，从而造成古今用字不同。

（四）讹别引起用字不同

疑异：“春秋昭公七年”《左氏传》曰“晋侯梦黄熊入于寝门”，而《国语》则言“黄能”。盖鳖三足为“能”，与熊大异。《左氏传》与《国语》皆左丘明所纂，《国语》传本讹谬最多，春秋传与经相传，当以春秋传为正也。……李瀚《蒙求》曰：“周勃织畚。”按：《史记》《汉书》“周勃传”皆曰“勃以织薄曲为生”，未尝言“织畚”，而注

《蒙求》者引《史记·周勃传》，“勃少以织畚为事”，《史记》乌有是言耶?《周礼》“挈畚以令粮”。畚，草器，可以贮粮，而薄曲乃蚕具，非类之物也。……《易》曰：“巽为宣髪。”而今世所传王弼《易》曰“巽为寡髪”，盖俗书“寡”字下为四点，作“寡”，与“宣”字相疑；考其义，则“宣髪”之义为多也。

其中“熊”作“能”，“畚”作“薄”，“宣”作“寡”，是因为字形或读音相近而在传抄过程中产生错讹。同样“子贱”“贯滇”“羹”“景”“緦疊”“盼眄肹”“蕴”等词条都用“讹”“误”说明字形的讹变或意义的误用。

黯䵴：《颜氏家训》谓：“晋羊曼称为䵴伯，䵴者多饶积厚。”“黯”从黑，“䵴”从重，二字虽同音榻，而义各不同。《玉篇》《广韵》皆曰：“黯，羊曼，为黯伯也。”而《颜氏家训》乃用从重之“䵴”，是以颜氏推其义不行也。颜氏所引乃盛弘志《晋书》，用从重之“䵴”，已为误。今世所行《晋书》乃唐太宗所修，于《羊曼传》用从黑之“黯”，为不误矣。

同样，“荼”“餂”“怃憮”“擱儃”“冑胄”“茸佴”“疑异”“甘泉赋”“称秤”各条都分析了因讹误而不同版本用字不同的现象。

（五）字义转移引起用字不同

奉亹萬：《说文》曰：“草，自保切，栎实，可以染帛为黑，故黑色曰草。”后世既用“皁”字，故“草”字用为草木之字。《说文》曰：“雅，乌加切，楚乌也。秦谓之雅。”后世既用“鸦”字，故“雅”字用为雅正之字。《说文》曰：“创，楚良切，伤也。”书史多用此字，如后世既用“疮”字，故“创”字用为创造之字，凡字之变古者类如此。

以上“草”“雅”“创”的常用意义改变引起相关语词古今用字不同。

（六）使用异构字引起用字不同

1.、共时异构字

徧：许慎《说文》曰：“徧，方见切，帀也。”《广韵》曰：“徧，方见切，周也，俗作遍。”……凡此皆用“徧”字，不用俗书“遍”字也。……然则汉人亦皆用“徧”字，至后世乃多用俗书“遍”字。陆德明撰诸经音义，于“徧”字下注曰“音遍”，又于“见”字下皆注曰“贤遍反”。又如乐章次第谓之“遍迭”，皆用俗书“遍”字，至今用之者多也。然则隋、唐以来，用俗书者始多。

雕：观国按：字书偏旁从“隹”与从“鸟”者多通用，故“雞”与“鷄”同，“翟”与“鸐”同，“雁”与“鴈”同。然则“雕”与“鵰”同也。

“徧”与其俗书“遍”属于表音构件相同，表义构件意义相近，因此为异构字。同样，“雞”与“鷄”、“翟”与“鸐”、“雁”与“鴈”均为表音构件相同，表义构件意义相近的异构字。此外，“敕”条目下“敕”与“勅”也属于这种异构字。

2. 历时异构字

也有的异构字为历时性的，即原来只有一个母字作为本字，后来通过增加表义构件或重新造字来分担母字的职能，形成后起本字。母字与后起本字成为古今字。这种用字现象王氏也已注意到，并且用“加”“增”等术语予以说明。

景：古之日影字不从“彡”，只用“景”字。……凡此所用“景”字，盖谓日影也，后人加“彡”而为“影”，故许慎《说文》无“影”字。

同样，“暴”“尊”条目用“加”或“增”说明古字形通过增加构件创造出后起分化本字。在“古文”条目下所列举的“畾”与“虺”，“羿”与“冏”，“葴”与“点”，“哭”与“圀”，“菻”与“益”，“墬”与“地”，“屮”与“草”，“愯”与“悚”，“帍”与“禹”，“栞”与“刊”，“悳”与“德”，“𣲖”与“莎”，“𡝩”与“要”，“𢇍”与“绝”，“厸”与“邻”，“𦤎”与“然”，“𢦔”与“堪”，“巛”与“坤”，以及“省文”条目下“立”与“位”，王氏把这些字组中前者都看作后者的“古文’，这些字因都是与音义相切合的本字，因此我们称其为历时异构字。

（七）有意改字引起用字不同

1. 为谐音而改

古文：开元十四年，明皇以《洪范》“无偏无颇”声不协，诏改为“无偏无陂”。盖《古文尚书》曰“无偏无颇，遵王之义”，明皇以“颇”字与“义”字不协韵，故改为“无陂”，与“义”字协声，于文意虽亦通，而改作之讥，未能免也。

2. 为避讳而改

琥珀：“琥珀”又为“虎魄”字，盖假借用之。唐高祖之祖名“虎”，唐人讳“虎”字，故唐人文字皆改“虎”为“武”，而讳“虎珀”为“武魄”也。

改地名：盖不以国者，虑废国之号也；不以山川者，虑废山川之号也。鲁有具山、敖山，鲁献公名具，鲁武公名敖，鲁既讳“献”“武”之名，则“具”“敖”二山其名废矣。……汉文帝名恒，改“恒山”为“常山”。汉光武帝叔父名“良”，改“寿良”县为“寿张”县。汉殇帝名隆，改“隆虑”县为“林虑”。北齐文宣太子名“商”，改“商州”为“赵州”。隋炀帝名广，改“广平”为“永平”。凡此类，皆以名而废国邑山川之号也。又有以率意而改作者，秦始皇以望气者言金陵有天子气，故东巡以厌之，而改“金陵”为“秣陵”。汉光武更“芒县”为“临雎”。汉安帝以孝德皇后葬于清河郡之厝县，而改名“甘陵”，又改千乘郡之“狄县”为“临济”。始皇忌金陵之气，而不务修德，海内分崩。……且地名者，古所得也，既以恶忌而改之，又以名讳而改之，又以率意而改焉，不亦太多事耶？

3. 为好恶而改

介鸡：《左传》云："季氏介其鸡。"《史记》曰："季氏芥鸡羽。"……司马迁改"介"为"芥"，而杜预用其说以训《左传》耳。观国按："介"与"芥"本不相通用，"介"者，介胄之介也；"介其鸡"者，为甲以蔽鸡之臆，则可以御彼之金距矣。司马迁误改"介"为"芥"，而杜预循其误，既自以为疑，又增胶沙之说。夫以胶沙而播其羽，是自累也，又恶能胜彼鸡？大率司马迁好异而恶与人同。观《史记》用《尚书》《战国策》《国语》《世本》《左氏传》之文，多改其正文。改"绩用"为"功用"，改"厥田"为"其田"，改"肆觐"为"遂见"，改"宵中"为"夜中"，改"方命"为"负命"……如此类甚多。子长但知好异，而不知反有害于义也。

改地名：广平国有曲周县，又有曲梁县，王莽恶"曲"字，改"曲周"为"直周"，改"曲梁"为"直梁"。太原郡有阳曲县，隋文帝自以姓杨，心恶"阳曲"之号，乃改为"阳直"。中山国有曲逆县，又有安险县，又有苦陉县，汉章帝心恶"曲""逆""险""苦"之字，故改"曲逆"为"蒲阴"，改"安险"为"安憙"，改"苦陉"为"汉昌"。若此类皆出于心有恶忌而改之者。凡内不足者，外多疑丑，其是之谓乎？

同样，"古文""鲧""曲逆""阌""琥珀""於戏""縠"等条目内容均涉及用"好""喜""恶"等说明因好恶导致古今用字不同。

4. 为其他原因而改

纆疊：许慎《说文》曰："疊，古理官决罪，三日得其宜乃行之，从晶从宜。"王莽以为从"疊"三日太盛，改为三田，今为"疊"字，非古也。古之"战陈"字，只用"陈"字，不从车，……晋王羲之作《字篇》，始变为"阵"字，非古也。"马廄"之"廄"其字从广，下从殷，后世俗书多误为"广"下"既"，非也。字为俗书改其体者甚多，如顧之顾，霸之覇，獻之献，國之国，廟之庿，亂之乱，殺之煞，趨之趋，钱之氽，齐之斉，学之斈，斋之斎，臺之臺，寶之宝，驅之駈，棲之栖，监之盐，甕之瓮，麥之麦，總之揔，遲之遅，著之著，㮚之栗，饭之飰，備之俻，凡此皆流俗不晓义理者咸用之。而字书如《广韵》《集韵》亦有取而附在正字之下者，皆非法也。如世俗书"蠶"字作"蚕"，"蚕"乃音"腆"也；书"船"字作"舡"，"舡"乃音"江"也；书"本"字作"夲"，"夲"乃音"滔"也；书"體"字作"体"，"体"乃音"坋"也；书"商"字作"商"，"商"乃音"的"也。又如"宜""寘""富""寇"皆从"宀"，而俗书为"冝""冥""冨""冦"；"况""冲""梁""凉"皆从"水"，而俗书为"况""冲""梁""凉"；"廚""廳"皆从"广"，而俗书为"厨""廳"；"博""协"皆从"十"，而俗书为"愽""恊"。凡此类皆失字之本体者也。又如"炁"字音气，出于道书；"梵"字扶泛切，出于释典；"乜"字弥也切，出于番姓；如此猥酿增益者，又不可胜纪，字学之敝甚矣。

五、小结

综上所述，王观国《学林》中涉及的汉字使用问题非常广泛，各种用字测查与分析混合在一起。通过梳理，我们把它概括为：对个体字符职能或词项用字的归纳、文献用字的测查、专人用字的研究以及某时某地用字特点的分析。这些研究方法的总结对于我们今后用字研究角度和方法的选择具有一定的启示。同时，我们进一步对隐含在其中的用字原因进行了分析梳理，从中抽绎和总结出作者有关字用学思想。古今用字不同的原因可以大致概括为：借用同音近音字引起用字不同；减省构件引起用字不同；字体变化引起用字不同；讹别引起用字不同；字义转移引起用字不同；使用异构字引起用字不同；有意改字引起用字不同。这些引起用字不同的原因种类划分的标准不同，所以各种类之间互有交叉，因此同一个用字现象可能同时涉及两种或多种原因，如“减省构件”与“借用同音近音字”常常相兼。此外，王氏所言之“借”除了包括我们常说的“假借”和“通假”外，还包括用来记录音近义通的同源词的“兼用”。

（张素凤：郑州大学汉字文明研究中心，450001，郑州）

从书迹看三号英藏《大般涅槃经》残卷的缀合

景盛轩

摘　要：本文主要从书迹的角度讨论了英藏敦煌残卷 S.1858 号、S.4366 号和S.547 号的缀合情况，得出的结论是 S.1858 号和 BD1123 号、S.4366 号和 Дx4756 号这两组残卷不能缀合；S.4366 号和 BD11463 号、S.547 号和 Дx10594 号这两组残卷可以缀合。本文认为：有些写卷虽然内容衔接，但是在无法考察纸张的情况下，一定要细审书迹，方可得出比较可靠的结论。

关键词：敦煌写卷　缀合　书迹

姜亮夫先生说："敦煌卷子往往有一卷损裂为三卷、五卷、十卷之情况，而所破裂之碎卷又往往散处各地：或在中土、或于巴黎、或存伦敦、或藏日本，故唯有设法将其收集一处，方可使卷子复原。而此事至难，欲成不易。"① 对于这项"至难"的敦煌写卷缀合工作，张涌泉先生根据前贤和自己的实践，提出了如下程式：

"首先在充分利用现有的各种索引的基础上，对敦煌文献进行全面普查，把内容相关的写本汇聚在一起。其次把内容直接相连或相邻的写本汇聚在一起，因为内容相连或相邻的残卷为同一写本割裂的可能性通常比较大。最后再比较行款、书迹、纸张、正背面内容，以确定那些内容相连或相邻的残卷是否为同一写本之割裂。"②

根据张先生的缀合成果来看，这里所说的"书迹"，主要是指字体、字形和书风三个方面。就敦煌写经而言，字体主要是指隶书、楷书，或者楷隶、隶楷，乃至行楷等类型。字形主要包括俗字，避讳字和武周新字。两个残卷中包含同样的俗字或武周新

① 姜亮夫：《敦煌碎金导言》，见陶秋英纂辑、姜亮夫校读《敦煌碎金》，浙江古籍出版社 1992 年，第 2 页。

② 张涌泉：《敦煌写本文献学》，甘肃教育出版社 2013 年，第 547 页。

字，或者有相同的避讳字形，则残卷属于同一书手书写的可能性较大。另外，古今字和“递变字群”也是重要的字形参考因素。比如“珍珠”一词，写经多作“真珠”，而“珍珠”罕见；再如烦恼的“恼”，南北朝时期其右多类“忽”形，到唐朝才多作“㐫”形。凡此字形，皆应在考察之列。书风即书法风格，主要指字迹体现出来的一些书法特征，比如“尖锋起笔”“落笔重按”“横细竖粗”“横平竖直”“波磔倾斜”“字体清瘦”“笔墨浓重”等。在考察书迹时，我们要特别注意常用字的写法，因为常用字出现频率高，最能体现书手的书写特色。

由于条件限制，缀合写卷时我们主要利用的是黑白影印的图版，因此很难通过写卷的纸质纸色等缀合因素。在这种情况下，利用行款和书迹就显得尤为重要。下面我们以英藏 S.1858 号、S.4366 号和 S.547 号《大般涅槃经》残卷为例，说明在缀合时“比较书迹”的重要作用。

一、S.1858 号＋BD1123 号?

1. S.1858 号（翟 1765），见《英图》[①] 29/136。1 纸，纸高 25 厘米。尾部如图 1 右部所示，首全尾缺，存 27 行，行 17 字。楷书。有乌丝栏。卷面有水渍，有破洞。首题“大般涅槃经卷第十九”。《英图》定作“大般涅槃经（北本）卷一九”。所存内容起首题，至“无有上业及以下业”句“有”字止。相应文字参见《大正藏》T12/p474a27—b24。

2. BD1123 号（北 6405，宿 23），见《国图》16/360b—372b。18 纸，纸高 25 厘米。前部如图 1 左部所示，首缺尾全，存 491 行，行 17 字。楷书。有乌丝栏。卷首有黏合痕。卷面有水渍，有破洞。尾题“大般涅槃经卷第十九”。《国图》定作“大般涅槃经（北本）卷一九”。所存内容起“无有上业及以下业”句后六字，至尾题。相应文字参见《大正藏》T12/p474b24—480b21。

从内容上看，上揭二号皆为北本《大般涅槃经》卷十九残卷，且其内容前后衔接。S.1858 号末行行末“无有”与 BD1123 号首行行首“上业及以下业”相连成句，中无缺字。

---

① 文中书目简称：《英图》指《英国国家图书馆藏敦煌遗书》，广西师范大学出版社 2011 年起陆续出版；《宝藏》指《敦煌宝藏》（全 135 册），黄永武主编，台湾新文丰出版公司 1981—1986 年；《国图》指《国家图书馆藏敦煌遗书》（全 146 册），北京图书馆出版社 2005—2012 年；《俄藏》指《俄藏敦煌文献》（全 17 册），上海古籍出版社 1992—2001 年。书目简称后斜杠“/”前的数字为册数，其后的数字为页数及栏数。《翟目》指《英藏敦煌汉文文献目录》，大英博物馆，1957 年。

从外观和行款上看，此二号卷面都有水渍，有破洞。纸高同为 25 厘米，都有乌丝栏，每行 17 字，行款相同。

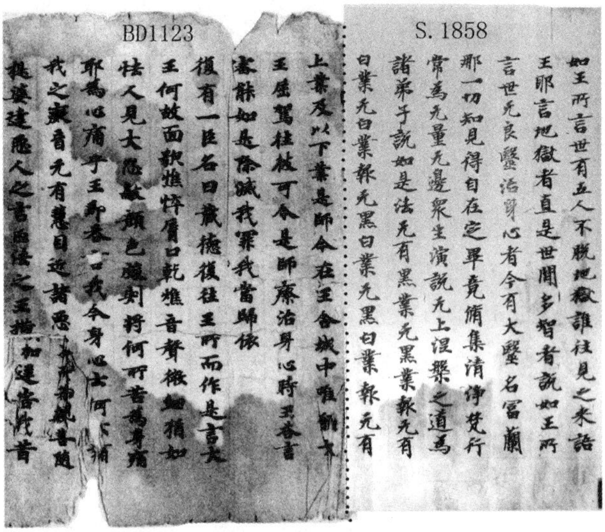

图 1　S.1858 号（局部）和 BD1123 号（局部）拼接图

从字体看，二号都为楷书，为唐写本。

审察至此，似乎二号可以缀合。但是我们将 S.1858 号和 BD1123 号的图片放大，仔细观察二号的字形和书风我们会发现两者是不相同的。下面是部分字形比较（见表 1。表中字形后的数字是该字出现的行数，下同）：

表 1　S.1858 号和 BD1123 字形比较

比较字	卷号	字形
是	S.1858	是$_{10}$ 是$_{11}$ 是$_{15}$ 是$_{20}$ 是$_{22}$ 是$_{26}$
	BD1123	是$_{1}$ 是$_{2}$ 是$_{3}$ 是$_{4}$ 是$_{13}$ 是$_{16}$ 是$_{17}$ 是$_{18}$ 是$_{19}$
大	S.1858	大$_{1}$ 大$_{2}$ 大$_{10}$ 大$_{11}$ 大$_{12}$ 大$_{18}$ 大$_{18}$ 大$_{23}$
	BD1123	大$_{4}$ 大$_{6}$ 大$_{13}$ 大$_{14}$ 大$_{20}$
者	S.1858	者$_{10}$ 者$_{11}$ 者$_{22}$ 者$_{22}$ 者$_{23}$
	BD1123	者$_{15}$ 者$_{15}$ 者$_{19}$ 者$_{33}$ 者$_{33}$ 者$_{34}$ 者$_{34}$ 者$_{36}$
辶	S.1858	遍$_{6}$ 迷$_{7}$ 迷$_{8}$ 遠$_{8}$ 遂$_{9}$ 達$_{14}$ 邊$_{16}$ 遂$_{19}$ 邊$_{25}$ 道$_{25}$
	BD1123	近$_{8}$ 達$_{9}$ 達$_{9}$ 達$_{16}$ 迦$_{16}$ 迦$_{16}$

通过比较可以看出：

“是”，第七笔横画，S.1858 号是微向右下倾斜的短横，而 BD1123 号是向右下倾斜的顿点。第九笔捺画 S.1858 号是方头，而 BD1123 号是尖头。

“大”，第一笔横画，S.1858 号起笔无逆顿，横画有弧度；而 BD1123 号起笔逆顿，横画平直。

“者”，S.1858 号横撇无连带，而 BD1123 号横撇有连带。

“辶”，末笔捺画，S.1858 号显得平缓，而 BD1123 号相对陡峭。

此外，“一”“之”“子”“我”等字的写法也有所不同。因此，虽然 S.1858 号和 BD1123 号这两件唐代写经内容前后衔接，行款、字体一致，但是二号书风不同，因此不能缀合。又考二号的纸色、纸质，S.1858 号，《英图》条记目录称其为经黄纸，为 8 世纪唐写本；BD1123 号，《国图》条记目录称其为麻纸，为 7—8 世纪唐写本。二者用纸不同，更证明二者不能缀合。从书法来看，BD1123 号的楷书写得略显生硬（捺笔，特别是“辶”字底的写法），因此该号书写时代可能比 S.1858 号略早。《国图》定其为 7—8 世纪唐写本，这是很有道理的。

二、S.4366 号＋BD11463 号？S.4366 号＋Дx4756 号？

1. S.4366 号（翟 1735），见《宝藏》35/505b—515a，18 纸，前部如图 2 所示。首残尾全，存 428 行（首纸 18 行，末纸 9 行，其余各纸每纸 25 行），行 17 字，前三行上部有残泐。有乌丝栏。尾题“大般涅槃经卷第十二”。所存内容起“持戒时颇有因缘得破戒不”句的“时”字残形，至尾题。相应文字参见《大正藏》T12/p434b25—439b24。末有比丘尼道容题记，称“减彻身口衣食之资，敬写《涅槃经》一部”云云，落款时间为“大统十六年四月廿九日”。

2. BD11463 号（L1592），见《国图》109/217b，残片，2 纸。如图 3 所示。存 18 行（前纸 7 行，后纸 11 行），根据每行起始文字推断，行约 17 字，每行仅存中上部 1—12 字（末行仅存上部一字右侧残点）。有乌丝栏。原卷无题，《国图》拟题作“大般涅槃经（北本）卷一二”。所存内容起“以是义故不应生瞋”句的“是义”二字，至“迦叶敬诺”句“敬”字残形止。相应文字参见《大正藏》T12/p434b10—26。《国图》条记目录称该卷为 5—6 世纪南北朝隶书写本。

3. Дx4756 号，见《俄藏》11/313a。残片，如图 3 所示。存 11 行，根据每行起始文字推断，行约 17 字，每行仅存中下部 6—12 字。有乌丝栏。原卷无题，《俄藏》未定名，根据残存文字，知其为“大般涅槃经卷第十二”残文。所存内容起“我身亦尔有身有打”句的“亦尔”二字，至“持戒时颇有因缘得破戒不”句“时颇有因缘得破戒”8 字残形。相应文字参见《大正藏》T12/p434b14—24。

图 2　S.4366 号（前部）

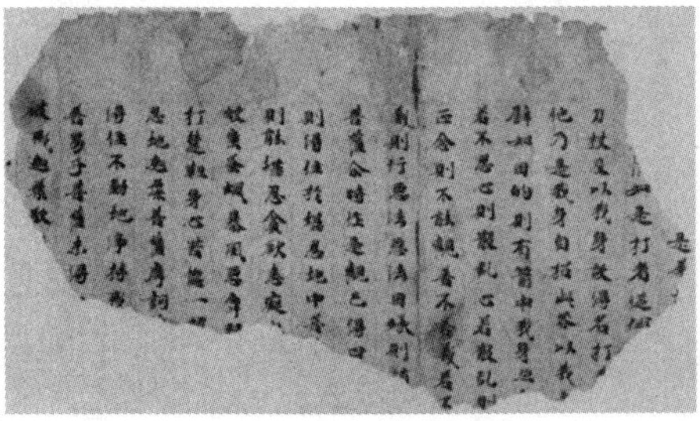

图 3　BD11463 号

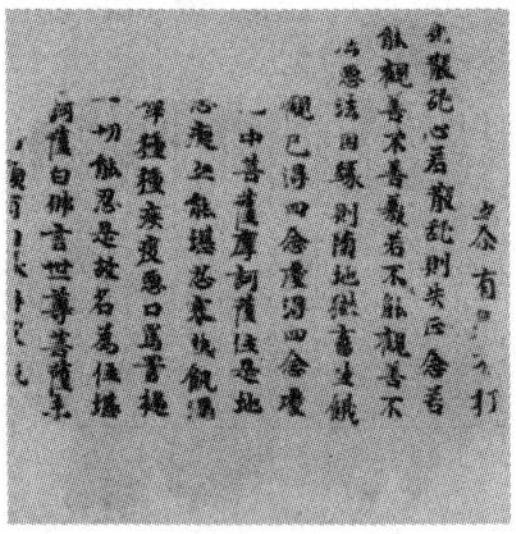

图 4　Дx4756 号

从内容上看，上揭三号皆为北本《大般涅槃经》卷十二残卷，且其内容前后衔接。BD11463 号后四行与 S.4366 号前 4 行上下相接，断痕吻合。但我们同时注意到 Дx4756 号末行也与 S.4366 号首行左右衔接，且 S.4366 号首行残字与 Дx4756 号末行残字可以拼合。下面是 BD11463 号、Дx4756 号与 S.4366 号的拼合示意图（图 5）。

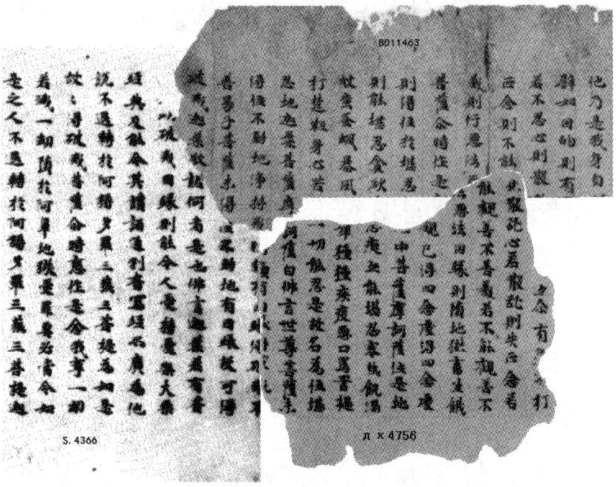

图 5　BD11463 号（局部）、Дx4756 号、S.4366 号（局部）的拼合示意图

那么，S.4366 号究竟可以和哪一号残片缀合呢？

S.4366 号，《翟目》称其纸为“优质柠檬黄纸”，BD11463 号《国图》条记目录未标注纸质纸色，Дx4756 号纸质纸色不明，因此很难从纸张角度讨论能否缀合。从行款看，三号都有乌丝栏，每行 17 字。因此又很难从行款决定能否缀合。

但是，同比例缩放三号图片，在对齐上下边栏线的情况下，BD11463 号和 S.4366

号拼接处残字始终吻合，而Дx4756号和S.4366号拼接处残字很难一一吻合，出现“左支右绌”的现象（参图5示意图）。

Дx4756号和S.4366号残字之所以不能密合，在于S.4366号书写时字符上下间距宽而Дx4756号上下间距窄所致。又审察三号共有的部分字形（见表2），则发现S.4366号与BD11463号近而与Дx4756号远。

表2　Дx4756号和S.4366号字形比较表

比较字	卷号	字形
不	Дx4756	
	BD11463	
	S.4366	
是	Дx4756	
	BD11463	
	S.4366	
者	Дx4756	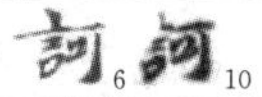
	BD11463	
	S.4366	

通过比较可以发现：

“不”，S.4366号与BD11463号横撇两画连笔，而Дx4756号不连。

“是”，S.4366号与BD11463号捺画平缓，和撇画一笔写成，而Дx4756号捺画较陡，另笔写出。

“訶”，S.4366号与BD11463号结体微向右上倾斜，而Дx4756号则方正平稳。

另外比较Дx4756号和S.4366号共有字形，比如“畜”字，Дx4756号第二笔横画宽长形成主笔（参见图4），而S.4366号中的两个“畜”字第二笔横画短促，宽度不超过下部的“田”字。

再从重文符号的使用情况来看，S.4366号共有13处重文，除了一处（“死死”）因为分居行末和行首不用重文符号外，其余12处皆用重文符号。“种种”一词，S.4366号中出现两次（分别在第88行和282行），都用重文符号，而在Дx4756号中于第8行出现一次（参见图4），没有用重文符号。

以上种种迹象都表明，S.4366号可与BD11463号缀合，而不能和Дx4756号缀合。

三、S.547 号＋Дх10594 号?

1. S.547 号（翟 1694），见《英藏》9/82b—87a，7 纸，首尾残缺。前部如图 6 所示。存 171 行，行约 17 字。楷书。有乌丝栏。原卷无题，《英藏》拟题为“大般涅槃经（北本）卷五”。所存内容起“烦恼毒箭之处示现作佛”句的“处”字，至“又解脱者名曰坚”句之“者名”二字的残形和残笔。相应文字参见《大正藏》T12/391c12—393c9。

2. Дх10594 号，见《俄藏》14/338a，残片，如图 7 所示。存 15 行。根据每行起始文字推断，行约 17 字。楷书。有乌丝栏。原卷无题，《俄藏》未定名，根据残存文字，知其为“大般涅槃经卷五”残文。所存内容起“生老病死二十五有”句的“生”字残形，至烦恼毒箭之处示现作佛”句的“之”字残笔。相应文字参见《大正藏》T12/391b26—c12。

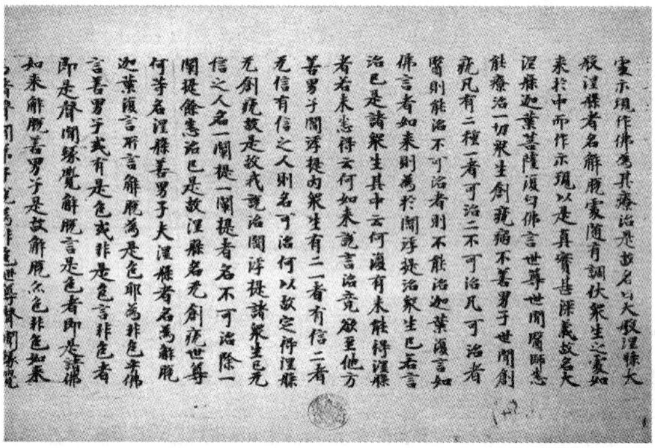

图 6　S.547 号

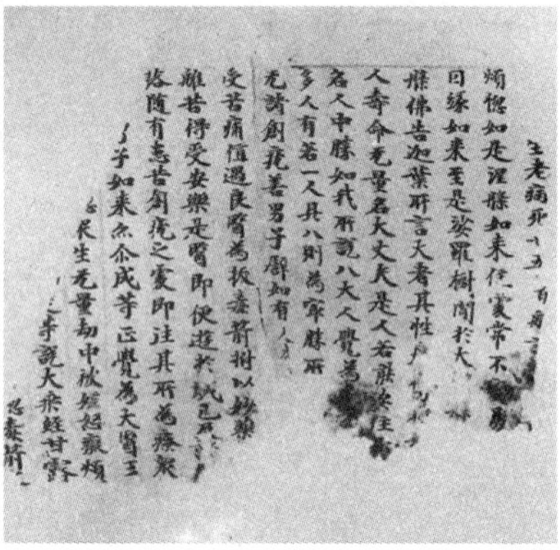

图 7　Дх10594 号

从内容上看，Дх10594 号和 S.547 号前后衔接，但是从图片上看不出二者的撕痕是否吻合。从纸色看，S.547 号《翟目》称其为“黄纸”，但是尚不可考知 Дх10594 号纸色如何，因此难以从纸张角度判定二者缀合的可能性。

从行款看，上揭二号皆有乌丝栏，每行字数以 17 字为主，间或有 1—2 字的出入。通过表 3 可以看出，书手书写时，在每行字数上把控得不甚严格。从这点看，Дх10594 号和 S.547 号具有一致性。

从书风上看，上揭二号皆笔墨浓重，气势雄壮，风格一致。

表 3　Дx10594 号和 S.547 号每行字数比较

行数→	1	2	3	4	5	6	7	8	9	10	11	12	13	14	15	16	17	18	19	20	85
Дx10594	17?	16	17	16	17	17	17	17	17	17	16	16	17	17	17						
S.547	18	17	17	17	17	17	17	17	17	17	17	17	17	17	16	16	17	16	16	17	15

但是，由于 Дx10594 号和 S.547 号衔接处无残字可缀合，因此能否缀合只有通过字形比较的办法来考察。下面是“涅槃”“男子”“處”“亦”和构件“乚”在二者中的写法（见表 4）。

表 4　Дx10594 号和 S.547 号字形比较

比较字	卷号	字形
涅槃	Дx10594	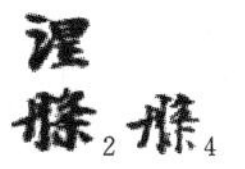
	S.547	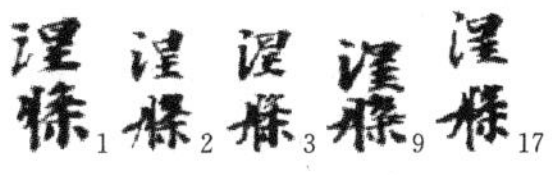
男子	Дx10594	
	S.547	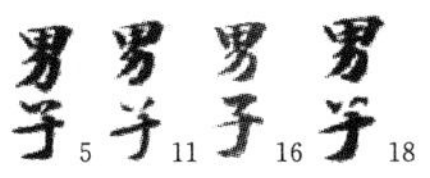
處	Дx10594	
	S.547	
亦	Дx10594	
	S.547	
乚	Дx10594	
	S.547	

通过字形比较可以看出，Дx10594 号和 S.547 号应该出于一人之手，因此Дx10594 号和 S.547 号可以缀合（见图 8）。

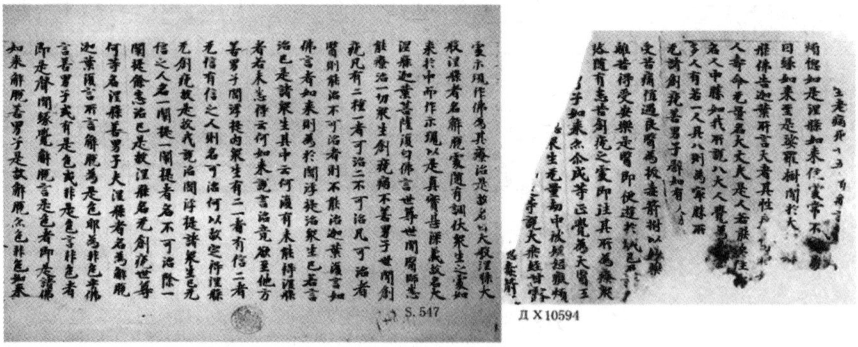

图 8　S.547 号（前部）＋Дx10594 号缀合图

综上所述，和英藏 S.1858 号、S.4366 号和 S.547 号内容衔接、行款相同的残卷有 4 件，从书迹来看，S.4366 号和 BD11463 号、S.547 号和 Дx10594 号这两组残卷可以缀合。通过上揭 7 件残卷能否缀合的分析我们看出：有些写卷虽然内容衔接，甚至还有残字可以缀合，但是在无法考察用纸的情况下，一定要细审行款和书迹。在行款也一致的情况下，考察书迹就显得尤为重要。首先要看字体是否相同，整体书风是否一致；其次要调查共有字的字形，最好能在一定范围内做穷尽式的考察，这样得出的结论才具有比较强的说服力。

（景盛轩：浙江师范大学人文学院，321004，金华）

古代日僧所撰三种《大般若经音义》异体字研究*

梁晓虹

摘　要： 本文以古代日本学僧所撰写的三种《大般若经音义》为资料，考察其中的异体字内容，探讨从奈良末到镰仓时期，日僧所撰《大般若经音义》在异体字研究上所呈现的发展轨迹，从一个侧面考察汉字在日本的发展，以及古代日本学僧对汉字的理解与认识。

关键词： 大般若经音义　三种音义　异体字　异体字专书

一、关于日僧所撰三种《大般若经音义》

唐僧玄奘所译《大般若波罗蜜多经》（简称《大般若经》），很早就东传至日本，且广播不衰，延绵至今。随着《大般若经》的广传，从奈良时代开始，日本学僧为诵读研究此经而编撰的音义书亦应运而生。据统计，历史上共出现 18 种①音义书，且多数流传保存至今。其中又以奈良时代法相宗学僧信行所撰《大般若经音义》（三卷，现残存卷中，石山寺藏），平安时代著名公卿、文学家藤原公任所撰《大般若经字抄》（一卷，石山寺藏），以及作者不详、约成于平安时代末期或镰仓时代初期的《大般

* 本文为日本学术振兴会（JSPS）科学研究费基盘研究（C）“日本古写本单経音義における異体字研究——‘大般若経音義’三種を中心として”（2017 年度；课题号：15K02580）以及 2017 年度南山大学パッヘ研究奖励金 I-A-2 成果之一。

① 筑岛裕：《大般若经音义诸本小考》，《人文科学科纪要》第 21 辑，1960 年 3 月，第 1—57 页。

经音义》（无穷会图书馆藏等①）三种（以下简称“三种音义”）最具学术价值，深受日本学界瞩目。

（一）石山寺本《大般若经音义》（中卷）

位于滋贺县大津市境内的千年古刹石山寺藏有古钞本《大般若经音义》中卷。桥本进吉博士根据此本纸质、字体、书写风格等考证，认为乃平安朝初期写本。② 而其原本之撰著时代，盖应为距平安时代初期不远的奈良时代。关于其作者，学界意见并不统一，有的认为是奈良朝末期平安初期法相宗著名学僧信行，也有的认为此乃中国唐代僧人玄应之作。③ 尽管信行所撰之说至今尚无直接明证，但一般认为信行所撰可能性较大。

此本卷首残缺，且第一纸的第一、第二行破缺，故所存内容实际是为《大般若波罗密多经》第五十三卷至第三百八十六卷所作之音义。尽管蠹蚀破损严重，但体例清晰明了。其体式基本与汉土传统佛经音义相同，按《大般若波罗密多经》卷次顺序④将所需解释的字、词以及一些词组，甚至短句抄出，标注字音，解释异名、字义、词义等。释文皆采用很正式的汉文，音注用反切，为数不多的和训亦以汉字（万叶假名）表示。此音义几乎不注出处，诠释亦相对简略。筑岛裕考证后认为：如果说原作者自写本另外存在，石山寺本为其转写本，而万叶假名注乃为原作者后之阶段被附加的可能性不能说绝对没有，但因从体裁到内容均古风共存，故将此本（石山本）视为原作之形之传承，亦并非不自然。⑤

石山寺本《大般若经音义》是日本佛经音义中之“名篇”。除了因其历史悠久，甚至是早于慧琳而为《大般若经》所撰之音义书，还因为作为日语史和汉语史的研究资料，此本具有较高的学术价值。

作为日本“大般若经音义”之鼻祖，石山寺本在日本国语史、古辞书史诸领域的研究价值不言而喻。桥本进吉指出：“其中以万叶假名标记的和训，其数虽寡，然多为上古文献所未见。恰如《新撰字镜》《和名类聚钞》《类聚名义钞》等，与本书相较，

---

① 此音义写本较多，且时代不一。学界一般以被认为书写年代较早，写本最为优良的无穷会图书馆藏本为代表，统称其为“无穷会本系大般若经音义”。

② 桥本进吉：《石山寺藏〈古钞本大般若经音义〉中卷解说》，载《大般若经音义》（中卷），古典保存会发行，1940 年。筑岛裕：《大般若经音义解题》（石山寺一切经藏本）则指出亦可视其为奈良时代写本，载《古辞书音义集成》第三卷，汲古书院 1978 年，第 125—133 页。

③ 梁晓虹：《日本古写本单经音义与汉字研究》，中华书局 2015 年，第 43—45 页。

④ 无释则跳过不音义者，亦多见。如第五十三卷后即第七十七卷。

⑤ 筑岛裕：《大般若经音义解题》（石山寺一切经藏本）。

有许多和训只存于尔后书籍。故（本书）对日本古语及古典研究之裨益当为不少。”[①]此已为日本国语学史、古籍训点学界所瞩目。另外，因全用汉文书写，音义对象又是唐玄奘所译《大般若经》，故正如桥本进吉所指出“对中国古代语言文字研究亦很有价值”[②]。川濑一马也认为：与慧琳《大般若经音义》相较，所用语汇，互有出入，亦不似慧琳一一标明出处，相对简要。相反却因多例举异体字等，故有助于古代字音、字义和字形的研究[③]。[④]

（二）石山寺本《大般若经字抄》

石山寺还藏有另一种《大般若经》的音义书——《大般若经字抄》（一帖）。[⑤] 关于其作者，学界一般认为是藤原公任（966—1041）。藤原公任是平安时代中期著名公卿、歌人，故在日本历史上，无论是作为政治家还是文学家皆具有较高的地位。

此本之书写年代，因其四十三丁终行所附“识语”有“长宽二年甲申[⑥]三月十九日申时以智镜房本于高桥之/家书了。淳筭生廿三”，学界一般判断当为“长宽二年（1164 年）”由名为“淳筭”之僧书写。而其撰著时间，只能根据第四十二丁里初行有“长元五年九月廿九日承御室仰了”字样，推测为 1032 年。

《大般若经字抄》依照《大般若经》卷帙顺序选出单字、复合词（包括音译词）等作为辞目，对其进行音注和义注。义注相对简洁，用单行或双行小字标于辞目下。音注则或用汉字直音注，或用假名表示。尽管其注文相对简略，但也如传统佛经音义，多有征引。其引用出处，有用书名，也有用人名，甚至还用略名。

《大般若经字抄》有不少独创之处。如体裁样式上，以帙而编成，打破了佛经音义按卷收释辞目的传统。训注方面，汉文注释大幅度减少，而以片假名和训为主体，被认为是以片假名标明和训类音义之嚆矢之一；音注则不再承用传统的反切法，而是用片假名和直音法标注字音。从收辞立目的角度来看，虽然也收了若干《大般若经》中的复合词，但主要是将《大般若经》中的单字作为辞目而加以诠释。中世以降，大批日僧所撰《大般若经音义》的最大特色即辞目多为单字。以单字为中心，不仅是《大般若经》音义书，也是平安中期以降日僧所撰佛经音义之特色，因此日僧所撰佛经音义书多有“单经字书”特色。由此可见《大般若经字抄》在日本《大般若经音义》乃

---

① 桥本进吉：《石山寺藏〈古钞本大般若经音义〉中卷解说》。

② 桥本进吉：《石山寺藏〈古钞本大般若经音义〉中卷解说》。

③ 下划线为笔者所画。以下亦同，不再另注。

④ 川濑一马：《增訂古辞書の研究》，日本雄松堂出版 1986 年，第 15 页。

⑤ 石山寺《一切经》附第七函第一八三号。

⑥ 二字本为用竖双行小字标出。

至佛经音义史上具有重要的历史地位，在佛经音义从“和风化”向“日本化”的转变中起着承前启后的作用。

（三）无穷会本《大般若经音义》（卷上）

位于东京都町田市玉川学园的无穷会图书馆藏有《大般若经音义》卷上。虽然确切的书写年代难详，然根据用纸、书风以及表记样式来看，盖为日本镰仓（1185—1333）初期写本。此音义还被发现另有其他多种写本，山田健三综合诸家所说，指出自镰仓初期至室町（1333—1568）末期，共有包含无穷会本在内的 12 种写本。① 这些写本从内容与体裁上来看，应属同类，可认为本是同一书。② 学界一般以被认为书写年代较早、写本最为优良的无穷会图书馆藏本③为代表，统称其为“无穷会本系大般若经音义”④，而其共同祖本之成书年代，大概可推定为平安时代末期或镰仓时代初期⑤。

无穷会本《大般若经音义》一帖，仅存卷上，且卷尾稍欠。然此本卷上卷尾所缺以及卷下部分可由年代稍后，写于弘安九年的天理本补足。由此可见，此系统音义本为上下二卷本。

无穷会本《大般若经音义》属卷音义。其体例基本为：按照经本文卷数选录辞目，以单字为主，也有若干复合词。基本参照藤原公任《大般若经字抄》用汉字同音字作注，但有时若无相对简单的汉字，则用假名音注。⑥ 左下部则多伴有假名（有时也用汉字）加以简单释义。此本不仅是“无穷会本系大般若经音义”系统中最古写本，而且特色极为明显，即大量标出异体字，被认为具有“专经异体字字书”⑦ 性质，故成为日本中世时期汉字研究，特别是异体字研究的重要资料。

以上所述“三种音义”，既能体现出日本《大般若经音义》的发展进程，也可认为

---

① 山田健三：《木曽定勝寺蔵大般若経音義について》，信州大学人文学部《内陸文化研究》（4），2005 年，第 49—59 页。

② 筑岛裕：《大般若經音義の研究・本文篇・解説》，载筑岛裕：《大般若經音義の研究・本文篇》，日本勉诚社 1977 年，第 13—33 页。

③ 筑岛裕：《大般若經音義の研究・本文篇・解説》，载筑岛裕：《大般若經音義の研究・本文篇》，日本勉诚社 1977 年，第 13—33 页。

④ 筑岛裕：《無窮會本系大般若經音義附载の篇立音義について》，载《村松明教授還暦記念・國語學と國語史》，日本明治书院 1977 年，第 383 页。

⑤ 筑岛裕：《無窮會本系大般若經音義附载の篇立音義について》，载《村松明教授還暦記念・國語學と國語史》，日本明治书院 1977 年，第 383 页。

⑥ 沼本克明：《無窮會本大般若經音義の音注について》，载《筑岛裕博士傘壽記念・國語學論集》，日本汲古书院 2005 年，第 527 页。

⑦ 鸠野惠介：《無窮会図書館蔵本〈大般若經音義〉における異体字表示の術語について》，载《国語文字史の研究》十一（国語文字史研究会），日本和泉书院 2009 年 5 月，第 153—169 页。

是日本佛经音义历史的一个缩影。而即使从汉字异体字研究的角度看，“三种音义”也具有重要价值，尤其是无穷会本。笔者以下对“三种音义”展开研究，考察古代日本学僧对异体字的认识与理解，从一个侧面考察汉字在海外的传播与发展。

二、“三种音义”之异体字研究

（一）石山本《大般若经音义》之异体字研究

作为最古写本的石山寺本《大般若经音义》，从体式到内容皆彰显古风。体现在汉字方面，尽管以收释复合词为主，但因传统佛经音义有分字为训的特点，故也多有汉字辨析的内容，其中当然涉及异体字。鸠野惠介[①]曾指出此本有关异体字标注有六种形式，如下：

①“又作某[②]（字）”，也包括“亦某也”“又某字”“亦作”“亦为某字”，共70组。

②“或作某（字）”，也包括“或为某字”“经（文）或作某”“或某同”“或本作”“或同某字”“或某字”，共16组。

③“正字作某（字）”，只有1组。

④“古文作某（字）”，也包括“古文某”“旧作某”“旧用某字”“旧经作某”，共13组。

⑤“今作某（字）”，只有1组。

⑥“应作某（字）”，也包括“宜作某字”等，共8组。

若据此加以统计，可知石山本中共有109组。石山本仅是《大般若经音义》的中卷，且有残缺，篇幅并不大，所以我们可以认为其中异体字内容已经颇为丰富。通过考察[③]，可知石山寺本这109组异体字内容，主要呈现以下特色：

1. 判别异体，辨析字形，主要参考了《玄应音义》。如：

拯[④]濟：第三分作濟恤。……恤字又作卹……收也。忧也。振恤忧贫也。（第四十八卷[⑤]）

---

① 鸠野惠介：《無窮会図書館蔵本〈大般若經音義〉における異体字表示の術語について》。

② 鸠野惠介论文中用“×”表示，我们改成“某”。

③ 笔者在《日本古写本单经音义与汉字研究》一书的第一章中，曾对石山寺本《大般若经音义》（中卷）的137例辞目，从汉字俗字的角度，做过考证性的“个案”分析梳理。

④ 因是古写本，所以作为举例我们还是将相关字形用图像文字表示。

⑤ 根据来迎院本，可知此是为《大般若经》第四十八卷所作音义。

案：此本卷首缺损。第五十三卷[1]前唯此一条，且残损不清。然来迎院本颇为清晰，故引以作参证：

拯濟：第三分作濟恤。上字又作抍撜二形，同。旨升反，助也。上擧也。恤字又作卹，私聿反。收也。忧也。振恤，忧贫也。

从上可见石山寺本有残脱，而“上字又作抍撜二形”一句，是指出“拯”的两个异体“抍”与“撜”。而“恤字又作卹”则指出“恤”的异体“卹”。

《玄应音义》卷二有“拯（拯）”条：“又作抍、橙（撜）二形，同。蒸上声。《说文》：拯（拯），上举也。谓救助也。”[2] 可见此条直接参考玄应说。另外，《玄应音义》中虽并无“拯濟”条，亦无“濟恤”条，但在卷二十二有“振恤”条，释曰：“古文㫳、振二形，同。储胤反。《小尔雅》：振，振救也。《说文》：振，举也。下又作卹，同。私聿反。《说文》：恤，收也。忧也。振恤，忧贫也。”可见，此本“恤”与“卹”字之异体辨析也是参考玄应说。

溃烂：上又作殨，胡对反。旁决也。溃，漏也。……（第五十三卷）

案：玄应在卷二十四收录“溃烂”条，但只释上字“溃”，与此相同，可见此本完全参考玄应说。

此类例甚多，不赘举。学界对石山寺本已多有研究，尽管意见并不统一，但一般认为其作者是奈良朝末的日僧信行。而信行在撰写此音义时，《玄应音义》二十五卷应是其最重要的参考书。有些与《玄应音义》相同的辞目，其解释就基本照抄，只是省略了出处。有些复音辞目虽不完全与《玄应音义》一致，但其中有的单字有内容相同或相关者，也多参考了玄应说。

2. 判别异体，辨析字形时还参考了其他古字书、韵书资料。如：

炽然爔[3]赫：第二分云：炽然赫弈。案：应作羲字。《桂菀》第二中作羲[4]，虚宜反。气也。又羲赫，光明也。《玉篇》第九兮部作羲，赩奇反，光明皃也。气皃也。（第七十七卷）

案：石山寺本多收词组或短语性辞目，此即为一例。检《玄应音义》，既无此四音节者，也不收双音节“曦赫”或“爔赫”。而上例作者在“案语”中所提“桂菀”，应为《桂苑珠丛》，为隋代诸葛颖所撰。原书有一百卷，已佚。由此可见，此音义作者应

① 《大般若经》原经之卷数。

② 本文《玄应音义》例出自徐时仪《一切经音义三种校本合刊》修订版（一）（上海古籍出版社 2012 年），不再另注。

③ 此字缺损不清，根据沼本克明《石山寺藏の字书・音义について》中所补而作。

④ 桂苑珠丛，此本多作“桂菀”。“菀”为花名“茈菀”，“苑”古称囿，蓄养禽兽之所。由音同而通用。

见过此书。另外，作者还提到《玉篇》，应为原本《玉篇》。经查检，发现原本《玉篇零卷・兮部》“羲”字下有此内容[1]，不过已经有大幅度的删略。“光明皃”是顾野王引王逸注《楚辞》的内容，而“气皃”则是顾野王引的《说文》。顾野王关于“羲”的诠释颇长，但信行仅摘取其最简单的音义内容。

3. 多收释日本当时所传《大般若经》中俗字异体，反映出从唐写本到日写本的汉字状貌。

应该说信行所收释的异体字内容，大部分有所依据，即有所参考。如前所述，主要是参考了《玄应音义》的内容，此外还参考了其他中国古字书、韵书以及辞书音义等资料。但是我们应该注意的是，信行所撰此音义，毕竟是为日本僧俗阅读当时在日本流传的《大般若经》而服务的，所以其尽可能收释了当时所流传的写本中的各种俗字异体，反映出当时写本经文汉字使用的自然形态，所以有些异体字内容并不见于玄应前人著作，而为此本所独有。如：

串习：第三分作惯习，又作⿰忄串习。公患反。串，习也。字又作遦、樌。（第一百八十一卷）

案：“串”与“惯”为异体关系。《大正藏》在《大般若经》第一百八十一卷经文的“串习”下注曰：宋元明三本作“惯”。“字又作遦、樌”，也见于《玄应音义》卷十八：“惯习：又作串、掼、遦三形，同。古患反。《尔雅》：串亦习也。”只是最后“樌”字，为他本之所未见，可能是因“木”旁与“扌”旁形近而讹，当作“掼”。值得注意的是“又作⿰忄串习”中的“⿰忄串”字，是此本作者所见第三分的第二种写法。这种字形，是利用“串”制作的新形声字，在结构上比“惯”简单。其所以未能流行开来的原因，可能是出现得较少，而“串”又有了其他读音，不适合成为“有固定读音、识记简洁”的形声字。

赴[2]期：上又作⿺辶赴字，⿺辶卜赋反，至也，奔也，[illegible]越也，告也，亦为⿰⻊卜字。（第三百廿九卷）

案：释语中“赴”字作“辶”底成“⿺辶赴”字，属于重床迭屋。“赴”从走，已有“趋”意，其又累增一“彳行彳止”之辵（辶）。而另一从“足”旁“卜”成“⿰⻊卜”字，也可视为“赴”之俗字。汉字中“走、辵（辶）、足（⻊）”三个偏旁意义相通，字形相似；而其构成的同旁形声字往往也音义相通，或互为异体字。如“越—跋—逑”“跳—趒”等。

---

① 《原本玉篇残卷》，中华书局1985年，第253页。

② 石山寺本词头首字损脱不清，根据经文及来迎院本补出。

“卧”字《说文・足部》中就有，释曰：“趣越皃。”段玉裁注：“趣，疾也。小徐作趋。卧与赴音义略同。从足，卜声。”《玉篇・足部》也收有“卧”，释曰：“芳付切，趣越皃。亦作赴。”《高丽大藏经异体字典》“赴”字下收有“卧”。

再看作为偏旁重叠的字“[辶赴]”字。此本当为书写者书写时有所犹豫所造成的讹字，并不多见，却见收于字书。《龙龛手鉴・辵部》收有“[辶赴]”，然仅注其音读曰：音“赴”。《四声篇海・辵部》与《字汇补・辵部》也收此字。后者并辨析云：“音义与‘赴’同。”蔡信发①指出“[辶赴]”字始见《龙龛手鉴・辵部》。这说明此讹写经本文中已有重复出现，可谓“讹俗字”。此本中之“[辶赴]”就是一个极好的例证。不仅因为其石山寺本年代早于《龙龛手鉴》，而且说明此“讹俗字”早就传到日本，且已为日僧所注意。

（二）《大般若经字抄》之异体字研究

《大般若经字抄》② 在日本佛经音义史上所具有的价值前已有述。作为日本佛经音义史上转折时期的代表，其以收释单字为主的特色，为其后的无穷会本系统《大般若经音义》奠定了基础。所以尽管《大般若经字抄》所收录的异体字数量远不如其后的无穷会本，所用术语也不如后者丰富，但筑岛裕先生认为从整体来看，二者应有一定的关系，即后者是在《经字抄》的基础上增补数量，调整体裁而成的。③ 故《经字抄》作为“先行”收释异体字的佛经音义，我们有必要对其进行研究。

笔者经过考察，认为相比来看，虽然《经字抄》中所出异体字的数量相对显少，但若梳理分析，可发现值得探讨的内容其实也很丰富，值得注意。此本标注异体字的方式则主要有以下几种：

1. 用“或作”或“或用”标出异体，此类共有 14 例。如：

髀：音弊（弊）④。卑（卑）。可從骨。或作胜。モモ。（P3⑤）

案：“胜”字颇为漫漶不清，根据沼本克明“和训索引”，当为“胜”字。“モモ”，汉字作“股・腿”，即“脾（胜）”义。

驅：音區。ハス。或作駈。（P9/P23）

案：“駈”作为“驅”俗字，已见于《玉篇・馬部》。二字互为异体，文献常见。

---

① 请参考我国台湾地区《异体字字典》蔡信发关于此字的“研订说明”。

② 以下简称《经字抄》。

③ 参考筑岛裕《大般若经音义诸本小考》。

④ “弊”即以上所述及为“弊”之俗字。以下同用括号标出释语中疑难俗字，为能让读者尽可能了解写本字形之原貌。不再另注。

⑤ 此为《大般若經音義の研究・本文篇》之页数。以下同，不再另注。

不赘。

安隠：音殷。正引。安也。或用穏字。（《经字抄》P4）

案："安隐"可作"安稳"。"隐"用同"稳"。安稳，稳定也。《楚辞·九章·抽思》："超回志度，行隐进兮。"洪兴祖补注引《说文》："隐，安也。"唐杜甫《投简梓州幕府兼简韦十郎官》诗："幕下郎官安隐无？从来不奉一行书。"仇兆鳌注："隐，乌衮切，一作稳。"《资治通鉴·唐玄宗天宝十四载》："禄山踞床微起，亦不拜，曰：'圣人安隐。'"胡三省注："隐，读曰稳。唐帖多有写'稳'字为'隐'字者。"

2. 用"同"标出异体，此类共有 15 例。如：

穅：アフ。同糠。（P5）

案：《说文·禾部》："穅，穀皮也。从禾从米，庚声。康，穅或省。"《玉篇·米部》："糠，俗穅字。""禾""米"义近可通，故二字互为异体。

喧：音官。同諠。（P9）

案："喧"与"諠"声符相同，义符一从"口"，一从"言"，表大声喧哗，互为异体。

冈：音罔。欺也。同誷。（P30）

案："冈"乃"罔"俗字。"誷"则"誷"俗字。"罔"有蒙蔽，欺骗义，故有"欺罔"之词。"誷"则更强调用语言欺骗。《慧琳音义》卷八十八："誷上，上音罔。《考声》云以言欺诬也。"

僚：同寮。同官也。（P16）

案："僚"即"僚"；"寮"乃"寮"，并不难辨，只是书手将声符"尞"下部讹写成"果"。又此条"同寮"写在辞目字"僚"之右。此本一般于辞目字右标音，用"音某"表示。笔者认为此条之"寮"既有标音也有标出异体字的作用。"寮"虽有其本义，然古代可借作"僚"用。《尔雅·释诂上》："寮，官也。"郭璞注："同官为寮。"《玉篇·宀部》："寮，官寮也。与僚同。"

3. 用"又作""通用"等标出异体，此类共有 8 例。如：

脐：音齊。又作斉。ホソ。（P3）

案："脐"为"臍"字，"斉"是"齊"字。《日本国语大辞典》等释"ほぞ（臍），至平安時代末读ほそ"，正与此同。

串：音贯。习也。又作惯。行瑫云穿也。习也。或又患久之也，具串字。（P20）

案：图书寮本《类聚名义抄》引用此条作："惯习：……公云：音贯。或作串。"但《经字抄》中并无"惯"字，两处皆为"串"字。可见公任所见经本文作"串习"。石山寺本《大般若经音义》（卷中）正作"串习：第三分作惯习，又作悹习。公患反。

串，习也。字又作遺、樌。”由此可以看出早期流传的《大般若经》作“串习”多见，但也有如石山寺本所指出“第三分作惯习”。

慓：音摽。通用。（P7）

案：“慓”字应为“幖”字俗。俗字“巾”“忄”多相混淆。此条下另一辞目字为“幟”，即“幟”也。《大般若经》中有“幖幟”一词，故《慧琳音义》卷一：“幖幟：上必遥反。《桂苑珠丛》云：幡旗之类也。《说文》：幖即幟也。从巾票声。票者，音匹遥反。经文从木从扌者，非此用也。”以上“音摽”之“摽”，应为“標”字。“標”与“幖”可通用。此处，用注音字同时兼表异体字。

瞖：音翳。与翳通用，目病也。（P19）

案：“瞖”为“瞖”字，专指眼疾，见于《玉篇》《广韵》等中古辞书。“翳”即“翳”字也，本义为用羽毛做成的车盖，但可借用作“瞖”。《慧琳音义》卷十三：“瞖膜，上伊计反。眼瞖也。经从羽作翳亦通。非本字也。《考声》云：瞖，蔽也。盖也。下音莫。眼晕膜也。”

痰：音談。胸上水。病也。经多作淡，通也。（P10）

案：此条在第 26 页又见“痰：音谈。又作淡字。”用“又作”表示。

4. 用偏旁指出异体等，此类共有 6 例。如：

膊：音薄（薄）。可从骨。（P6/11）

案：“膊”即“膊”字，不难辨认。“可从骨”即“髆”字。二字互为异体表示肩膀、胳臂。亦泛指身体的上部。而《经字抄》第一帙第一卷就有：“膊：音薄。肩骨也。（P3）”音义形颇为清晰。

𦛨：音之。メクソ。可從目。（P10）

案：“𦛨”即“𦛨”也。《字汇补·肉部》：“昌支切，音痴。目汁凝也。”“可从目”即为“瞌”。“𦛨”与“瞌”互为异体，但皆非本字。《正字通·目部》：“瞌，同眵。”本字为“眵”。《说文·目部》：“眵，目伤眥也。从目多声。”“眵”即指眼睛的分泌物，俗称为“眼屎”。

有时就直接将异体置于标音字后，不过仅有 1 例。

膝：音七。膝字。（P6）

与无穷会本《大般若经音义》大量标出异体字，成熟地运用异体字标出术语等特色相比较，《经字抄》中的异体字并不算太多，其标出方法也主要如上所指出，并不是很丰富，其中“或作”与“同”使用得最多，其他则较为散乱。但即使这样，很明显的是，与其前信行的《大般若经音义》相较，《经字抄》收释异体字颇为简略，自有其特色。这为其后佛经音义大量收释异体字起了先导作用。

（三）无穷会本《大般若经音义》异体字之研究

无穷会本《大般若经音义》是三种音义中异体字内容最为丰富的一种。在为字头举出诸异体之后，还多伴有撰者有关异体字的标示术语，共有以下 7 种类型：

①“同上亦作”，这是出现最多的术语，根据鸠野惠介统计①，共有 499 组。

②“同上，先德非之”，共有 120 组。

③“同上或作”，或“同上或本”，共有 63 组。

④“同上古作”，或“同上古文”，共有 25 组。

⑤“同上正作”，共有 21 组。

⑥“同上俗作”，共有 10 组。

⑦“同上今作”，1 组。

以上所归纳，是从大体或者一般意义上着眼的。当然，此本撰者在举出异体字后，并不会只用以上所列的某一种术语，有时也会几种并用。如：

①“同上亦作，先德非之”，共有 31 组。

②“同上或作（或本），先德非之”，共有 10 组。

若据此统计，此本所出现的异体字就共有 739 组。无穷会本也并非全本，仅是卷上，且卷尾有欠，故不难看出其异体字内容极为丰富，不愧有“异体字字书”之称。鸠野惠介《無窮会図書館蔵本〈大般若經音義〉における異体字表示の术语について》一文专门研究此本异体字的表述术语，颇为详细，可以参考。以下为笔者根据此本异体字标示术语，所做的考察。

1. 从“亦作”考察

无穷会本中所出辞目（大多为单字）下，用“同上亦作”所标示的异体字最多，其中多次出现的字组有 124 种，一次性出现的字组 73 种，共计含有 197 种不同字种。②根据体例，无穷会本所出单字辞目，应摘自《大般若经》，故其后“亦作”所标，皆应为辞目异体。

飯：煩；イヒ。**飰餅**，同上，亦作。（P78）

案：以上两个异体，“**飰**”应是“飰”之俗写。而“飰”与“餅”同为“饭”之异体字。《玉篇・食部》：“饭，扶晚切，餐饭；符万切，食也。餅、飰，并同上，俗。”《集韵・阮韵》：“饭，食也，或从弁，从卞。”《说文解字・食部》：“饭，食也。”段玉裁注：“云食也者，此饭之本义也。引申之，所食为饭。今人于本义读上声，于引申之

---

① 鸠野惠介：《無窮会図書館蔵本〈大般若經音義〉における異体字表示の術語について》一文有专门统计。本文统计数目皆参考其说，以下不再另注。

② 鸠野惠介：《無窮会図書館蔵本〈大般若經音義〉における異体字表示の術語について》。

义读去声，古无是分别也。《礼记音义》云：依字书，食旁作卞，扶万反，谓所食也。食旁作反，符晚反，谓食之也。二字不同，今则混之，故随俗而音此字。陆语殊误。古只有饭字，后乃分别作飰，俗又作餅。此正如汳水俗作汴也。唐以前书多作飰字，后来多讹为餅字。"《字学三正・体制上・古文异体》则以"餅"为"饭"之古文。说法各异，或古文，或俗字，不一而足。其说法虽异，然中古时期，"饭""飰""餅"三字可互为异体，应无疑义。敦煌遗书中，此三字即通用，故《正名要录》曰："今飰通用此饭字。"

2. 从"或作""或本"考察

从语义理解，"或作"应与"亦作"同义。此本所标实际也如此。如：

瘡：草；カサ。創：同上，亦作。（P64）

又. 瘡：草；カサ。創：同上，或作。（P148）

案：日语"カサ"汉字正写作"瘡"，《日本国语大辞典》释曰①"皮肤病之总称及疮痂"；②"梅毒之俗称"二义。是为通行字。而汉语中表示皮肤上肿烂溃疡等病也通用此字。然而实际上，作为"亦作""或作"的"創"才是本字。《说文・刃部》云："刅，伤也。从刃从一。楚良切。創，或从刀倉声。"段玉裁注："凡刀創及創瘍字皆作此。俗变作刅，作瘡。多用創为刱字。"《干禄字书》云："瘡創：下亦創造。"。《玉篇・疒部》《四声篇海・疒部》《康熙字典・疒部》并谓"疮"古文作"创"。《正字通・疒部》则云："瘡，本作創。今俗通作瘡。"然而，汉字实际使用形成的结果是"瘡"成为以上义的通行字，而"創"则多读"初亮切"，表创始、创造义。

以上二组，字形、字音与字义完全相同，只是一用"亦作"，一用"或作"，可见二术语性质基本相同。

另外，无穷会本中还有"或本"。根据语义，"或本"应指其他写本或版本。鸠野惠介指出，无穷会本中"或本"与"或作"意思相同。无穷会本中有"乌瑟腻沙"条，其下又有"嗢瑟尼沙：或本作之"一例，故"或作"乃至"或本"盖为"或本作之"之省，只是有时用"或作"，有时用"或本"。

除此，无穷会本在两次标注"四十三字"时，只用"或作""或本"形式。如：

柁：タ。拖：同上，或作。（P44）

又，柁：タ。拖：同上，或本。（P176）

裒：ア。裒婀：同上，或作。（P44）

又，裒：ア。裒婀：同上，或本。（P176）

音译词用字只取字音，非关字义，故实际上只是同音字，严格地说不能认作是异体字。无穷会本标注音译词时只用"或本""或作"，可视其为特色之一。

3. 从“古作（古文）”考察

无穷会本中基本用“古作”一语，“古文”仅有两例，意义相同。

詷：妄；タフロカス。同，同上，古作。（P116）

案：《日本国语大辞典》“たぶろか・す【誑かす】”。“詷”为“誷”俗字。“誷”字不见《说文》。《玉篇・言部》：“誷，无紡切，誣也。”《字汇补》：“詷，同誷。”《慧琳音义》卷八十八：“誷上：上音罔，《考声》云以言欺誣也。”“同”应为“网（罔）”之俗写。《龙龛手鉴》有“冈部”。“网”是“网”本字，本是一个象形字“网”，《说文・网部》：“庖牺所结绳以渔。从冂，下象网交文。凡网之属皆从网。”《康熙字典・言部》：“誷……又与罔通。《礼・少仪》：衣服在躬而不知其名，为罔。注：罔又作誷。”中古引申发展有“誣”义。

4. 从“正作”考察

淡：湛；アハ。胸中水也。痰：同上，正作。（P38）

《说文・水部》：“淡，薄味也。”《广韵・谈韵》“痰，胸上水病。”《慧苑音义》卷下“独黄淡熱”曰：“《文字集略》曰：淡，谓胸中液也。骞师注《方言》曰：淡字又作痰也。”《说文》无“痰”字，传世文献中“痰”字始见于晋葛洪《抱朴子内篇・至理》：“甘遂、葶历之逐痰癖。”《极言》：“凡食过则结积聚，饮过则成痰癖。”字书中“痰”字始见于梁阮孝绪《文字集略》。则“痰”字最早当为晋代所出，其先则以“淡”字为之。“淡”与“痰”应为古今字，古代均用“淡”字，后专造从“疒”之“痰”。《慧琳音义》卷三“痰病”条释曰：“上唐男反，《集训》云：胸鬲中水病也。经文作淡，非也，此乃去声，无味也。书人之误者也。”慧琳以“痰”为“正”字，以“淡”为“非”，则是以后起本字为规范故。此本亦遵此。

“亦作”与“正作”有在相同字组中出现的情况，如：

醒：生；サトル；ユヒサム。惺：同上，正作。（P12）

醒：生；サトル；ユヒサム。惺：同上，亦作。（P12）

以上“醒”为“醒”之俗写。其他音义皆同。但前例“惺”为“醒”“正作”，后例则“惺”为“醒”“亦作”。如此“混见”，亦见他处。

5. 从“俗作”考察

统：通；フサヌ；オサム。綂：同上，俗作。（P94）

从字形上看，“统”本身就是“统”字的简写字，从某种意义上，也可视为“俗作”。后“綂”字则是因声旁“充”为俗作，如《敦煌俗字典》中的“充”[1]，《可洪音

---

① 黄征：《敦煌俗字典》，上海教育出版社 2005 年，第 55 页。

义》中的“充”“充”① 等。

此本“俗作”有时也与“亦作”交叉使用，说明撰者视为一同。如：

獵：㸦；カリ。猲，同上，俗作。（P60）

又. 獵：㸦；カリ。猲，同上，亦作。（P194）

案：以上二例亦多次出现。其注多用“俗作”，二例用“亦作”。“猲”的确是“獦”字俗形。“獦”本为兽名。《玉篇・犬部》：“獦，獦狚，兽名。”也作“猲”。《广韵・曷韵》：“狚，猲狚，兽名，似狼而赤。出《山海经》。”后“猲”借用作“猎”，做动词用。颜之推在《颜氏家训・书证》中指出：“自有讹谬，过成鄙俗……‘獵’化为‘獦’，‘寵’变为‘寵’……如此之类，不可不治。”然此本由“讹谬”之“猎”化而来的“猲”，却曾经流行。《干禄字书》就指出：“獦獵，上通下正。”敦煌遗书中《正名要录》收有“獵猲”，并注曰：“右正行者揩（楷），脚注稍讹。”《龙龛手鉴・犬部》有“獦”，又为“獦”的俗字。《字汇补・犬部》：“獦，与獦同。”

根据以上例，可知无穷会本撰者关于“俗作”的定义，基本承袭传统说法。有时也称“亦作”，是从异体字的角度看的。

通过对以上五种无穷会本撰者所常用的标示异体字术语的举例分析，可以看出，其中颇为复杂，并无定规。但是，此本将这些异体字通过这些术语，把它们组合到一起，就给了我们很好的资料选择的范围。

陈定明曾把慧琳《一切经音义》异体字标示术语分成三类，其中有两种我们可以参考用于分析无穷会本：①有所依据的：如云“正体作某”，大概是本诸《说文解字》；“古文作某”，或者是依据《说文解字》的古文，或者是古人曾用过的字；②无所依据的，如云“俗作某”“或作某”“又作某”“亦作某”“省作某”都是一般流俗习用的文字。有些是已被一般人所常用的字，所以写作“或作”“又作”……一些还未为士大夫采用的，就是“俗作”。我们认为无穷会本中最常见的“亦作”应该是已被当时日本僧俗所常用的字，所以作为辞目字标出的与作为异体字胪列出来的往往可以互换。“或作”也有此性质，所以此本中有时同一个字，“亦作”与“或作”并用。至于“古作”“俗作”或“正作”应该是有所依据的，而其依据或是《说文》，或是中国字书与韵书等，或是“先德”，但是也有些无所考从，难以归宗。

6. 根据“先德非之”，考察古代日僧对汉字的认识与理解

此本中，往往在“同上亦作”“或作”之后，又会延出一字，用“同上，先德非之”和“先德并用之”标出。笔者曾做过统计，此本出现“先德非之”的异体字共有

① 韩小荆：《〈可洪音义〉研究——以文字为中心》，巴蜀书社 2009 年，第 389 页。

66组，但因有些字组多有重复，故实际出现117次。[①] 另外，“先德并用之”实际只有一组，但重复出现4次。

𢡡：湛；ニナフ。擔𢡡檐：同上亦作。儋：同上，先德非之。（P8）

歠：啜：同上或作。𩟗：同上，先德非之。（P34）

矯：橋槁：同上古作。憍：同上，先德非之。（P8）

瞬：眴瞚：同上亦作。瞤：同上或作。䀢：同上，先德非之。（P26/32）

笔者有专文探讨无穷会本中的“先德非之”[②]，故不再另行展开，但不妨将结论中较为重要的两点简引如下：

第一，无穷会本中大部分所引“先德”之语，是对异体字使用的正误加以判断，类似石山寺本的“应作”和“宜作”，只是此本多以“非之”，从否认的角度提出观点。从无穷会本《大般若经音义》的内容整体看，作者主要是客观地举出辞目字的诸异体，多用“亦作”“或作”等表示。虽也有“俗作”“正作”“古作”等有关字形的意见，但很少有对异体字使用正误的直接判定。大部分对异体字使用不当的现象，是通过引用“先德”之语来表示的。既称“先德”，就表示了作者的尊敬。即使或许并不一定完全代表作者的观点，但作者如实引出，应能反映出早期日本僧人的某些汉字观。

第二，“尊《说文》”或“依《玉篇》”。无穷会本中“先德”们对汉字异体字的认识与理解基本是正统的。有不少观点与唐代音义大家，如玄应等人相同，说明正是受其影响。无论如何，尊重《说文》、依据《玉篇》等传统字书（尤其是后者）以其为基准对异体字使用的正误加以判定是较为突出的现象。

汉字发展到有唐一代，随着书体的演变，产生了大量的异体字。在唐初使用的文字中，同字异体的现象极为普遍。而也正是在唐代，具有大量异体字的汉文典籍（包括“内典”与“外典”）大批量地东传进入日本，而且多以被颜元孙认作是“正字”的“楷书”写成。故而楷书的正字地位在日本也很早就得以确立。在这个意义上，作为《说文》与后世字书之间桥梁的《玉篇》，传到日本后，得到了更大的流通，对日本僧人的影响也就更大。

---

① 鸠野惠介在其《無窮会図書館蔵本〈大般若經音義〉における異体字表示の術語について》一文中认为有120次。因为手工统计，或有缺漏，117次近120次，基本可以成立。

② 梁晓虹：《从无穷本〈大般若经音义〉“先德非之”考察古代日僧的汉字观》，载《汉语历史语言学的传承与发展——张永言先生从教65周年纪念文集》，复旦大学出版社2016年，第586—610页。

三、结论

因“三种音义”中的异体字现象非常丰富，仅此小文实难以涵盖，笔者会在以后的研究中进以扩大并深入。以下是根据以上简单考察而得出的结论。

第一，从石山本《大般若经音义》中的异体字，可以看出信行等古代日僧对汉字，当然包括异体字的理解与认识，主要传承于唐代音义，特别是《玄应音义》以及其他唐以前的文字音韵训诂著作。但是我们也发现：此本虽然释文简略，然作者对经本文中异体字的收录和辨析在有些方面甚至超过玄应或慧琳，不乏作者的独到之处。主要体现于以下三点：

首先，尽可能指出了作者所见经文的各种俗字，反映了当时写本经文文字使用的自然形态，有助于正确认识俗字异体的历史。

其次，除了尽可能收录了《大般若经》以及当时流传的俗字异体外，作者也对某些俗字异体有辨析。如我们举到的“串习”一例，信行指出“又作⿰忄串习”。其中“⿰忄串”应该是因为从心的“惯”字表达“习惯”之义，从而由“掼”之古文“串”衍生出的新形声俗字。此字应该不多见，未能流传开来，但幸亏有信行收释，可为“惯”字研究增添新资料。

再次，注重收录异文。此本经常列出《大般若经》不同“分”之异文，有时以长短句为辞目，目的也多为校正不同版本或不同“分”之异文，当然也有援引古籍而标出异文。这些内容，对研究日本奈良、平安时代《大般若经》写本以及写本文字，是非常宝贵的资料，值得引起学界重视。

第二，藤原公任的《大般若经字抄》有很多独创之处，特别是日本佛经音义的发展趋向是以单字为中心，而此即以《经字抄》为转折点。故作为日本佛经音义的转型之作，《经字抄》有一定的先锋实验作用。尽管从汉字研究的角度来看，其体例与内容应该说不如其前信行所撰《大般若经音义》及其后的无穷会本《大般若经音义》那么完善与丰富，因为收释汉字，特别是对汉字加以正字辨形，并非其主要内容和特色，但作为一种实验性的音义著作，其中对异体字的诠释与辨析，代表了作者对汉字的认识与看法。这对我们研究汉字在海外的流传有一定的启发意义。

还应该特别指出的是，汉字是音形义的结合体，故对其研究可从字形、字义、字音等诸方面展开。《经字抄》的特点之一就是采用汉音吴音相同的同音字为所收辞目标音，故从汉字字音对汉字展开研究，也有其价值。

第三，无穷会本《大般若经音义》的特色非常明显，最主要就体现于在辞目字下尽可能多地罗列出其异体字。这颇能体现出日本镰仓以降佛经音义的特色，即一本单经音义往往就是一本小型异体字字典。而无穷会本《大般若经音义》无论从体式还是内容上，都标志着这已是一本成熟的《大般若经》的“专经异体字字书”，甚至可以认为是日本中世写本佛经的“异体字字书”。其特色为：

首先，如前所述，尽可能地标出异体字为此本最大特色。作者把辞目字的多个不同形体一一罗列出来，其中所标出的一些异体字，他本并不多见，甚至可以说是罕见。如此收录多种不同字形，成为日本中世汉字字形研究的重要资料。

其次，从无穷会本《大般若经音义》中的大量异体字字例来看，大部分的辞目字实际上并非正体，有的是俗字，有的是讹俗字，有的甚至就是误字。辞目字应该选自当时流传的《大般若经》写本，所以这些字也反映了《大般若经》经本文用字的实际状况。

第四，关于异体字的现象与表述，自古就多有诸说；至于异体字的定义，也是各家纷呈，特别是异体字与俗字的区别，至今也难有统一意见。我们认为“俗字”和“异体字”应该是有一定区别的。俗字是在使用中呈现的，而异体字的概念是在编撰字汇的时候显示的。在字汇中，字形与意义是分开的，只是因为汉字每个字形都表示了一定的音和义，于是同音义而形不同就成了“异体字”。而俗字是在使用中呈现的，是使用者的“急就章”，所以俗字可以包括狭义的“异体字”和所有的假借字、通假字、方言字、特造字、讹字，甚至包括错字而被确认了的。这样，俗字比异体字就来得广泛得多，是动态的。这种静与动的区别，是异体字与俗字的分野。① 而我们现在对“三种音义”中的异体字现象进行研究，正是从静态的角度展开的。尽管有许多问题学术界尚在争论，难有结论，但无论如何，学界对异体字研究的重视，却是有目共睹。而从不同的角度对古代字书中所收集的异体字进行分析探讨，整理归纳，则是近年来研究的重点。这些古代字书，自然也应该包括古代汉字文化圈，如朝鲜半岛，如东瀛日本的材料。本文的研究资料“三种音义”自也应是其中之一。

（梁晓虹：日本南山大学，466—8673，名古屋市昭和区山里町18）

---

① 按：此定义是笔者与陈五云先生进行讨论时，由陈先生率先提出。笔者赞同这一观念，故在此引用。

《汉字标准字典》所见“日本汉字”考

齐霄鹏

摘　要：《汉字标准字典》对国际标准和国家标准确定的21003个汉字字头在形、音、义方面进行了汇通简释，非常有利于汉字标准在各国家和地区之间的交流，在推动助力汉字的国际化和规范化方面功效显著。但其在对字源的注释说明中存在把一些明明有汉字使用例证的字形标注为别国形源的问题。本文发现其中的“日本汉字”有21例属于此类情况。

关键词：字源　标准　日本汉字

《汉字标准字典》（以下简称《标准》）由我国著名文字学家许嘉璐先生主编，出版于2001年，是为了适应信息时代语言文字交流的标准化需要而编纂的语言文字类工具书。该书作为第一部汉字国际、国家标准字典，其价值主要体现在三个方面：第一，它参考了大量的文献典籍，对国际标准与国家标准新确定的21003个汉字字头在字形、读音、释义上进行了汇通简释；第二，为应用计算机检索汉字提供了GBK内码，使上机检索与操作更为便利；第三，更加有利于汉字标准在各国家和地区间的广泛交流，使汉字作为一种国际性语言更加标准化和规范化。由于其面向网络时代、依据国际标准，所以具有跨地域、泛文化的实际意义。① 由于工作学习原因，笔者曾经使用过一段时间，感觉该字典很是简洁实用。但在使用过程中，笔者发现《标准》对字形来源的解释上，个别说解恐怕是不能令人信服的，比如，“専”，《标准》P117认为是“日本汉字”，但这个字形在古书中实在是太常见了，它是“專（专）”的书写变体，与“專（专）”当为异写字，《标准》说解恐不妥。随着翻阅查检的深入，笔者发现，此类问

① 参见《人民日报》（海外版），2001年9月14日第二版。

题还不少。改正这些问题，对正确了解汉字、传播汉文化以及树立文化自信有着非常重要的意义。下面就笔者所见我国文献所存《标准》中的“日本汉字”列举如下：

塀 57AA

《标准》P100：日本汉字。

按：文献中有“塀”字例证。文渊阁本《云笈七签》卷二十四：“真人号主仙华神君，姓归塀，讳度众。”此“塀”字用为姓氏。又《河南集》卷十三《赵稹墓志》：“判三司开塀司。”古籍中常见官职名称“开拆司”“三司开拆司”，此“塀”当为“拆”字之误。“拆”俗写有作“垪”[①] 者，此“塀”当为“垪”形之变。《汉语大字典》（以下简称《汉》）P474 收“塀”字，释同“墙”。而以上文献所见“塀”皆不是“墙”字异体，此二用法可补《汉》所不备。《标准》但言“塀”是“日本汉字”，不妥；而且其后附之《日本常用汉字表》也未见收录。

塀 5840

《标准》P105：①日本汉字。②韩国汉字。

《疑难字考释与研究》P84：《龙龛》卷二土部：“塀，必郢反。”《篇海》卷四土部引同。此字读“必郢反”，《龙龛》列上声，当拼读为 bǐng；《中华字海》（以下简称《字海》）读 píng，非是。

按：《疑难字考释与研究》纠正了《字海》拼读之误，但未举使用例证。我们找到了“塀”字在文献中使用的例证。文渊阁本《弇山堂别集》卷三十二、七十，《甘肃通志》卷二十六，《礼部志稿》卷七十五、七十九，《钦定续文献通考》卷二百五、二百八，《明谥纪汇编》卷十中皆有人名“邃塀”；《湖广通志》卷三十七还有通判“王塀”。“塀”字文献中用于人名。《标准》但说此为“日本汉字”“韩国汉字”，恐为失察。

岼 5CBC

《标准》P154：日本汉字。

按：文献有“岼”字使用例证。文渊阁本《明文衡》卷九十五王偁《自述诔》：“孤臣之号、庶女之恸、南音之戚、梁岼之章……”其中的“岼”字《明文海》卷二百四十九作“坪”，《闽中十子诗》卷二十六《王检讨集附录》作“岍”，王偁《虚舟集》作“岸”。就文意而言，当以“岸”为正，“岸”字手写常作“岍”形，二者为构件移位的异写字。此“岼”当为“岍”字之讹，而《明文海》之“坪”则又“岼”之讹。《标准》谓此字但为日本汉字，不妥。《汉》未收，《字海》则也认为是日本汉字，亦有不妥。

---

① 字形见我国台湾地区《异体字字典》第五版。

幉 5E49

《标准》P150：日本汉字。

按：文献有此字用例。文渊阁本《御制全唐诗》卷六百四十四李咸用《远公亭牡丹》："蕊繁蚁脚粘不行，幉迷蜂醉飞无声。"其中"幉"当为"蝶"字之讹。当是"虫"旁草写字形与"巾"形近致使"蝶"讹作"幉"。文渊阁本《御定佩文斋广群芳谱》卷三十三、《御定佩文斋咏物诗选》卷三百三十七皆录作"蝶"。《标准》以此但为日本汉字，属文献失察。《汉》《字海》和我国台湾地区《异体字字典》（第五版）（以下简称《异体字字典》）也都未见收录。

毟 6BDF

《标准》P382：日本汉字。

按：此字有汉语文献例证。文渊阁本《通雅》卷三十六："应法师旧作髦毟，葛洪改袈裟。"据此可知"髦毟"即"袈裟"。"袈裟"常写作"髦毟"，"毟"盖为"毟"之变。《标准》以"毟"但为日本汉字，失察。《汉》《字海》《异体字字典》也未收此字形。

溂 6E82

《标准》P468：日本汉字。

按：此字有汉语文献例证。文渊阁本《珊瑚网》卷二十二《严氏书品册页目》："古溂水蔷薇露十三礶。"其中的"溂"字在清卞永誉《式古堂书画汇考》卷四作"古剌水"。《汉语大词典》收"古剌水"词条："波斯语音译。一种由蔷薇花蒸馏而成的香水。古代由伊朗、阿拉伯等地传入中国。剌，也写作'喇'。"据此，则"溂"当为"剌"字加旁字，字又作"喇"，皆音译用字，无意义。又，当今网络语言中"溂"用作"哈喇子"之"喇"，亦是记音用字，无实际意义。《标准》认为此字但为日本汉字，失察。《汉》《字海》《异体字字典》也未收此字形。

澚 6F9A

《标准》P477：日本汉字。

按：此字多有文献例证。文渊阁本《宋史·列传·外国七》："淳熙间，国之酋豪尝率数百辈猝至泉之水澚围头等村肆行杀掠。""澚"字《钦定续通志》卷六百三十五字形作"澚"，二者即"澚"字异写。《钦定平定台湾纪略》卷十二："臣又随处传集滨海耆民及澚中渔户，面加奖劝。……李侍尧将原备南澚、金门、铜山、海坛各营兵一千名。"卷十三："请调南澚、金门、铜山、海坛各营兵二千名，粤兵三千名，浙兵二千名。"卷二十七："凡船只收泊港澚，遇有踪迹可疑……""澚""澚"即"澚"字。"澚"字形在手写文献中常见，就其所出现的语境来看，当即"澳"字。"奥"字手写字形中的“大”常变作“六”，故“澳”变为“澳”，“澳”末两笔如果连写，就会形成“丂”形，与“丂”形极近，故“澳”字再变而为“湾”。《标准》以为仅是日本汉字，当是对文献失察。《汉》《字海》《异体字字典》也未收此字形。

䅃 7A43

《标准》P541：日本汉字。

按：文献有“䅃”字用例。文渊阁本元李存《俟菴集》卷二十四《艾母赵氏夫人墓志铭》：“夫人讳若䅃，姓赵氏。上世宋秦王廷美，其后有居饶之余干者……”“䅃”用为人名用字。《标准》但言其为日本汉字，当为失察。《汉》《字海》《异体字字典》也未收此字形。

粫 7CAB

《标准》P652：日本汉字。

按：文献有“粫”字用例，文渊阁本《浙江通志》卷三十三、卷八十六有“籹粫关”，并注俗名“女儿关”。《钦定大清会典则例》卷一百三十六此关名作“籹粫”。就其俗名而言，“籹粫”与“女儿”读音吻合，当为正字。“籹粫”之“籹”当为“籹”之讹。“籹粫”此种意义用法《汉》未收录。《汉》P3354收“粫”，释同“糯”。《标准》释为“日本汉字”，当为失察。

縇 7E07

《标准》P726：日本汉字。

按：文献中“縇”字有使用例证。文渊阁本《钦定天禄琳琅书目》卷十《古文苑》二函十册：“是本字画颇清朗，而橅印不工，纸色亦出縇染，又伪作金粟山印记，总无以掩其为明翻宋椠之迹也。”明汪珂玉《珊瑚网》卷四十八《董玄宰论画》：“禅家有南北宗，唐时始分，画之南北二宗亦时分也，但其人非南北也。北宗则李思训父子，著色山水，流传而为宋之赵干、赵伯驹、伯骕以至马、夏辈。南宗则王摩诘，始用縇淡，一变钩斫之法，其传为张藻、荆、郭、董、巨、米家父子以至元之四大家。”宋李之仪《姑溪居士前集》卷四十五《清平乐·橘》：“西江霜后，万点縇晴昼。璀璨寄来光欲溜，正值文君病酒。画屏斜倚窗纱，睡痕犹带朝霞。为问清香绝韵，何如解语梅花。”（又见《御选历代诗餘》卷十三）明曹学佺《石仓历代诗选》卷七十五载杜牧《朱坡》：“日痕縇翠巘，陂影堕晴霓。”以上文中之“縇”用于“縇染”“縇淡”“縇晴昼”“縇翠巘”，皆当为“渲”字之讹，手写字形中的偏旁“纟”“氵”形近，转写常误。

又文渊阁本宋潘自牧《记纂渊海》卷七十八《瑟》：“《集》：縇瑟兮交鼓（楚词）。”《屈宋古音义》卷一、卷二作“緪（縆）瑟兮交鼓”，他书引此亦皆作“緪（縆）”字。字形变作“縇”当是书写讹误。

以上皆可补字书之阙。《标准》但言其为“日本汉字”，当属失察。《汉》《字海》《异体字字典》也未收此字形。

縜 7E67

《标准》P731：日本汉字。

按：文献“縜”字有用例。文渊阁本《五百家注昌黎文集·评论诂训音释诸儒名氏》载：“缙縜潘氏，名纬，著《柳文音辩》。”《四库全书总目》卷一百五十《增广注释音辨柳集四十三卷》载：“（潘）纬字仲宝，云间人。”“缙縜”用作地名，当即“缙雲”，“縜”字当是连用类化之“雲”字，今作“缙云”。盖潘纬本云间人，以缙云为潘氏望族，故托称缙云潘氏。《标准》但言“日本汉字”，当为失察。《汉》《字海》《异体字字典》也未收此字形。

蕢 8536

《标准》P687：日本汉字。

按：《汉》P3492：同“簀”。未举出处。文献也有“蕢”字使用例证。文渊阁本《毛诗稽古编》卷四《淇奥》：“绿竹如箦，毛云：‘箦，积也。’《韩诗》：‘绿薵如蕢，蕢，积也。’薛君云：‘绿薵盛，如积也。’箦、蕢字异，训积则同。”手写字形“艹”“⺮”相乱，“蕢”“箦”意义相同，当为异写字。又汉高诱《淮南鸿烈解》卷十六：“死而弃其招蕢，不怨人取之。”注：“招蕢，称死者浴床上之栭也。”今本《淮南子》正文、注释之“蕢”字皆作“簀”，文渊阁本《喻林》卷三十九引《淮南子》正文“箦”亦引作“蕢”。《汉》当补充例证。《标准》但言日本汉字，当属失察。

蟵 87F5

《标准》P610：日本汉字。

按：文献有“蟵”字例证。文渊阁本《毛诗名物解》卷十一“蟏蛸”：“郭璞曰：‘今小蜘蟵长股者，俗呼喜子。’亦如蜘蟵布网垂丝，着人衣裳。有亲客至荆州，河内之人谓之喜母。陆子曰：‘乾鹊噪而行人至，蜘蟵集而百事喜。’盖谓是也。”此文中“蜘蟵”能“布网垂丝”，当即“蜘蛛”。此段文字中的“蜘蹰”文渊阁本《陆氏诗疏广要》卷下之下引作“鼅鼄”、《埤雅》卷十引作“蜘蛛”，可证。此种“蜘蟵”又见文渊阁本《周礼订义》卷六十六：“不可救者，蝼蝮、蝎蠹、蜘蟵、蜈蚣之类皆是也。”《太平御览》卷八百三十四：“《抱朴子》曰：太昊师蜘蟵而结网。”《乐府诗集》卷四十六张祐《读曲歌五首》：“窗中独自起，帘外独自行。愁见蜘蟵织，寻思直到明。”《古诗纪》卷一百一《奉和湘东王教班婕妤》：“蜘蟵网高阁，驳藓被长廊。”此类“蟵”字当为“蛛”字更换声旁的异构字。

又电子版文渊阁本《渊颖集》卷六《余杭史生哀辞》：“呜呼！惜哉兮独踟蟵。”原文“蝒”字作“踠”，电子版误。但“蜘蝒”又确有用为“踟踠”者，文渊阁本《乐府诗集》卷四十六《读曲歌八十九首》：“时朱子尚亦善歌，复为一曲云：‘暖暖日欲冥，观骑立蜘蝒。太阳犹尚可，且愿停须臾。’于是俱蒙厚赉。”（《四部精要》本亦作“蜘蝒”。）《汉魏六朝百三家集》卷八《扬雄集·太玄赋》：“排閶阖以窥天庭兮，骑骍驤以蜘蝒。”（文渊阁本《扬子云集》卷五作“踟踠”。）《后村诗话》卷一：“银鞍何煜爚，翠盖空蜘蝒。”（文渊阁本《古乐苑》卷三十二字作“踟踠”。）据文意和异文对比可知，以上几例“蜘蝒”皆为“踟踠”之异写形式。此种写法当是因形近造成的字形讹误。

《标准》但言“日本汉字”，当属失察。《汉》《异体字字典》未收，《字海·补遗》释“音义待考”。皆可据补正。

郒 90D2

《标准》P764：日本汉字。

按：此字有文献例证。文渊阁本《六艺之一录》卷一百八十八“郎”字：“郒，鲁当切，鲁亭也。从邑，良声。借姓，又官名。又东卣（西）序，俗作廊，又宾郎木，实亦用桹、作榔并非。”此字即“郎”字篆书“”的楷定字形。《标准》但言“日本汉字”，当属失察。《汉》《字海》《异体字字典》也未收此字形。

釻 91FB

《标准》P834：日本汉字。

按：文献有“釻”字用例。文渊阁本《皇朝文献通考》卷二百三十八载《词苑丛谈》十二卷，徐釚撰。釚字电发，号虹亭，吴江人。康熙己未召试博学鸿词，授翰林院检讨。并载：“《江南通志曰》：釻少刻菊庄乐府，朝鲜贡使仇元吉见之，以金饼购去。”原文字形作“釻”，定为“釻”字是也。《玉篇·金部》：“釚，弩牙。”“徐釚”字“电发”，从名、字对应的角度来说，“釻”显然为“釚”之赘笔讹字。又文渊阁本《因园集》卷五：“泊吴閶，遇吴江徐电发釻以小舟游虎邱，共饮话旧二绝句。”其中的“釻”亦是“釚”字之误。

又文渊阁本《明谥纪汇编》卷十载成化年间有“伊王諟釻”。亦用为人名，原文字形作“釻”，定为“釻”字是也。然文渊阁本《弇山堂别集》卷七十作“伊王諟釩”。又《明史》卷一百十八载成化年间有“悼王諟釩”，《弇山堂别集》卷三十二有“悼王諟釩”、卷三十五有“諟釩绍伊王進封”，《钦定续文献通考》卷二百五亦作“諟釩”。综上，此“釻”则当为“釩”字之讹。

以上皆可补字书之阙。《标准》但言“日本文字”，当属失察。《汉》《字海》《异体字字典》也未收此字形。

鈨 9228

《标准》P835：日本汉字。

按：文献有此字用例。文渊阁本《明文海》卷三百五十一陈子壮《罪记》："是时工科给事中郭君九鼎、漳州府通判朱君统鈨各有专疏。……朱君统鈨以宗籍选授。"用于人名。又《广东通志》卷三十六有"黄鈨"，《大清一统志》卷一百十三、《山西通志》卷一百五十六有"周鈨"，《河南通志》卷六十八有"郭尔鈨"，《浙江通志》卷一百十八有"王鈨"，皆为人名。《标准》但言"日本文字"，当属失察。《汉》《字海》《异体字字典》也未收此字形。

靊 973B

《标准》P818：日本汉字。

按：此字有文献例证。文渊阁本《历代诗话》卷十四《豐隆列缺云师冻雨》："张衡《思玄赋》：'豐隆轩其震霆兮，列缺晔其照夜；云师䨗以交集兮，冻雨沛其洒途。'吴旦生曰：'靊霳，雷师。《水经》作封隆，《穆天子传》：封豐隆之葬以诏后世。'"对比可知，"豐隆"本为雷师之名，涉义加旁为"靊霳"，又因"豊""豐"形近而讹，字形变作"靊"。此种"靊"字又如：文渊阁本《式古堂书画汇考》卷五十五："侧耳将听之，疑是缣素间迸，作群靊霳，长飚无形，百草庞茸，列缺崩崖，吐出怪松……"又明胡居仁《易像钞》卷十八"震三"："雷出人皆谓自东，那知子半已靊霳，不论发半复收半，莫拟开天第一功。"《标准》但言"日本文字"，当属失察。《汉》《异体字字典》未收，《中华字海·补遗》释为"日本地名用字"。皆有未安。

駲 99F2

《标准》P220：日本汉字。

按：此字有文献例证。文渊阁本《两宋名贤小集》卷三百十三《寄吴钤幹》："猿破高唐梦，龙駲滟滪舟。"而宋高士奇《菊磵集》附录、宋陈起《江湖小集》卷四十三《寄吴钤幹》诗作："猿破高唐梦，龙馴滟滪舟。"对比可知，"駲"当为"馴"字之讹。《标准》以为"日本汉字"，当属失察。《汉》《字海》《异体字字典》也未收此字形。

鯑 9BD1

《标准》P874：日本汉字。

按：此字有文献例证。文渊阁本《粤闽巡视纪略》卷五："湄洲，一名鯑山，居大海中，周八十余里。"又《管城硕记》卷二十一："兴化府鯑山在莆田大海中，与琉球国相望。"又《陈检讨四六》卷七："鯑欲成山，龙女升天之岛。"注："《一统志》兴化府鲱山，在莆田大海中，与琉璃国相望。上有黑白石，可为碁子，有田可耕五代。”①据此可知，“鲱”为地名用字。此可补字书之阙。《标准》但言为“日本汉字”，当属失察。《汉》《字海》《异体字字典》也未收此字形。

鱛 9C5B

《标准》P881：日本汉字。

按：此字文献有使用例证，文渊阁本《渭南文集》卷五十《洞庭春色》：“人间定无可意，怎换得玉鱛丝蓴。”而《放翁词》《花草粹编》卷二十三、《御选历代诗餘》卷八十八、《词律》卷十九皆作“鱠”。“鱛”当为“鱠”字之异写。《标准》但言为“日本汉字”，当属失察。《汉》《字海》《异体字字典》也未收此字形。

鵫 9D2B

《标准》P527：日本汉字。

按：文献有“鵫”字用例，文渊阁本《太平御览》卷九百二十八：“《风土记》曰：鷖，鵫也。以名自呼，大如小鸡，生于荷叶上。”而《埤雅》卷七文作：“《风土记》曰：鷖，鷖鴨也。以名自呼，大如小鸡，生于荷叶之上。”《诗识名解》卷三亦作“鷖鴨”。则“鵫”当为“鴨”字之讹。《标准》但言为“日本汉字”，当属失察。《汉》《字海》《异体字字典》也未收此字形。

以上所述见于《标准》的日本汉字，皆随笔所记，很不全面，目的只是想要证明以上这些《标准》里的所谓的“日本汉字”我国文献都曾使用，并非日本独有。至于本人论证，错漏在所难免，望企方家指正。

（齐霄鹏：河北大学文学院，071000，保定）

① 文渊阁本《大清一统志》卷三百二十七“兴华府”中“与琉球国相望”之山名“南匿山”，一名“南日”；《明一统志》名“湄洲屿”。不知何以变为“鲱山”。

“近代汉字学”刍议

梁春胜

摘　要：近代汉字学是汉字学中新兴的分支学科。本文融汇相关研究成果，介绍了近代汉字的范围、主要资料、研究意义，近代汉字学与其他学科的关系，近代汉字学简史，并就近代汉字学的未来发展做了初步探讨。

关键词：近代汉字　俗字　近代汉字学

“近代汉字学”是以隶楷阶段的汉字为研究对象的一门新兴的学科。“近代汉字学”这一名称的提出，始于许长安《近代汉字学刍议》一文（《语文建设》1990年第5期）。我们这里采用这一术语，并对近代汉字学的相关问题做简要介绍，挂一漏万在所难免，敬祈读者不吝赐正。

一、近代汉字的范围

汉字史可以大致分为古汉字、近代汉字和现代汉字三个阶段。古汉字习惯上被称为古文字，指小篆以前的汉字，包括殷商文字、西周春秋文字、六国文字和秦系文字。近代汉字指秦汉以后至20世纪初叶使用的以隶书和楷书为主体的汉字。五四运动以来记录现代汉语的汉字则被称为现代汉字。可见近代汉字是指现代汉字之前的隶楷阶段的汉字，这就是近代汉字的范围。

有三点值得注意。一是秦至西汉早期的隶书，处于古汉字和近代汉字的过渡阶段，目前主要由古汉字学者进行研究，所以往往被划到古汉字的范围。实际上这部分文字资料对于探讨近代汉字的来源至关重要，近代汉字研究者不能忽视。二是近代汉字以隶楷为主，但这一时期的草书和行书对于隶楷文字有较大的影响，理应纳入近代汉字研究的范围。三是汉代以后的传抄古文，一般作为古汉字研究的辅助材料，但其中一些字形以隶楷形式出现，对于隶楷文字也有一定的影响，也可以纳入近代汉字的范围。

二、近代汉字的主要资料

根据文字资料载体的不同，近代汉字的研究资料主要可分为简帛、石刻、写本、刻本四类。

简帛文字资料时代较早，一般是秦汉魏晋时期的，主要有睡虎地秦简、里耶秦简、岳麓秦简、北大秦简、银雀山汉简、马王堆简帛、居延汉简、敦煌汉简、武威汉简、张家山汉简、定县汉简、尹湾汉简、三国吴简、楼兰汉晋简等。

石刻文字资料从秦汉直至民国时期历代都有，大致可分为碑碣、石阙、摩崖、墓志、造像记、画像题字、塔铭、经幢、地券、镇墓文、石经等。

写本文字资料也是从汉代以来历代都有，且时代越近发现得越多。大宗的写本资料主要有吐鲁番文书、敦煌文献、黑水城文献、域外汉籍写本、宋元以来契约文书、宋元以来小说戏曲写本、明清档案等。

刻本文字资料指宋代以来雕版印刷的古书。如按时代可分为宋刻、辽刻、金刻、元刻、明刻、清刻等；按刻书地域可分为蜀刻、闽刻、浙刻等；按刻印者可分为官刻、家刻、坊刻等；按印刷方法可分为初印本、后印本、朱印本、蓝印本、朱墨本、套印本等。

简帛、碑刻、写本三类文字材料一般由当时人写定后，未经后人改动，所以最真切地反映了书写时代的文字面貌，对于近代汉字研究而言是最重要的第一手材料。而刻本文字资料虽然数量最为庞大，情况却比较复杂：写本时代的文献在进入刻本时代后，其字形和用字往往随着刊刻时代的先后在不断地规范化和当代化，时代较早的宋刻本还较多地保留了写本时代的文字特征，时代较晚的刻本则往往离手写文字面貌越来越远。所以要研究刻本时代之前的文字，刻本文字一般只能作为辅助资料使用，并且使用时要考虑到刻本文字资料的复杂性。当然，宋代以后产生的文献的同时代刻本，如宋词的宋刻本、元曲的元刻本、明传奇的明刻本、清代小说的清刻本等，也可以作为研究这一时代文字的第一手资料使用。

三、近代汉字研究的意义

近代汉字上承古汉字，下启现代汉字，在汉字史上处于承前启后的位置。加强近代汉字的研究，主要有以下五个方面的意义：

第一，有助于构建完整的汉语文字学体系。传统的文字学偏重古汉字的研究，而对隶书以下汉字的发展演变关注不够，从而造成汉字研究中严重的头重脚轻的局面。张涌泉指出："近代汉字研究和古文字研究是车之两轮、鸟之两翼，缺一不可。"这是对近代汉字研究地位的恰如其分的评价。只有大力加强近代汉字的研究，才能勾勒出古今汉字发展演变的完整脉络，建立起完整的汉语文字学体系。

第二，有助于大型字典的修订与完善。宋代以来的大型字典收字宏富，是近代汉字研究的重要材料。但这些字典也存在贪多求大、重收字而轻考辨的问题，所以其中收入了大量形音义有问题的疑难字，给现代的大型字典编纂带来了严重的负面影响。加强近代汉字中疑难字的考释工作，则可以有效地解决这一问题，促进大型字典编纂质量的提高。

第三，有助于古文献的整理与研究。古书历经传抄和刊刻，其文本文字也在不断被当代化，字形的变迁、用字习惯的改变、有意的篡改和无意的讹误等，都会造成古书面貌逐步被改变。要想尽力恢复这些古书不同历史层次的本来面貌，就必须具备一定的近代汉字学知识。至于出土文献和写本资料，在字形和用字等方面都和现代汉字有很大差异，要整理和研究这些材料就更离不开近代汉字学知识。利用近代汉字研究的成果，不仅可以发现并解决古书文字方面的问题，而且可以为文本的断代和辨伪提供重要参考。

第四，有助于对汉字简化的正确认识。简化是汉字发展的总趋势，简化字古已有之，今天的简化字大多数在历史上就已经出现。但由于对近代汉字研究不够，当前社会上对简化字存在很多错误的认识。通过对近代汉字资料的充分发掘和系统研究，我们就可以清晰地描绘出每一个简化字发展演变的历史，从而为今天的汉字简化提供有益的参考。同时，近代汉字在总体简化的同时，也存在大量的繁化现象，这对于在汉字简化中一味求简的做法也是一种警示。

第五，有助于汉字的规范和统一。汉字异体众多，不仅在历史用字方面如此，而且在我国社会用字以及汉字文化圈用字方面同样如此。文字的不统一，不仅给现实生活中人们的交流带来了不便，而且也不利于信息时代以汉字为载体的信息的传播。目前的汉字异形现象，大都是近代汉字阶段的产物。大力加强近代汉字的研究，把每一个异体字的来龙去脉搞清楚，就可以科学地选择和淘汰字形，从而为汉字的规范和统一提供重要参考。

近代汉字的研究，对于语言、历史、考古、书法等相关学科也有一定的借鉴和促进作用，此处不再赘述。

四、近代汉字学与其他学科的关系

近代汉字学与古汉字学、简帛学、金石学、考古学、文献学、辞书学、语言学等学科都有密切的关系。

近代汉字是承古汉字而来的，其间文字形体、文字结构、用字习惯等方面的发展演变，需要研究者贯通古今，做综合和通盘的研究。所以，要研究近代汉字，就不能不对古汉字有相当的了解；而近代汉字的研究，又可以承接古汉字研究，从而构建起完整的汉语文字学体系。

秦汉简帛文字处于近代汉字的早期阶段，后代的一些字形和用字特征在秦汉简帛中就已经出现，所以对于近代汉字研究具有特殊重要的意义。研究简帛文字，就需要对简帛的形制、内容等方面有深入的了解；而对简帛文字的考释，反过来又有助于推动简帛学的发展。

传统的金石学积累了大量的近代汉字研究资料，并蕴涵着丰富的近代汉字研究成果，对今天的近代汉字研究具有重要参考价值。近代汉字学的研究成果，则可以对金石学的一些失误进行修正，从而促进金石学的健康发展。

考古发掘所获文字资料为近代汉字研究源源不断地提供了新材料，充分利用考古学知识，有助于对出土文字资料的正确解读；而文字考释方面的成果，对于考古学研究也是一种有用的参考。

近代汉字最主要的载体是写本和刻本，研究写本和刻本文字，就需要相关的古文献学知识；而对写本和刻本文字的系统整理与考释，又有助于更好地利用和研究古代文献。

古今辞书保存了大量的近代汉字形音义资料，是近代汉字研究最重要的凭借和依据，所以研究近代汉字必须具备一定的辞书学知识。由于各种原因，古今辞书又难免存在一些失误，利用近代汉字的研究成果，则可以为修订这些错误提供参考。

近代汉字学与语言学的关系也是显而易见的：研究古代语言，先须正确识读古代文字，近代汉字的研究有助于扫清语言研究的障碍；反过来，利用古代语言研究的成果，也可以有效地解决文字释读方面的很多问题。

总之，近代汉字学与很多学科关系密切，它们之间在研究内容上往往互有交叉，在研究成果方面则可以互相借鉴。近代汉字学既要重视自身的理论建设和个案研究，也要随时吸收相关学科的成果；唯有如此，近代汉字学才能不断发展壮大。

五、近代汉字学简史

传统的汉字学研究以《说文》为中心。宋代金石学兴起以后，古汉字学日益发展壮大，民国以来更成为汉字学领域成就最高、影响最大的部门。近代汉字的研究则一直以来就很薄弱，直到20世纪70年代以来情况才渐有改观。近代汉字学的历史，大致可分为三个时期，五四运动以前属于萌芽期，五四运动以后至20世纪70年代之前为过渡期，70年代以后为兴起期。

萌芽期 这一时期的近代汉字学，对于汉字的整理与研究尚处于自发阶段。这一阶段的研究者还没有明确的学科意识，其整理和研究都是出于其他目的。此时期又可按时代先后分为汉魏六朝时期、隋唐五代时期和宋元明清时期。

汉魏六朝时期是异体俗字流行的一个高峰期，这一时期的学者偏重于对异体俗字的收录。当时的字典辞书，如汉许慎的《说文解字》、晋吕忱的《字林》、梁顾野王的《玉篇》等，都在正字之外收录了大量的异体俗字。以收载俗字为主的俗字书也相继出现，如汉无名氏之《别字》、服虔之《通俗文》，魏张揖之《古今字诂》，晋葛洪之《要用字苑》，北齐颜之推之《训俗文字略》等。颜之推的《颜氏家训》一书不仅记录了一些当时通行的俗字，而且对部分俗字做了精辟的分析考辨，可以说开了近代汉字研究的先河。

隋唐时期国家统一，针对六朝时期俗字别体泛滥的情况，统治者开展了文字规范化的工作，从而兴起了一门新的学问——字样学。从内容上看，唐代的字样学大致可分为两类：一类是对社会用字进行规范，主要有颜师古的《字样》、杜延业的《群书新定字样》、郎知本的《正名要录》、颜元孙的《干禄字书》等；一类是对经书文字进行规范，主要有张参的《五经文字》、唐玄度的《九经字样》等。这一时期对异体俗字的辑录工作继续进行，陆德明的《经典释文》、释玄应的《一切经音义》、释慧琳的《一切经音义》、释可洪的《新集藏经音义随函录》、王仁昫的《刊谬补缺切韵》等所收异体俗字均极繁多，具有重要的文字学研究价值。这一时期的俗语辞书如敦煌本《字宝》《俗务要名林》等，所收多是民间日用俗语，记录它们的则是当时流行的俗字，价值也很高。颜师古的《匡谬正俗》考辨俗字的条目多较精审，对俗字研究做出了开拓性贡献。

宋元明清时期对近代汉字的整理与研究主要体现在四个方面。一是辨析字形正俗的字样书继续编纂。主要有宋郭忠恕的《佩觿》、张有的《复古编》，元周伯琦的《六书正讹》、李文仲的《字鉴》，明焦竑的《俗书刊误》，清毕沅的《经典文字辨证书》

等。二是字典辞书大量收录异体俗字。如宋代官修的《广韵》《集韵》《类篇》，辽释行均的《龙龛手镜》，金邢准的《新修玉篇》、韩道昭的《四声篇海》，明梅膺祚的《字汇》、张自烈的《正字通》，清吴任臣的《字汇补》、官修的《康熙字典》等，所收异体俗字极为宏富，但也存在重收字而轻考辨、错讹较多的情况。三是随着金石学的兴起，汇录和研究石刻文字渐成风气，重要的有宋洪适的《隶释》《隶续》，清顾炎武的《金石文字记》、王昶的《金石萃编》、陆增祥的《八琼室金石补正》等。同时还出现了一些汇录石刻异体俗字的专书，如宋娄机的《汉隶字源》、刘球的《隶韵》，清顾蔼吉的《隶辨》、邢澍的《金石文字辨异》、赵之谦的《六朝别字记》，民国杨绍廉的《金石文字辨异补编》，罗振鋆、罗振玉的《增订碑别字》，罗振玉的《碑别字拾遗》，罗福葆的《碑别字续拾》等。四是在这一时期数量众多的笔记杂著中，有一些涉及近代汉字的辨析，如宋欧阳修的《归田录》、宋祁的《宋景文公笔记》、沈括的《梦溪笔谈》、吴曾的《能改斋漫录》、范成大的《桂海虞衡志》、罗大经的《鹤林玉露》、孙奕的《示儿编》，明陶宗仪的《辍耕录》、杨慎的《艺林伐山》、方以智的《通雅》，清徐文靖的《管城硕记》、钱大昕的《十驾斋养新录》、赵翼的《陔余丛考》、王筠的《菉友蛾术编》、俞正燮的《癸巳类稿》等。这一部分材料比较零散，有待系统发掘和整理。

过渡期　此时期的近代汉字学，对于近代汉字的整理与研究体现出由自发向自觉的过渡。这种过渡主要体现在两个方面。一是在文字学中近代文字学的独立地位逐步得到确认。在中国传统的文字学中，是没有近代文字学的一席之地的。这种情况在五四运动以后逐步得到改变。唐兰在《古文字学导论》（1935）中首次将汉字分为三个时期，即上古文字、近古文字和近代文字，并指出隶书是近代文字的开山始祖。在《中国文字学》（1949）中，唐兰又提出中国文字学可以分成五大派，其中《说文》学、古文字学、六书学属于古文字学，俗文字学和字样学属于近代文字学，并认为近代文字的研究也很重要。唐兰把近代文字和古文字并立，把近代文字学和古文字学并立，这些都表明近代文字和近代文字学的独立地位开始得到承认。二是俗字的整理与研究渐受重视，相关的理论研究开始起步。清末以来的汉字简化运动，倡导使用简俗字，从而提高了俗字在人们心目中的地位。1930 年，刘复、李家瑞编的《宋元以来俗字谱》出版。该书收集了 12 种宋元明清通俗文学作品刻本中的俗字字形 6240 个，对当时的简化字运动起了有力的推动作用，同时对宋元以来刻本俗字的整理与研究也有开拓之功。1959 年，蒋礼鸿发表《中国俗文字学研究导言》一文，对俗字与正字的关系、俗字研究的现状、俗字研究的意义、俗字研究的步骤和方法等做了独到的分析和阐述，同时呼吁加强俗文字的研究。这是一篇在俗字研究史上具有导夫先路意义的重要论文，标志着俗字理论研究的起步。

兴起期 20世纪70年代以来，由于敦煌文献整理的需要，敦煌俗字开始受到学界的普遍关注，并进而带动了各种俗文字的研究。在此基础上，近代汉字学开始兴起。主要表现在两个方面。

一是近代汉字的理论研究日益深入。首先，对近代汉字名称的确定和近代汉字时段的划分逐步明确。虽然唐兰早在20世纪30年代就已经提出用“近代文字”指称隶书以后的汉字，但这一名称具有歧义，且其对汉字史的三分法也不够明晰和准确。后来又有“今文字”“现代汉字”“隶楷文字”等称呼，但都没有通行开来。费锦昌《汉字研究中的两个术语》（1989）一文，首次提出把汉字史分成三个阶段：秦代小篆和小篆以前的汉字为古代汉字，秦汉隶楷直到五四运动以前的汉字为近代汉字，五四运动以后的汉字为现代汉字。此文定名准确，分期明晰，从而奠定了科学划分汉字史的基础，其意见逐步为学界所普遍接受。其次，近代汉字研究的重要性逐渐得到学界认可。继唐兰和蒋礼鸿之后，著名学者朱德熙、裘锡圭等都曾呼吁加强近代汉字的研究。但近代汉字研究真正受到重视，还是在俗字研究兴起之后。张涌泉的《汉语俗字研究》（1995），对近代汉字的核心——俗字的方方面面做了系统阐述，因而不仅是俗字学，同时也是近代汉字学的奠基之作。此书的出版，有力地推动了俗字研究的进步，此后20年间，几乎每一种重要的俗字材料都开始有学者加以整理和研究。在此基础上，近代汉字研究的重要性日益凸显。张涌泉的《大力加强近代汉字的研究》（2003）一文，提出近代汉字研究与古汉字研究一起，构成汉语文字学的“车之两轮，鸟之两翼”，缺一不可，从而真正明确了近代汉字研究在汉字学学科体系中的地位。第三，近代汉字的理论探讨日渐展开，理论体系初现雏形。李荣的《文字问题》（1987）以明容与堂刻《水浒传》等五种晚明刻本小说用字为研究对象，不仅对很多俗字的源流演变做了深入的分析，而且对与俗字有关的字形分化、简化、繁化、类化、改换偏旁、增减笔画、同音替代和音近替代等问题做了独到的阐述，对近代汉字的理论研究有开拓之功。在近代汉字学的理论建设方面，张涌泉所取得的成绩最大，其《汉语俗字研究》（1995），在俗字理论的探索方面达到了前所未有的高度，奠定了近代汉字学的理论基础，是迄今为止近代汉字研究领域最重要的著作。曾良的《俗字及古籍文字通例研究》（2006），注意总结俗字书写和演变的通例，并利用这些通例来释读文字，为近代汉字字形演变研究做出了积极探索。王贵元的《马王堆帛书汉字构形系统研究》（1999）、陈淑梅的《东汉碑隶构形系统研究》（2005）、刘延玲的《魏晋行书构形系统研究》（2004）、齐元涛的《隋唐五代碑志楷书构形系统研究》（2007）、王立军的《宋代雕版楷书构形系统研究》（2003）、易敏的《云居寺明刻石经文字构形研究》（2005）等，运用王宁汉字构形学理论，首次对近代汉字的构件和构形系统进行了全面而细致的描写，探索了汉字演变的过程和规律，为建立科学的汉字构形史提供了依据。李运富的《汉字语用学论纲》(2005)、《汉字学新论》(2012)、《汉字职用研究·理论与应用》(2016) 等提出汉字的本体研究包括形体、结构、职用三个平面，其中形体、结构层面的研究较多，而职用层面的研究最为薄弱，因而倡导建立“汉字职用学”，加强对汉字职用方面的研究。此外，许长安的《近代汉字学刍议》(1990)、张鸿魁的《近代汉字研究的几个问题》(1994)、陈五云的《从新视觉看汉字：俗文字学》(2000)、刘金荣的《“近代汉字”刍议》(2005)、梁春胜的《楷书部件演变研究》(2013) 等，也做出了有益的探索。

二是各种文字材料的整理与研究逐步加强。最先受到重视的是敦煌写本上的异体俗字，进而扩展到字书、佛典、石刻、契约、医书、明清小说、域外汉籍、方言字等方面。

敦煌俗字方面，潘重规、蒋礼鸿、郭在贻、张涌泉、黄征等的研究贡献较大。潘重规是较早重视敦煌俗字研究的学者，强调欲通晓敦煌卷子，必先研究敦煌俗字，其所编的《敦煌俗字谱》(1978)，是第一部较大规模的直接从敦煌作品本身辑录俗字的文字编。蒋礼鸿在敦煌变文词语考释过程中，注意将俗字考释与词语考释结合起来，创获颇多。郭在贻重视敦煌俗字和俗语词的考释，并注意将二者结合，解决了大量疑难问题。张涌泉在敦煌俗字的考释和理论研究方面均有突出贡献，其《敦煌俗字研究》(1996) 是系统运用俗字理论研究敦煌俗字的第一部著作，不仅在俗字考释方面创获颇丰，而且对大量敦煌俗字的源流演变做了精细的考辨，从而勾勒字形演变的轨迹，探索字形演变的规律，为近代汉字字形的演变研究奠定了坚实基础。其主编的《敦煌经部文献合集》(2008)，是敦煌经部文献整理研究的集大成之作，内容宏富，考释精确，达到了很高的学术水准。黄征的《敦煌俗字典》(2005) 是第一部采用字形剪切技术编制的敦煌俗文字编，为近代汉字研究提供了丰富的字形资料。此外，曾良、蔡忠霖、叶贵良、张小艳、于淑健、赵家栋、赵红等在敦煌俗字研究方面也取得了一定的成绩。

字书文字方面，这一时期编写了两部大型字典——《汉语大字典》和《中华字海》。二书在承袭古代字书的基础上，又从古今文献中搜辑出大量字形，对汉字形音义做了系统的整理，前者代表了当今汉语大型字典的最高水平，后者则是迄今为止收字最多的汉语字典。在字书疑难字考释上，胡吉宣、张涌泉、杨宝忠成绩最为显著。胡吉宣的《〈玉篇〉校释》(1989) 在文字校订、字义梳理和疑难字考释等方面均有大量收获，代表了目前《玉篇》研究的最高水平。张涌泉的《汉语俗字丛考》(2000) 首次系统运用俗文字理论对大型字书疑难字加以清理和考释，创获极多，是字书疑难俗字考释的典范之作。杨宝忠的《疑难字考释与研究》(2005)、《疑难字续考》(2011)、

《疑难字三考》（2018）注重对字书贮存领域疑难字的清理与考释，首倡从字书源流关系考释疑难字，创获极丰，是继《汉语俗字丛考》之后的又一典范。此外，龙宇纯的《唐写全本王仁昫刊谬补缺切韵校笺》（1968），陈飞龙的《龙龛手鉴研究》（1974），葛信益的《广韵丛考》（1993），蒋礼鸿的《类篇考索》（1996），周志锋的《大字典论稿》（1998），孔仲温的《玉篇俗字研究》（2000），郑贤章的《龙龛手镜研究》（2004），邓福禄、韩小荆的《字典考正》（2007），吕浩的《〈篆隶万象名义〉校释》（2007），余迺永的《新校互注宋本广韵》（2008），柳建钰的《类篇新收字考辨与研究》（2011），赵振铎的《集韵校本》（2012），张磊的《〈新撰字镜〉研究》（2012），张青松的《〈正字通〉异体字研究》（2016）等，也都取得了不俗的成绩。

佛典文字方面，目前主要是对玄应、慧琳、希麟、可洪等几部佛经音义书的整理和研究，比较重要的成果有徐时仪的《慧琳音义研究》（1997）、《玄应众经音义研究》（2005）、《玄应和慧琳〈一切经音义〉研究》（2009）、《〈一切经音义〉三种校本合刊》（2012），姚永铭的《慧琳〈一切经音义〉研究》（2003），郑贤章的《〈新集藏经音义随函录〉研究》（2007）、《〈郭迻经音〉研究》（2010）、《汉文佛典疑难俗字汇释与研究》（2016），韩小荆的《〈可洪音义〉研究——以文字为中心》（2009）等。其中韩小荆的书采用截图方式编制了《可洪音义》的异体字表，对近代汉字研究尤其有用。韩国李圭甲主编的《高丽大藏经异体字典》（2000）收录高丽藏异体俗字较为丰富，然此书字形系排印，难免失真。

石刻文字方面，出版了一批石刻录文汇编之作，如赵超的《汉魏南北朝墓志汇编》（1992），毛汉光的《唐代墓志铭汇编附考》（1983—1995），周绍良、赵超的《唐代墓志汇编》（1992）、《唐代墓志汇编续集》（2001），吴钢的《全唐文补遗》（1994—2007），王其祎、周晓薇的《隋代墓志铭汇考》（2008），毛远明的《汉魏六朝碑刻校注》（2009），周阿根的《五代墓志汇考》（2012）等，收集材料很丰富，但释文也或多或少存在一些问题。秦公的《碑别字新编》（1985）、马向欣的《六朝别字记新编》（1995）、吴钢的《唐碑俗字录》（2004）、臧克和的《汉魏六朝隋唐五代字形表》（2011）、毛远明的《汉魏六朝碑刻异体字典》（2014）等，收录石刻异体俗字甚多，但误释、漏收等问题也不少。研究石刻异体俗字的专著，主要有曾良的《隋唐出土墓志文字研究及整理》（2007）、陆明君的《魏晋南北朝碑别字研究》（2009）、毛远明的《汉魏六朝碑刻异体字研究》（2012）等。

契约文字方面，出版了不少收录整理契约文书的专著，如王钰欣、周绍泉的《徽州千年契约文书》（1993），沙知的《敦煌契约文书辑校》（1998），张传玺的《中国历代契约会编考释》（1995）、《中国历代契约粹编》（2014），刘伯山的《徽州文书》

（2005—2011），黄山学院的《中国徽州文书》（2010），曹树基等的《石仓契约》（2011—2014）等。契约文书文字研究成果不多，主要有方孝坤的《徽州文书俗字研究》（2012），以及储小旵、唐智燕等的数篇研究论文。

古代医书文字方面，主要有马继兴的《敦煌医药文献辑校》（1998）、陈增岳的《敦煌古医籍校正》（2008）、沈澍农的《中医古籍用字研究》（2007）、范登脉的《黄帝内经素问校补》（2009）、彭馨的《敦煌医药卷子俗字及相关语言文字现象研究》（2008）等，沈澍农还有系列考释论文。

明清小说文字方面，主要有张鸿魁的《金瓶梅字典》（1999），周志锋的《明清小说俗字俗语研究》（2006），曾良的《明清通俗小说语汇研究》（2009）、《明清小说俗字研究》（2017）、《明清小说俗字典》（2018）等，刘敬林等亦有考释论文发表。

域外汉字方面，主要有何华珍的《日本汉字和汉字词研究》（2004）、吕浩的《韩国汉文古文献异形字研究》（2013）、梁晓虹的《日本古写本单经音义与汉字研究》（2015）等，何华珍、王晓平等还有单篇论文发表。

方言字方面，以往的研究主要侧重于方言本字的考求和现代方言字的释读，如章炳麟的《新方言》（1907）、陈伯辉的《论粤方言词本字考释》（1998）、翁寿元的《无锡、苏州、常熟方言本字和词语释义》（2014）等。陈源源的《汉语史视角下的明清吴语方言字研究》（2017）在历史方言字的研究方面做出了积极探索。

六、近代汉字学展望

近代汉字学起步不久，还有很多基础性工作需要加强和展开。主要有：

一是要加强近代汉字学的理论建设。目前的近代汉字研究者，大多为文献学或语言学专业出身，文字学理论修养相对薄弱，从而造成目前的近代汉字学理论探讨明显不足。近代汉字学者需要加强文字学尤其是古文字学方面的修养，以文字学理论为指导，从汉字史的角度来研究近代汉字。近代汉字的理论建设，主要包括字源、字形、结构和用字等方面的研究。

字源方面。汉字字量增加的一个重要途径，就是形体的孳乳分化，从而形成了一组组内部关系复杂的汉字字族谱系。字源学的研究，就是要研究每一个汉字的形体来源，以及汉字字族谱系形成、发展与演变的规律。汉字的源流分化是贯穿古今的，所以字源的研究，不仅限于古汉字领域，在近代汉字领域也同样需要。近代汉字中有大量的字来源不清楚，这是字源研究需要解决的问题。

字形方面。近代汉字异体俗字的字形，往往经历了剧烈的演变，主要有讹变、讹混、糅合、简化、繁化、类化、草书楷化、变形音化、变形义化、改换偏旁、偏旁易位、全体创造等多种情况。近代汉字字形的研究，需要在大量搜集各时期、各种文字材料异体俗字字形的基础上，排比字形演变的序列，总结字形发展演变的途径和规律，并且反过来利用这些规律分析疑难字的字形，为疑难字的考释提供理论支持。字形研究是目前近代汉字研究的重点，但目前的研究多局限于单个或某一类字形，缺乏综合和系统的研究，这也影响了字形理论方面的总结和提高。

结构方面。近代汉字的结构研究包括两个层面：共时的结构类型的分析、历时的构形方式的研究。结构类型是在共时层面上进行静态分析而归纳总结出来的汉字结构类别，包括指事、象形、会意、形声四类。构形方式则是从汉字的发生和创造机制角度总结出来的关于汉字构造的各种方式，揭示的是随着汉字体系的发展，不同结构类型的汉字分布情况的消长变化。目前近代汉字结构方面的研究较为薄弱，无论是对共时的结构类型的分析，还是对历时的构形方式的研究，都因材料占有不充分而有明显的不足之处。今后需要在尽可能全面占有各种不同时期、不同类型文字资料，并加以正确释读的基础上，加强这方面的研究。

用字方面，近代汉字在不同时期、不同地域、不同行业、不同宗教、不同阶层等多个层面，用字也往往有一定的差异，所以用字研究也应是近代汉字研究的重要内容。用字研究包括对用字习惯的研究、字词对应关系的研究、文字规范化的研究等。目前这方面的研究空白较多，今后需要重点加强。

二是要加强对近代汉字各个时期各种不同文字资料的整理与研究。目前除了敦煌和字书文字研究已经取得较大成绩外，其他文字资料的整理和研究都还很不充分。今后要加强这方面的工作，至少可以从两个方面来展开。首先是要加强文字编的编纂。编写文字编是汉字研究的基础工作，但同古汉字研究相比，近代汉字文字编少得可怜，严重制约了近代汉字研究的发展。今后这方面的工作十分繁重，可以考虑从比较重要的文字资料开始，每一种文字资料都编写出尽可能详备的字表，这样经过一定时间的积累后，就可以将这些材料整合成专题和断代的文字编，并最终整合为一部比较完备的近代汉字文字编。其次是要加强疑难字的考释。目前的疑难字考释已经取得了显著的成绩，但仍然有大量的疑难字待考，今后的考释工作同样很繁重。要全面总结已有考释成果和考释方法，从中抽绎出一些具有规律性的东西，从而为今后的疑难字考释工作提供指导。以前的疑难字考释常受制于材料，在举证方面困难较多，所以很多疑难字的考释结论因为缺乏文献用例的佐证而难成定论。今后要在各类文献文字资料的整理和搜集方面狠下功夫。唯有如此，疑难字考释的举证工作才能逐步得到改善。

三是要加强古今汉字的源流演变研究。古今汉字是一脉相承的，近代汉字的一些字形和用字特征，在古汉字和早期隶书当中就已经出现。所以汉字研究也理应贯通古今，源流并重。但在目前的汉字研究中，古汉字研究与近代汉字研究之间常常缺乏有效的沟通、交流与合作。古汉字研究有着深厚的学术积累，涌现出很多一流学者，已经取得了辉煌的成就；而近代汉字研究起步较晚，基础薄弱，虽在近年有显著进步，但就整体成绩而言，仍然远远落后于古汉字研究。目前的近代汉字研究主要研究汉隶以下的文字，而对于古汉字和早期隶书关注不够，所以近代汉字研究者往往很难及时、充分地吸收古汉字学界的研究成果，而古汉字学者也往往忽视近代汉字研究所取得的成绩。但要想建立完整的汉语文字学体系，构建完整的汉字史，这种情况就必须改变。古今汉字的源流演变研究，应是今后一个时期汉字学研究需要重点加强的一个领域。这就要求古汉字学界与近代汉字学界通力合作，加强沟通与交流，这对于双方面的研究都是有益的。近代汉字学者尤其要开阔视野，培养历史的观念，从汉字史的角度来研究汉字，力求做到每一个字形的梳理和疑难字的考释，都能放到汉字史的大背景下来展开。经过这样的长期的积累，有朝一日，编写科学完整的汉字史就会成为可能。

四是要加强理论与实践的结合。汉字研究中的理论与实践，合则双美，离则两伤。但目前的近代汉字研究，存在理论与实践相脱节的现象。从事近代汉字理论研究的学者，往往在文字资料的整理与研究方面实践不够，掌握的字形材料有限，文字考释的水平有待提高，在此基础上所做的理论探讨，也就必然缺乏深度。从事文字整理与考释的学者，则往往忽视文字学理论修养的提高，常常只见树木，不见森林，陷在具体问题的考证当中而不能自拔，因而研究成果也就是琐碎而不成系统的。今后必须解决好这种理论与实践两层皮的现象，从事文字整理与考释的研究者要加强文字学理论修养，从事理论研究的学者也要加强文字的整理与考释实践，以理论指导实践，同时从实践中丰富和深化理论。只有这样，近代汉字研究才能不断进步。

总之，近代汉字学的兴起和发展，已经并将继续改变汉字研究的格局。在不久的将来，近代汉字学将和古汉字学、现代汉字学一起，共同构建起汉字学的完整大厦。

参考文献

［1］黄德宽，陈秉新．汉语文字学史［M］．安徽教育出版社，2006.
［2］沙宗元．文字学术语规范［M］．安徽大学出版社，2008.
［3］张涌泉．大力加强近代汉字的研究［J］．浙江教育学院学报，2003（6）.
［4］景盛轩．二十年来近代汉字研究综述［J］．汉语史学报，2013（13）.

（梁春胜：河北大学文学院，071002，保定）

北朝墓志整理的新收获

——评《北朝艺术研究院藏品图录：墓志》《墨香阁藏北朝墓志》

梁春胜

摘　要：《北朝艺术研究院藏品图录：墓志》和《墨香阁藏北朝墓志》提供了一批新出土的北朝墓志材料，二书图文对照，方便阅读，释录水平也较高，但也难免还存在一些问题。本文主要从石刻文献整理的角度，谈谈笔者对二书的一点粗浅看法。

关键词：北朝　墓志　释录

近年来，北朝石刻的不断涌现，为古代文史研究提供了大批鲜活的资料，已成为学界关注的一个热点。在 2016 年岁末和 2017 年年初，我们欣然迎来了两部北朝墓志整理的新成果，即大同艺术研究院编著的《北朝艺术研究院藏品图录：墓志》① （以下简称《图录》）和叶炜、刘秀峰主编的《墨香阁藏北朝墓志》② （以下简称《墨香阁》）。二书的出版，必将进一步推动北朝历史、考古、语言、文字、书法、艺术等各方面的研究。本文主要从石刻文献整理的角度，谈一谈笔者对二书的一点粗浅看法。不当之处，敬请二书编著者和方家指正。

一

此二书的优点，主要体现在两个方面：一是图文便于对照；二是释录水平较高。

---

① 大同艺术研究院：《北朝艺术研究院藏品图录：墓志》，文物出版社 2016 年。

② 叶炜、刘秀峰：《墨香阁藏北朝墓志》，上海古籍出版社 2016 年。

（一）图文便于对照

目前学界在公布石刻资料时，一般采用三种方式。第一种是只公布图版，不加释录和标点，如北京图书馆金石组的《北京图书馆藏中国历代石刻拓本汇编》（中州古籍出版社 1989 年），赵君平的《邙洛碑志三百种》（中华书局 2004 年），赵君平、赵文成的《河洛墓刻拾零》（北京图书馆出版社 2007 年），齐渊的《洛阳新见墓志》（上海古籍出版社 2011 年），赵君平、赵文成的《秦晋豫新出墓志蒐佚》（国家图书馆出版社 2012 年），齐运通的《洛阳新获七朝墓志》（中华书局 2012 年），胡海帆、汤燕的《1996—2012 北京大学图书馆新藏金石拓本菁华》（北京大学出版社 2012 年），赵文成、赵君平的《秦晋豫新出墓志蒐佚续编》（国家图书馆出版社 2015 年），齐运通、杨建锋的《洛阳新获墓志二〇一五》（中华书局 2017 年）等。第二种是只公布释文，不附图版，如赵超的《汉魏南北朝墓志汇编》（天津古籍出版社 1992 年、2008 年），罗新、叶炜的《新出魏晋南北朝墓志疏证》（中华书局 2005 年，2016 年修订本）等。第三种是既有图版，又有释文，如中国文物研究所等的《新中国出土墓志》系列（文物出版社 2000 年以来陆续出版），洛阳市文物局的《洛阳出土北魏墓志选编》（科学出版社 2001 年），王其祎、周晓薇的《隋代墓志铭汇考》（线装书局 2007 年），毛远明的《汉魏六朝碑刻校注》（线装书局 2008 年），贾振林的《文化安丰》①（大象出版社 2011 年），王连龙的《新见北朝墓志集释》（中国书籍出版社 2013 年）等。相比较而言，第三种方式最便于读者阅读。

《图录》和《墨香阁》不约而同地都采用了最便于读者阅读的第三种方式，是很有见地的。这种公布新资料的方式，至少有两个方面的优点。

首先，读者可以利用整理者的释文，作为自己研究的基础。北朝墓志异体俗字至为繁多，加上内容包罗万象，用典极其繁富，所以释读殊为不易。要想正确释读北朝墓志，整理者至少需要具备以下知识和技能：广泛搜集拓本和精选善拓，批判继承和吸收前人成果，熟悉石刻俗字和六朝语词，了解石刻文献的文本特征，把握石刻文献的文体特征，具备一定的相关历史知识，掌握佛教语言文化的常识。当然，任何个人都不太可能完全达到这些条件，所以对于墓志的释读，常常需要集众人之力，从而逐步完善。《图录》和《墨香阁》的整理者，是北朝考古和历史研究方面的著名专家，在墓志释读和研究方面训练有素，因而所作释文水平较高，已经为这些墓志的深入研究奠定了良好基础。所以对于读者来说，二书释文当然就具有重要的参考价值。读者要想进一步展开研究，就必然要参考二书的释文。

---

① 此书释文错误较多，且有部分墓志未作释文。

其次，读者可以将图版和整理者的释文对照，既参考释文，又可以尽量避免沿袭释文的错误。以往在公布石刻新资料时，有几种不太好的做法：一是只公布释文，而不公布图版；二是只公布图版的局部而非整体；三是将石刻图版缩小，使本来就不够清晰的图版，变得更加模糊难辨。这样做的结果，就是读者在研读石刻时，即使有疑问，也因不见图版或图版不清晰而徒叹奈何，从而人为造成了石刻研究的障碍，不利于学术研究的进步。迄今为止，仍有不少石刻未曾公布完整和比较清晰的图版，石刻释读方面一些悬而未决的问题，就是因此而造成的。[①] 这不能不说是个遗憾。《图录》和《墨香阁》二书的整理者本着学术乃天下公器的原则，不仅公布墓志释文，而且尽可能提供比较清晰的图版，让读者研读时可以图文对照，从而给这批材料的进一步研究带来了极大便利。整理者的释文如果正确，读者自可信从；若整理者释文未当，读者亦可核对图版，加以订正，从而避免以讹传讹。

从读者的角度来看，《图录》和《墨香阁》这种公布新资料的方式，是非常值得肯定和欢迎的。我们也期盼二书在今后的石刻整理方面能够起到导向作用，从而逐步确立起石刻资料整理和出版的规范。

（二）释录水平较高

要想更好地利用北朝石刻资料开展研究，对其准确地加以释录和标点就是一项基础的工作。六朝石刻多异体俗讹之字，不少字的写法与规范的繁体字差异很大，对这些字加以正确地释录和校正，最能反映整理者的水平。从整体来看，二书释录比较准确，水平在同类著作中较为突出。这可以从以下两方面看出来：

首先，二书整理者虽然主要是考古和历史专业出身，都不曾专门从事语言文字方面的研究，但是难能可贵的是，他们在俗字释录方面表现出比较高的水平，不少不易辨识之字，经由他们得到了准确释读。例如：

1. 东魏任祥墓志：“长澜泌而未穷，远叶盛而不替。”（《墨香阁》34）

按：“泌”拓本作“[illegible]”，楷正应作“滵”，《墨香阁》将其字释作“泌”，甚是。“泌”训泉水流貌，句谓任祥家族源远流长、历久弥盛。此字在北朝墓志中又见于以下二例：

（1）魏元倖墓志：“芳茂玄圃，兰长梯柯。泉流清滵，水洁生波。”（《校注》4/175[②]）

（2）东魏元湛妃王令媛墓志：“有滵清原，翻追黄鸟。”（《校注》7/377）

---

① 章红梅：《新公布出土文献应注意的几个问题》，《乐山师范学院学报》2007年第9期，第67—68页。

② 毛远明：《汉魏六朝碑刻校注》（简称《校注》），线装书局2009年。斜线前的数字表册数，后表页数，下同。

例（1）“滭”拓本作“𣵀”，《汉魏南北朝墓志汇编》①《洛阳出土北魏墓志选编》②《全北魏东魏西魏文补遗》③《校注》皆照录原形而无说。今谓此字当同“泌”。《文选》卷六左思《魏都赋》：“温泉毖涌而自浪。”李善引刘渊林注：“《说文》曰：‘泌，水駃流也。’泌与毖同，音秘。”④《广雅·释言》：“毖，流也。”王念孙疏证：“《邶风·泉水》篇‘毖彼泉水’，毛传云：‘泉水始出，毖然流也。’……《陈风·衡门》篇‘泌之洋洋’，毛传云：‘泌，泉水也。’《说文》：‘泌，駃流也。’并字异而义同。”⑤可见“毖”训泉水流貌，本字是“泌”，“滭”可以说是“泌”及其借字“毖”交互影响而产生的俗体。“泉流清滭”指泉水清澈、流动迅疾之貌，此处喻指志主世系之高洁悠久。

例（2）“滭”拓本作“𣵀”，《汉魏南北朝墓志汇编》亦录作“滭”而无说。⑥《全北魏东魏西魏文补遗》释作“泌”⑦，是也。“有滭清原”典出《诗·邶风·泉水》：“毖彼泉水，亦流于淇。”毛传：“兴也。泉水始出，毖然流也。淇，水名也。”郑笺：“泉水流而入淇，犹妇人出嫁于异国。”（《十三经注疏》309页上栏⑧）“翻追黄鸟”典出《诗·周南·葛覃》：“黄鸟于飞，集于灌木，其鸣喈喈。”毛传：“黄鸟，抟黍也。灌木，丛木也。喈喈，和声之远闻也。”郑笺：“葛延蔓之时，则抟黍飞鸣，亦因以兴焉。飞集丛木，兴女有嫁于君子之道；和声之远闻，兴女有才美之称达于远方。”（《十三经注疏》276页中栏）这里连用二典，只不过是说王令媛有妇德，嫁给了君子。

《汉语大字典》收有“滭”字，引录如下：

滭 bǐ 《篇海》引《搜真玉镜》音比。水名。《水经注·渭水上》：“黑水西南出悬境峡，又西南入瓦亭川，又有滭水，自西东会。”⑨

《汉语俗字丛考》疑此字是“泌”的繁化俗字⑩，可信。“滭”在《水经注》中凡五见，分别是：

（3）《水经注》卷一三《㶟水》：“敦水又东，滭水注之，水出东阜下，西北流迳故

① 赵超：《汉魏南北朝墓志汇编》，天津古籍出版社2008年，第60页。

② 洛阳市文物局：《洛阳出土北魏墓志选编》，科学出版社2001年，第24页。

③ 韩理洲：《全北魏东魏西魏文补遗》，三秦出版社2010年，第111页。

④ ［梁］萧统编，［唐］李善注：《文选》，上海古籍出版社1986年，第267页。

⑤ ［清］王念孙：《广雅疏证》，中华书局2004年，第147页下栏。

⑥ 赵超：《汉魏南北朝墓志汇编》，第358页。

⑦ 韩理洲：《全北魏东魏西魏文补遗》，第381页。

⑧ ［清］阮元校刻：《十三经注疏》，中华书局1980年。

⑨ 汉语大字典编辑委员会：《汉语大字典（第二版）》，崇文书局、四川辞书出版社2010年，第1792页右栏。

⑩ 张涌泉：《汉语俗字丛考》，中华书局2000年，第419页。

城北，俗谓之和堆城。”（《水经注疏》1178①）

（4）《水经注》卷一七《渭水》：“黑水西南出悬镜峡，又西南入瓦亭川，又有濜水自西来会，世谓之鹿角口。”（《水经注疏》1481—1482）

（5）《水经注》卷一七《渭水》：“清水上下，咸谓之秦川。又西，羌水注焉。水北出羌谷，引纳众流，合以成溪。濜水星会，谓之小羌水。”熊会贞按：“言泉水涌出，奔赴如流星也。”（《水经注疏》1497）

（6）《水经注》卷二二《洧水》：“其渎中濜泉，南注东转为渊，渌水平潭，清洁澄深，俯视游鱼，类若乘空矣，所谓渊无潜鳞也。”（《水经注疏》1848）

（7）《水经注》卷二二《溍水》：“溍水出郐城西北鸡络坞下，东南流迳贾复城西，东南流左合濜水，水出贾复城东，南流注于溍。”（《水经注疏》1867—1868）

其中“濜水”“濜泉”之“濜”皆当同“泌”字。“泌”本指泉水疾流之貌，故水流之小者，皆可称“泌水”“泌泉”。如：

（8）《诗·陈风·衡门》：“泌之洋洋，可以樂饥。”毛传：“泌，泉水也。”郑笺：“泌水之流洋洋然，饥者见之，可饮以瘵饥。”（《十三经注疏》377页上栏）

（9）《太平御览》卷七六〇引《古今注》：“章帝章和年，铜酒爵出河内泌水。”②

（10）《水经注》卷六《文水》：“文水出文谷，东迳大陵县故城西，而南流，有泌水注之。县西南山下，武氏穿井给养，井至幽深，后一朝水溢平地，东南注文水。”（《水经注疏》594—595）

（11）《水经注》卷二四《汶水》：“汶水又西南，有泌水注之，水出肥成县东北原，西南流迳肥成县故城南。”（《水经注疏》2080）

（12）《艺文类聚》卷九南朝梁范云《悲故井诗》：“因旧未尝改，缘甘故先竭。历稔久无禽，一朝见开渫。泌泉既斯涌，短绠将安设。”③

（13）《文苑英华》卷九八吴筠《岩栖赋》：“观其缭崇峦，横峻谷，激泌泉，罗森木，后巍峨以萦纠，前参差而耸伏。”④

（14）《全唐诗》卷四九张九龄《商洛山行怀古》：“泌泉空活活，樵叟独皤皤。”（606）

“泌水”本当泛指小水流，后来才逐渐演变为某些河流的固定名称。《水经注》中

① ［北魏］郦道元注，［清］杨守敬、熊会贞疏，段熙仲点校，陈桥驿复校：《水经注疏》，江苏古籍出版社1989年。

② ［宋］李昉等：《太平御览》，中华书局1960年，第3376页下栏。

③ ［唐］欧阳询撰，汪绍楹校：《艺文类聚》，上海古籍出版社1982年，第178页。

④ ［宋］李昉等：《文苑英华》，中华书局1966年，第446页上栏。

“⿰氵毖水”“⿰氵毖泉”所指非一，亦其证也。

总之，六朝石刻和传世文献中的“⿰氵毖”皆当同“泌”，是“泌”及其借字“毖”交互影响产生的俗字。《墨香阁》将东魏任祥墓志的“⿰讠毖”释作“泌”，是完全正确的。

2. 北齐李祖勋墓志：“世宗文襄皇帝，虎文既辩，龙德方跃，贲兹束帛，牵以朱丝，乃引参大将军府军事。”（《图录》185）

按：“牵”拓本作“𡙇”，不见于古今字书，《图录》将其释作“牵”，似乎证据不足，但实际上却是完全正确的。其字乃是承袭隶书写法。汉《熹平石经·周易》“牵”或作“𡙇”①，字形完全相同；又唐扶颂“牵”作“𡙇”②，字形亦相近。皆可以比勘。“辩”读作“变”，“虎文既变，龙德方跃”，指高澄拟代魏自立。“贲兹束帛，牵以朱丝”，指高澄礼聘贤才，任以官职。志主就是于此时出任高澄大将军府参军事。谢灵运《辞禄赋》：“自牵缀于朱丝，奄二九于斯年。服缨佩于两宫，执鞭笏于宰蕃。”顾绍柏注：“晋义熙元年（405年）灵运任琅邪王大司马行参军，为第一次做官。‘自牵缀于朱丝’即指此。”③“牵缀于朱丝”指出任官职，“牵以朱丝”盖出于此。故从字形和文意两方面来看，《图录》将“𡙇”释作“牵”皆可信从。

晋王浚妻华芳墓志：“夫人李氏。”（《校注》2/342）“李”拓本作“𡙇”，邵茗生、《碑别字新编》《魏晋南北朝石刻文字整理与研究》释作“掌”④，《汉魏南北朝墓志汇编》《校注》《汉魏六朝碑刻异体字典》释作“索”⑤，皆非是。笔者曾指出其字当是“牵”字⑥，今得李祖勋墓志“牵”作“𡙇”，亦可证笔者之说不误。

3. 北周斛律丰洛墓志：“而右贤左衽，枭张猘突，攻村鸣镝，猎野射雕。公受命遄征，分师电击，黥面尽虏，罽帐咸烧。”（《图录》189）

按：“罽”拓本作“𦋺”，古今字书皆未收此形，《图录》释作“罽”，甚是。《可洪音义》“罽”或作“𦋺”（《可研》500⑦），是其切证。“罽帐”指用毛布织成的帐幕。《后汉书·文苑传上·杜笃》载其《论都赋》：“遂命票骑，勤任卫青，勇惟鹰扬，军如

---

① 汉语大字典字形组：《秦汉魏晋篆隶字形表》，四川辞书出版社1985年，第77页。

② ［清］顾蔼吉：《隶辨》，影印清玉渊堂刻本，中华书局1986年，第44页下栏。

③ 顾绍柏：《谢灵运集校注》，中州古籍出版社，1987年，第303页。

④ 邵茗生：《晋王浚妻华芳墓志铭释文》，《文物》1966年第2期，第41页；秦公：《碑别字新编》，文物出版社1985年，第202页；张颖慧：《魏晋南北朝石刻文字整理与研究》，知识产权出版社2015年，第146页。

⑤ 赵超：《汉魏南北朝墓志汇编》，第13页；毛远明：《汉魏六朝碑刻异体字典》，中华书局2014年，第859页。

⑥ 梁春胜：《楷书部件演变研究》，复旦大学2009年6月博士学位论文，第32页；又《楷书部件演变研究》，线装书局2013年，第53页。

⑦ 韩小荆：《〈可洪音义〉研究——以文字为中心》（简称《可研》），巴蜀书社2009年。

流星，深之匈奴，割裂王庭，席卷漠北，叩勒祁连，横分单于，屠裂百蛮。烧罽帐，系阏氏，燔康居，灰珍奇，椎鸣镝，钉鹿蠡，驰阬岸，获昆弥，虏儳侲，驱骡驴，驭宛马，鞭駃騠。”① “罽帐咸烧”即出此。《图录》在没有字书记载可参考的情况下，将“罽”正确地释作“罽”，是难能可贵的。

其次，二书还纠正了一些前人未释或误释的字。例如：

4. 北齐□洛墓志：“公诞应雷雨之气，禀自川岳之精，神策播以无穷，雄图迈而弥远。”（《墨香阁》254）

按：“播”拓本作“憣”，罗新②、《齐周》（89③）皆录作“憣”。字书中“憣”是“幡”的俗字④，置于此文意难通。《墨香阁》改释作“播”，甚是。北齐叱列延庆妻尔朱元静墓志“播五教于中铉”之“播”作“憣”（《北图》7/128⑤），北齐鲁景墓志“三皇播耒耜之功”作“憣”⑥，皆其比。此处“播”与“迈”对文，义亦相近。同志下文“故镌金石，式播芳猷”，“播”拓本作“憣”，罗新《新见北齐〈丰洛墓志〉考释》《齐周》录作“憣”，《墨香阁》改释作“播”，也是正确的。

5. 北齐张善相墓志：“朝云墓雨，神降阳台。泉门既合，弥感悲哉。”（《墨香阁》258）

按：“阳台”拓本作“”“”，《墨香阁》释作“阳台”，甚是。刘新晖释作“赐室”⑦，非是。《文选》卷一九宋玉《高唐赋》：“昔者先王尝游高唐，怠而昼寝，梦见一妇人曰：‘妾巫山之女也，为高唐之客。闻君游高唐，愿荐枕席。’王因幸之。去而辞曰：‘妾在巫山之阳，高丘之阻，旦为朝云，暮为行雨。朝朝暮暮，阳台之下。’”⑧“神降阳台”即本此。且“台”与“哉”押韵，若作“室”则失韵。

同志上文：“令质窈窕，雅性闲华。”“华”拓本作“蕐”，刘新晖误释作“萼”。又：“二仪变造，三后在天。克诞玉质，寔表神仙。”“仙”拓本作“仚”，刘新晖误释作“化”。《墨香阁》两处释文皆是。

---

① 《后汉书》卷八〇上，中华书局1965年，第2600页。

② 罗新：《新见北齐〈丰洛墓志〉考释》，《北朝史研究——中国魏晋南北朝史国际学术研讨会论文集》，商务印书馆2004年，第166页。

③ 韩理洲：《全北齐北周文补遗》（简称《齐周》），三秦出版社2008年。

④ 熊加全：《〈正字通〉俗讹字考》，《河北大学学报》2011年第4期，第30页。

⑤ 北京图书馆金石组：《北京图书馆藏中国历代石刻拓本汇编》（简称《北图》），中州古籍出版社1989年。

⑥ 贾振林：《文化安丰》，大象出版社2011年，第323页。

⑦ 刘新晖：《〈秦晋豫新出墓志蒐佚〉（东汉至隋）墓志研究》，西南大学2015年5月硕士学位论文，第134页。

⑧ ［梁］萧统编，［唐］李善注：《文选》，第875—876页。

6. 北齐穆建墓志："晞阳未幾，奄从栖弱。垄月徘徊，松风萧索。高深或改，贞坚永託。"（《墨香阁》190）

按："幾"拓本作"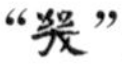"，《北朝》释作"發"（164①），非是；《墨香阁》释作"幾"，是也。魏于景墓志"昇朝未幾"之"幾"作"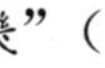"（《北图》5/47），隋段济墓志"未幾"作""（《北图》10/141），皆字形相近，可以比勘。"改"拓本作""，《北朝》缺录，《墨香阁》录作"改"，是也。"高深或改"犹"陵谷变迁"，"高"指陵，"深"指谷，语出《诗·小雅·十月》："高岸为谷，深谷为陵。""託"拓本作""，《北朝》录作"記"，非是；《墨香阁》录作"託"，亦是。"贞坚永託"即託铭贞石之意。此处"託"与上文"爵""弱""索"押韵，此四字属药部②，若作"記"则失韵。

7. 北周崔宣默墓志："愁烟旦萃，悲雾霄征，春秋何有，贞石空铭。"（《墨香阁》200）

按："旦"拓本作"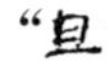"，《新出魏晋南北朝墓志疏证》③、《齐周》（45）、《校注》（10/335）释作"且"，非是；《墨香阁》释作"旦"，是也。"霄"是"宵"的俗讹或假借字，"旦"与"宵"对文而义相反。东魏元延明妃冯氏墓志："辚辚霄（宵）动，便知伯玉之车；薨薨旦闻，仍起鸡鸣之戒。"（《校注》8/88）北周封孝琰墓志："垂缨曳组，旦侍霄（宵）陪。"（《校注》10/338）亦皆是"旦""宵"对文而义相反，可以比勘。

8. 隋杨陁罗墓志："昔讨项殊勋，赤泉启封，明经驰誉，衔鱓効祥。"（《墨香阁》212）

按："鱓"拓本作""，《墨香阁》释作"鱓"，甚是。刘新晖释作"蟬"④，非是。《后汉书·杨震传》："震少好学，受《欧阳尚书》于太常桓郁，明经博览，无不穷究。诸儒为之语曰：'关西孔子杨伯起。'常客居于湖，不荅州郡礼命数十年，众人谓之晚暮，而震志愈笃。后有冠雀衔三鳣鱼，飞集讲堂前，都讲取鱼进曰：'蛇鳣者，卿大夫服之象也。数三者，法三台也。先生自此升矣。'"李贤注："《续汉》及《谢承书》'鳣'字皆作'鱓'，然则'鳣''鱓'古字通也。"⑤"衔鱓効祥"即本此。此处是追述杨氏先祖至西汉赤泉侯杨喜、东汉太尉杨震。

---

① 王连龙：《新见北朝墓志集释》（简称《北朝》），中国书籍出版社2013年。

② 周祖谟：《魏晋南北朝韵部之演变》，台湾东大图书股份有限公司1996年，第1181页。

③ 罗新、叶炜：《新出魏晋南北朝墓志疏证》，中华书局2005年，第302页。

④ 刘新晖：《〈秦晋豫新出墓志蒐佚〉（东汉至隋）墓志研究》，第150页。

⑤ 《后汉书》卷五四，第1759—1760页。

二

当然，二书在取得显著成绩的同时，也难免还存在一些不足，主要有两个方面：一是释文小有错误，二是其他方面偶疏。

（一）释文小有错误

《图录》《墨香阁》二书整体释录水平较高，但疏误也在所难免，可以分为以下五种情况：

一是字形清晰，结合文意不难辨认，因整理者疏忽而误录。例如：

9. 东魏王休墓志："君四诚在国，以死募効，时擐甲跨鞍，若神若化。"（《图录》94）

按："四"拓本作""，刘新晖录作"血"[①]，是也。魏长孙琼墓志"子侄泣血而长辞"之"血"作""（《北图》4/19），魏元焕墓志"悲零宾血"作""[②]，皆其比。"血诚"犹赤诚。

10. 东魏穆瑜墓志："府解来归，板辕塞陌，不胜去思之慕。"（《图录》106）

按："板"拓本作"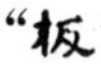"，乃是"扳"字，同"攀"。"攀辕"即"攀辕卧辙"之省，古代常用作挽留或眷念良吏的典故。

11. 北齐阴继安墓志："汉构颓基，阴亦起家。嫔嫱之美，厥名丽华。兄亨元侯，弟执谦行。神道所福，万世方牙。"（《墨香阁》84）

按："行"拓本作"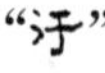"，乃是"汙"字，通行字作"污"，此处"污"又同"洿"。"洿"训窊下，"谦洿"犹"谦下"，谓谦逊、屈己待人，正合于文意。"洿"与"家""华""牙"皆为歌部字，亦合于押韵规律；而"行"则为阳部字[③]，若作"行"则失韵。

12. 北齐元瓛妻于氏墓志："辅仁効徒，与善僭条。"（《图录》112）

按："徒"拓本作"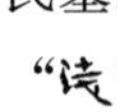"，乃是"浅"字俗写。魏和邃墓志"量弘授浅"之"浅"作"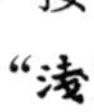"（《北图》5/74），隋宋胡墓志"松深日浅"作"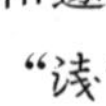"（《隋汇》1/157[④]），皆其比。"僭"拓本作"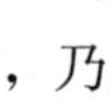"，乃是"愆"字俗写。魏刘华仁墓志"宠赏无愆之戾"的"愆"作"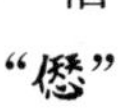"（《北图》4/103），北齐窦泰妻娄黑女墓志"遂愆与善"作""（《北图》

① 刘新晖：《〈秦晋豫新出墓志蒐佚〉（东汉至隋）墓志研究》，第 76 页。

② 洛阳市文物局：《洛阳出土北魏墓志选编》，第 320 页。

③ 周祖谟：《魏晋南北朝韵部之演变》，第 189、299 页。

④ 王其祎、周晓薇：《隋代墓志铭汇考》（简称《隋汇》），线装书局 2007 年。

7/45)，皆可比参。

13. 北齐严诠墓志：“夫君性亮，识通里表。言不曰过，行必由道。”（《墨香阁》88）

按：“曰”拓本作“口”，乃是“口”字。《孝经·卿大夫》：“言满天下，无口过。”（《十三经注疏》2547 页下栏）“言不口过”即出此。

14. 北齐陆净墓志：“而刘祯之卧，忽不起于清漳；田豫之魂，奄将游于司邺。”（《图录》121）

按：“祯”拓本作“楨”，乃是“桢”字。《文选》卷二三刘桢《赠五官中郎将》四首之二：“余婴沈痼疾，窜身清漳滨。”① 即典出于此。

15. 北齐元叡墓志：“写缟带以申诚，赋羔裘以言志。”（《墨香阁》94）

按：“写”拓本作“廌”，乃是“廌”字，六朝石刻常用作“荐”，此处是“进献”义。《左传·襄公二十九年》：“（季札）聘于郑，见子产如旧相识，与之缟带。子产献纻衣焉。”杜预注：“大带也。吴地贵缟，郑地贵纻，故各献己所贵，示损己而不为彼货利。”（《十三经注疏》2008 页下栏）“廌（荐）缟带以申诚”即本此，谓志主待友真诚。

16. 北齐崔孝直墓志：“天神地祇，川灵岳气，门袭青组，世鸣丹聲。”（《图录》133）

按：“祇”拓本作“祉”，乃是“祉”字。“地祉”指大地的福佑。北齐高 湜墓志：“地祉攸凭，天纵斯在。”（《校注》9/52）北齐和士开墓志：“门锺地祉，族秀人英。”② 皆其比。“聲”拓本作“聲”，乃是“毂”字常见俗写。

17. 北齐崔孝直妻李幼芷墓志：“已析蔓以训之，又从宅而申教。”（《图录》136）

按：“析”拓本作“折”，乃是“折”字。《方言》卷二：“传曰：慈母之怒子也，虽折蔓笞之，其惠存焉。”郭璞注：“言教在其中也。”③ “折蔓”即出此。“从”拓本作“徙”，乃是“徙”字。“徙宅”用孟母三迁之典。

18. 隋杨陁罗墓志：“光家光国，令问不已。惟史惟儒，实兼之矣。”（《墨香阁》212）

按：“史”拓本作“吏”，刘新晖录作“吏”④，是也。“吏”是指为官，“儒”是指业儒。句谓志主兼而有之。

---

① ［梁］萧统编，［唐］李善注：《文选》，第 1111 页。

② 贾振林：《文化安丰》，第 335 页。

③ 华学诚：《扬雄方言校释汇证》，中华书局 2006 年，第 118 页。

④ 刘新晖：《〈秦晋豫新出墓志蒐佚〉（东汉至隋）墓志研究》，第 150 页。

还有一些疏误，则明显是电脑录入时不慎造成的。例如：

19. 东魏沙门慧光墓志："幽矜与妙理双明，悟玄共冲旨俱远。"（《墨香阁》32）

按："矜"拓本作"衿"，乃是"衿"字。"幽衿"犹幽怀，指隐藏在内心的情感。魏邸元明碑："排儒宗之重关，撊（解）先贤之幽衿。"（《校注》3/240）可以比参。

20. 北齐韩智辉墓志："于是荣德内备，徽音外昭。"（《墨香阁》92）

按："荣"拓本作"容"，乃是"容"字。"容德"谓宽容之德。

21. 北齐崔孝直墓志："解巾从宦，忧国忘己，辞荣秋豁，自得心神。"（《图录》133）

按："秋豁"拓本作"丘""壑"，乃是"丘壑"二字。

22. 北齐崔孝直墓志："太常卿万年县开国子何健邢子才。"（《图录》133）

按："何健"拓本作"河""澗"，乃是"河涧"二字，"涧"是"间"的类化增旁俗字，"河间"是郡名。邢卲字子才，为河间郡鄚县人。

二是字形不够清晰或残损，造成整理者误释。例如：

23. 魏元愉妻杨奥妃墓志："汉太尉震之裔，晋太保骏之□世孙。"（《图录》84）

按："保"拓本作"傅"，据字形轮廓应是"傅"字，右下一点乃是泐痕。检《晋书·杨骏传》，骏曾任太傅，而未尝为太保。

24. 北齐𪎭君妻张氏墓志："暨史君薨岨，运属兆迁，殷忧□京，诚深家轨，劬劳密勿，罔懈糸枲。"（《图录》110）

按："岨"拓本作"爼"，应是"爼"字，此处读作"徂"。魏程暐墓志："爼川东逝，落影西沉。"（《图录》82）魏张卢墓志："行年八十，同月而爼。"（《校注》5/146）魏元暐墓志："惧山渊之有变，悲舟壑之爼迁。"（《校注》6/147）其中"爼"皆读作"徂"，可以比参。

"糸"拓本作"糸"，乃是"絲"字俗省。魏吐谷浑玑墓誌"絲竹声席"之"絲"作"糸"（《北图》4/38），魏穆彦妻元洛神墓志"麻枲絲爾（璽）之庸"作"糸"（《北图》5/83），东魏穆景相墓志"宣纳絲纶"作"糸"①，敦煌俗字"絲"或作"糸"②，皆其例。"絲枲"指缫丝绩麻之事。

25. 北齐闾子璨墓志："有生终灭，主理谁嗟。所凄报施，顿爽幽遐。松门一远，泉路方赊。亲宾掩面，行渡停车。"（《墨香阁》96）

按："主"拓本作"至"，乃是"至"字俗写。"至理"即指上句"有生终灭"。

① 齐运通：《洛阳新获七朝墓志》，中华书局2012年，第38页。

② 黄征：《敦煌俗字典》，上海教育出版社2005年，第381页。

“面”拓本作“”，据字形轮廓和文意，当是“涙”字。北齐元子邃墓志：“亲朋掩涙，邻里伤情。”（《校注》8/375）北齐元策墓志：“道俗云奔，行路掩涙。”① 皆可比参。

26. 北齐尉标妻王金姬墓志：“夫人姿气婉然，神仪英发。唤言垂则，顾步余晖。”（《墨香阁》118）

按：“唤”拓本作“咲”，乃是“咲”字，同“笑”。东魏李仲琁修孔庙碑“但睹其微笑而不言”之“笑”作“咲”（《北图》6/83），隋李世洛墓志“美谈笑”作“咲”②，皆其比。“笑言”即言笑、谈笑。

27. 北齐王敬妃墓志：“银江辍浪，金函无绵。兰灯徒设，桂酒留埏。”（《墨香阁》124）

按：“函”拓本作“”，当是“蠒”字，同“茧”。“银江”指古代陵墓中灌注水银制造的人工湖。《艺文类聚》卷四〇梁何逊《行经孙氏陵》：“银海终无浪，金凫会不飞。”③“银海”义同，可以比参。“金茧”犹金蚕，古代常作为随葬之物。

28. 北齐郭憋墓志：“时年春秋五十有九，皇建元年十一月廿九日，薨于京师所居宅里。悲遏永住，巷歌舂萡之声，于是绝矣。”（《图录》156）

按：“宅”拓本作“”，剔除泐痕作“宗”，乃是“宗”字。“宗里”指宗亲和乡里之人，应属下读。“遏”拓本稍有残泐，剔除泐痕作“追”，乃是“追”字。“住”拓本作“住”，据文意当是“往”字，“永往”即长逝。此处是说志主去世后，宗亲乡里之人，悲悼追怀，辍歌罢相，以示哀思。

29. 北齐高湝墓志：“乾明元年，除骠骑大将军、开府仪同三司、尚书令，领大宗正卿。古之冢宰，事无不综，虽安世休沐不出，幼陵畏慎无怠，陈矫善守职分，乐广见思后人，仰瞻三代，俯临四世。”（《墨香阁》250）

按：“四世”之“世”拓本作“”，有残泐，剔除泐痕作“子”，乃是“子”字。“四子”即指张安世、樊准（字幼陵）、陈矫、乐广四人。四人皆曾为尚书令，故志文引以为比。

三是未能正确分析字形和理解文意，将甲字误释作乙字。例如：

30. 魏王导墓志：“太和末，高祖仍居北京，九流未叙，以君弈世儒门，典仪修习，乃旨除谒者。”（《墨香阁》26）

按：“修”拓本作“攸”，当是“攸”字俗写。六朝石刻“攸”常写作此形，如魏

---

① 贾振林：《文化安丰》，第 301 页。

② 赵文成、赵君平：《秦晋豫新出墓志蒐佚续编》，国家图书馆出版社 2015 年，第 195 页。

③ ［唐］欧阳询撰，汪绍楹校：《艺文类聚》，第 733 页。

谘议元弼墓志“攸攸靡毌”之“攸”作“[illegible]”（《北图》3/41），魏穆纂墓志“辞旨攸攸”作“[illegible]”（《北图》4/102），魏元廞墓志“险要攸在”作“[illegible]”（《北图》5/103），皆其比。“攸习”即所习。《文苑英华》卷七〇陶洪《灭裂禾赋》：“虽斯言之细微，实所讽之玄奥，足以将惩躁兢，用戒浇醨，勖万代之攸习，励蒸人之所为。”（318b）可以比参。六朝石刻中“修”则未见写作此形者，故非是。

北齐李思约墓志：“赫矣洪族，修哉本系。”（《墨香阁》126）“修”拓本作“[illegible]”。北齐李法洛墓志：“洪基秀峙，本系悠长。”（《图录》162）“悠”拓本作“[illegible]”。以上二字亦皆当是“攸”字。“攸哉”指久远，“哉”为语气助词，表感叹。“攸长”谓长远。

31. 东魏朱显墓志：“朝光易昳，夕气早昏。”（《图录》96）

按：“昳”拓本作“旲”，当是“昃”字俗写。东魏李宪墓志“日昃忘飡”之“昃”作“旲”（《北图》6/52），字形相近，可以比参。“朝光易昃，夕气早昏”，喻指时光易逝，人生短暂。

32. 东魏高宝墓志：“怀橘遗亲，状曰起予，凡所属意，动辄过人。”（《图录》102）

按：“曰”拓本作“**曰**”，据文意当是“日”字。“状日”典出《后汉书·黄琼传附黄琬》：“琬字子琰，少失父，早而辩慧。祖父琼，初为魏郡太守，建和元年正月日食，京师不见，而琼以状闻。太后诏问所食多少，琼思其对而未知所况。琬年七岁，在傍，曰：‘何不言日食之余，如月之初？’琼大惊，即以其言应诏，而深奇爱之。”① “起予”出《论语·八佾》：“子曰：‘起予者，商也，始可与言诗已矣。’”何晏集解引包咸曰：“予，我也。孔子言子夏能发明我意，可与共言诗。”（《十三经注疏》2466页中栏）“状日起予”谓志主幼年聪慧。

北齐尉标墓志：“一棺有夜，九地无天。门重四五，曰罢三千。”（《墨香阁》118）“曰”拓本作“**曰**”，据文意当是“日”字。《西京杂记》卷四：“滕公驾至东都门，马鸣跼不肯前，以足跑地久之。滕公使士卒掘马所跑地，入三尺所，得石椁。滕公以烛照之，有铭焉，乃以水洗写其文，文字皆古异，左右莫能知，以问叔孙通。通曰：‘科斗书也。’以今文写之，曰：‘佳城郁郁，三千年见白日，吁嗟滕公居此室。’滕公曰：‘嗟乎天也！吾死其即安此乎？’死遂葬焉。”② “日罢三千”即本此，指志主死后身归墓穴。同志上文：“曰在悬车，礼非筋力，犹欲慕翁孙之请将，追文渊之跨马。”“曰”拓本作“**曰**”，据文意亦当是“日”字。“悬车”指七十岁，“日在悬车”指年至七十。

33. 北齐阴继安墓志：“虽秦有百死之篇，郑舍珠佩之恋，方之蔑然，何以逾矣。”

① 《后汉书》卷六一，第2040页。

② 《西京杂记》卷四，《四部丛刊》初编本，第2叶下半叶。

（《墨香阁》84）

按：“蕘”拓本作“蔑”，当是“蔑”字俗写。魏元飏妻王氏墓志“蔑以加焉”之“蔑”作“蔑”（《北图》4/15），魏杜祖悦墓志“蔑以过也”作“蔑”①，皆其例。“蔑然”犹“蔑如”，是微不足道之义，“方之蔑然”就是与他相比都微不足道。魏元郁墓志：“九族亲穆，两京振绮，斑姬之与左瑜，方之蔑然。”② 唐张彦远《历代名画记》卷五“顾恺之”：“姚最云：‘顾公之美，独擅往策，荀卫曹张，方之蔑然。”③ 皆可比参。

34. 北齐严诠墓志：“一闻酸听，戢响咨嗟。”（《墨香阁》88）

按：“戢”拓本作“戢”，据字形和文意当是“载”字俗写。《可洪音义》“载”或作“戴”（《可研》806），字形相近，可以比参。此处“载”训始，与“一”对文同义。《大唐西域记》卷首于志宁《大唐西域记序》：“洎乎成立，艺殚坟素。九皋载响，五府交辟。”④ “载响”义同，是其比。句谓为志主送葬之哀乐，始闻即令人心酸悲叹。

35. 北齐元叡墓志：“盖昭彰于家史，亦无得而称焉。”（《墨香阁》94）

按：“家”拓本作“家”，乃是“篆”字俗写。魏元钦墓志“备诸篆素”之“篆”作“篆”（《北图》5/112），隋封祖业妻崔长晖墓志“篆驷入室”作“篆”（《隋汇》1/274），皆其比。“篆史”指史书。

36. 北齐元叡墓志：“府解，兼尚书左民郎中。含香建礼，从来独宿，对指丹墀，讵曾中圣。”（《墨香阁》94）

按：“指”拓本作“揖”，乃是“揖”字俗写。魏王诵墓志“亲朋揖慕”之“揖”作“揖”（《北图》5/104），唐张行满墓志“长揖侯王”作“揖”（《北图》11/172），敦煌俗字“揖”或作“揖”⑤，皆可比参。《北堂书钞》卷六〇引《汉官仪》：“尚书郎握兰含香，趋走丹墀奏事，黄门郎与对揖。”⑥ 此处“含香建礼”“对揖丹墀”都是指志主任尚书郎。

北齐孙骥墓志：“孝义贻德，礼让安神，里仁捐其高风，乡党钦其盛则。”（《墨香阁》184）“捐”拓本作“揖”，亦是“揖”字俗写。“揖”与“钦”对文同义，是推崇、钦佩之义。“捐”一般不这样写，且释作“捐”亦文意不通。

37. 北齐陆净墓志：“其动也智，其静也仁，圆浪如珠，方流如玉。固以分枣之岁，

---

① 赵文成、赵君平：《秦晋豫新出墓志蒐佚续编》，第 60 页。

② 趙君平、趙文成：《秦晋豫新出墓志蒐佚》，国家图书馆出版社 2012 年，第 16 页。

③ ［日］冈村繁：《历代名画记译注》，上海古籍出版社 2002 年，第 270 页。

④ ［唐］玄奘、辩机原著，季羡林等校注：《大唐西域记校注》，中华书局 1985 年，第 16 页。

⑤ 黄征：《敦煌俗字典》，第 491 页。

⑥ ［唐］虞世南：《北堂书钞》，《续修四库全书》1212 册，第 287 页下栏。

珪璋有声，怀橘之年，风流斯远。”（《图录》121）

按：“声”拓本作“𦖞”，当是“闻”字古文。郭店楚简“闻”作“𦖞”[①]，《三体石经·君奭》“闻”古文作“𦖞”[②]，北齐狄湛墓志“凡在闻知”作“𦖞”（《校注》9/163），《龙龛手镜·耳部》“闻”古文作“𦖞”[③]，《玉篇·耳部》“闻”古文作“𦖞”[④]，皆其比。“珪璋”喻指高尚的品德或杰出的才能，“有闻”指有好的名声，“珪璋有闻”指以才德而闻名，释作“闻”合于文意。

38. 北齐冯昕墓志：“言辞亹亹，翰藻遍遍。”（《墨香阁》114）

按：“遍”拓本作“偏”，乃是“偏”（音 piān）字，而非“遍”之异体“偏”（音 biàn）。“偏偏”犹“翩翩”，形容文辞优美。魏长孙子梵墓志：“识宇端严，自有昂昂之量；仪行秀丽，洞得偏偏之风。”[⑤]“偏偏”义同，可以比参。

39. 北齐李思约墓志：“昔金行失政，玉升莫归，仁义独高，朝野注意，辞不获命，鼎据关陇。”（《墨香阁》126）

按：“升”拓本作“升”，据文意乃是“斗”字俗讹。东魏叔孙固墓志“玉斗殆丧”之“斗”作“升”（《北图》6/117），北齐徐彻墓志“夜击刁斗”作“升”（《北图》7/80），皆可以比参。“玉斗”喻指社稷。东魏叔孙固墓志：“永安多难，欃枪互起，玉斗殆丧，乘舆栖幸。”（《校注》8/2）徐陵《在北齐与宗室书》：“正以金衡委御，玉斗宵亡，胡贼凭陵，中原倾覆。”[⑥] 皆其例。

40. 北齐李思约墓志：“孝淳闰阃，义笃友僚。”（《墨香阁》126）

按：“闰”拓本作“閨”，据文意当是“闺”字俗写。魏王昌墓志“雍穆于闺庭”之“闺”作“閨”（《北图》4/31），可以比参。“闺阃”指家庭、家族。唐杨君妻裴氏墓志：“祖伯义，皇朝彭州刺史，即给事府君之第四子也，履历显官，至于二千石，元纯茂于闺阃，教化布于州人。”（《北图》28/36）可以比参。“闰阃”则不辞。

41. 北齐高湝墓志：“二年，复领宗正卿。若夫宗正膺彤伯之任，司马乃后稷之官，自非行苞九能，器兼五美，俞往之寄，语迹辽然。”（《墨香阁》250）

按：“彤”拓本作“肜”，当是“彤”字俗写。俗书“彤”常写作此形，如魏元愿平妻王氏墓志“凭彤管以彰烈”之“彤”作“肜”（《北图》3/128），魏王僧男墓志

① 汤余惠主编：《战国文字编》，福建人民出版社 2001 年，第 788 页。

② 徐中舒主编：《汉语古文字字形表》，四川人民出版社 1981 年，第 454 页。

③ ［辽］释行均：《龙龛手镜》，中华书局 1985 年，第 314 页。

④ ［梁］顾野王撰，［宋］陈彭年等重修：《大广益会玉篇》，中华书局 1987 年，第 24 页上栏。

⑤ 赵君平：《邙洛碑志三百种》，中华书局 2004 年，第 28 页。

⑥ ［陈］徐陵撰，许逸民校笺：《徐陵集校笺》，中华书局 2008 年，第 505 页。

"使彤管扬辉"作"肜"（《北图》4/114），隋杨纪墓志"昔彤伯之在隆周"作"肜"（《隋汇》3/106），皆其比。彤为西周封国，彤伯曾为宗正，故此处引以相比。《初学记》卷一二引《宋百官春秋》："周受命封建宗盟，始选其宗中之长而董正之，谓之宗正。成王时彤伯入为宗正，掌王亲属是也。"① 是其证。周有彤国而无肜国。

四是未能参考前人释录成果，前人不误而误释。例如：

42. 东魏王休墓志："惟道六经，偏崇射驭。"（《图录》94）

按："惟"拓本作"推"，刘新晖释作"推"②，是也。"推道六经"指推求大道于六经。《全唐文》卷七一一李德裕《扶风马公神道碑铭》："武则伸威百蛮，铸铜而表海；文则研道六经，施帐而授业。"③"研道六经"意同，可以比参。

43. 北齐韩智辉墓志："舒懆不由物候，喜惧系于颜色。"（《墨香阁》92）

按："懆"拓本作"慘"，《北朝》释作"惨"（123），是也。《文选》卷二张衡《西京赋》："夫人在阳时则舒，在阴时则惨，此牵乎天者也。"④"舒惨不由物候"即本此。

44. 北齐韩智辉墓志："既而太夫人薨，水浆不入口者数旦。虽礼教外从，而疮巨内结，钻燧屡改，体未胜衣。"（《墨香阁》92）

按："教"拓本作"殺"，《北朝》释作"殺"（123），是也。此处"殺"训减损，句谓志主守母丧，虽外从礼仪递减之制，但内心的伤痛却非常深刻。

45. 北齐薛怀儁妻皇甫艳墓志："非唯天性而然，抑亦三從所致。"（《墨香阁》156）

按："從"拓本作"徙"，《新出魏晋南北朝墓志疏证》⑤、《齐周》（109）、《校注》（9/295）皆释作"徙"，是也。"三徙"是用孟母三迁之典。

46. 北齐□洛墓志："帝以公志略坚明，气尚沈果，思藉心腹，追为内任。"（《墨香阁》254）

按："腹"拓本作"䏰"，罗新⑥、《齐周》（89）释作"膂"，是也。《可洪音义》"膂"或作"䏰"（《可研》571），《中华字海》以"䏰"同"膂"⑦，皆其比。"心膂"喻指亲信得力之人，亦合于文意。

47. 隋李君妻崔芷蘩墓志："于是阳唱阴和，号回女弼，克兹名业，内有力焉。"（《墨香阁》204）

---

① ［唐］徐坚：《初学记》，中华书局 1962 年，第 306 页。
② 刘新晖：《〈秦晋豫新出墓志蒐佚〉（东汉至隋）墓志研究》，第 75 页。
③ ［清］董诰等：《全唐文》，中华书局 1983 年，第 7298 页上栏。
④ ［梁］萧统编，［唐］李善注：《文选》，第 48 页。
⑤ 罗新、叶炜：《新出魏晋南北朝墓志疏证》，第 192 页。
⑥ 罗新：《新见北齐〈丰洛墓志〉考释》，第 166 页。
⑦ 冷玉龙、韦一心主编：《中华字海》，中华书局、中国友谊出版公司 1994 年，第 903 页右栏。

按："号"拓本作"予"，《隋汇》释作"予"（1/32），是也。魏元谭墓志"起予圣怀"之"予"作"予"（《北图》5/91），可以比参。"予回女弼"即"予违汝弼"，"回"读作"违"典籍习见①，"女""汝"则是古今字，语出《书·益稷》："予违汝弼。汝无面从，退有后言。"伪孔传："我违道，汝当以义辅正我。无得面从我违，而退后有言我不可弼。"（《十三经注疏》142页上栏）

48. 隋李希仁妻崔芷蘩墓志："驰光不住，敲体先倾。"（《墨香阁》204）

按："敲"拓本作"敲"，《隋汇》释作"敌"（1/33），是也。"敌体"谓彼此地位相当。《礼记·内则》："聘则为妻，奔则为妾。"郑玄注："妻之言齐也，以礼聘问，则得与夫敌体。"（《十三经注疏》1471页中栏）"敌体"即本此，此处代指丈夫。

49. 隋杨陁罗墓志："含章迴秀，逸气陵云。觥觥少匹，帛帛绝群。"（《墨香阁》212）

按："帛"拓本作"帛"，刘新晖释作"昂"②，是也。"觥觥"谓刚直貌，"昂昂"谓出众貌，句谓志主禀性刚直，出类拔萃，罕与伦比。魏檀宾墓志："昂昂拔群，翘翘绝侣。"（《校注》5/307）"昂昂拔群"与"昂昂绝群"表意相同，可以比参。"帛帛"不辞，故非是。

50. 隋杨陁罗墓志："冰情皎镜，桂质芳芬。聚萤躬学，吞鸟成文。"（《墨香阁》212）

按："躬"拓本作"躭"，刘新晖释作"耽"③，是也。"耳"俗书与"身"相混，"冘"俗书或讹作"兄"，"耽"遂写作"躭"。《新修玉篇·身部》"耽"俗作"**躭**"④，是其切证。"耽学"谓专心向学，正合于文意。

51. 隋段韶妻元渠姨墓志："长澜与浴日徂远，层构与极天比峻。"（《墨香阁》218）

按："徂"拓本作"**迠**"，《隋汇》释作"俱"（2/278），是也。敦煌俗字"俱"或作"**迠**"⑤，是其比。《淮南子·天文》："日出于旸谷，浴于咸池。""浴日"即出此，指咸池，为神话传说中日浴之处。句谓志主族系源远流长，出身高贵。魏穆亮妻尉氏墓志："层基与嵩崿同高，悬源共沧流俱远。"（《校注》5/68）北周柳鷟妻王令妫墓志："郁律与嵩岱齐高，浩荡共江河俱远。"⑥ 隋姬威墓志："崇基与削成并峻，清澜随委壑

---

① 冯其庸、邓安生：《通假字汇释》，北京大学出版社2006年，第232页。

② 刘新晖：《〈秦晋豫新出墓志蒐佚〉（东汉至隋）墓志研究》，第150页。

③ 刘新晖：《〈秦晋豫新出墓志蒐佚〉（东汉至隋）墓志研究》，第150页。

④ ［金］邢准：《新修玉篇》，《续修四库全书》229册影印金刻本，第33页下栏。

⑤ 黄征：《敦煌俗字典》，第211页。

⑥ 胡海帆、汤燕：《1996—2012北京大学图书馆新藏金石拓本菁华》，北京大学出版社2013年，第121页。

俱远。”（《隋汇》4/68）皆语境相同，可以比参。

52. 北齐段韶妻元渠姨墓志：“淑光之精，咸池炳灵。芬芳间出，秀祉罗生。”（《墨香阁》218）

按：“淑”拓本作“”，剔除泐痕作“氵十”，《隋汇》录作“汁”（2/278），是也。“汁光”即“汁光纪”之省，又作“叶光纪”，指古代传说五方之帝的北方黑帝，与水德相配。根据古代五德历运说，北魏为水德。“汁光之精”，是指志主先祖为北魏皇帝，这与序文部分称元渠姨为魏昭成皇帝玄孙正相应。《墨香阁》误以泐痕为笔画，以致误录。

五是标点失误。例如：

53. 东魏穆瑜墓志：“又为镇东将军大行台郎中。”（《图录》106）

按：此处当点作：“又为镇东将军、大行台郎中。”“镇东将军”是其将军号，“大行台郎中”是其所任官职。

54. 北齐王震墓志：“迁安北将军、中给事中。应阶博赡，对阅尤明。进大长秋、中尹、将军如故。”（《图录》148）

按：此处当点作：“进大长秋、中尹，将军如故。”指官职由中给事中升迁为大长秋、中尹，而将军号（安北将军）不变。

55. 北齐冯虬墓志：“乃负曜晖星，开光连月，神气嶷尔，高悬志节，郁然腾雾。”（《图录》166）

按：此处当点作：“神气嶷尔高悬，志节郁然腾雾。”如此方对仗工整，文意顺适。

56. 北齐赵静墓志：“征西将军、雍州长史秉，文纬武辩，即君之祖。”（《墨香阁》160）

按：“秉”后逗号当删，“秉文纬武”连读，不应点断，“辩”则为赵静祖父之名。

（二）其他方面偶疏

二书在释文之外，也还偶有疏失。

首先，二书图版质量普遍较高，但也有个别不甚清晰者。例如：

57.《墨香阁》所收隋李君妻王沙弥墓志图版（221），就不如《隋汇》所收图版清晰（2/299），因此还造成了几处释文失误。如“踵兹余庆，世多奇才”，“才”《墨香阁》所据拓本残泐不清，而《隋汇》所据拓本很清晰，作“士”（2/300），录作“士”。又“而□□弃世，保守孤遗，言不及财，诲唯其义。男女翕然成立，盖□教之所在，内外称为慈母，远近推曰贞姜”，“而”下二缺字《墨香阁》所据拓本残泐不清，而《隋汇》所据拓本很清晰，作“良”“人”，录作“良人”；“盖”下缺字《墨香阁》所据拓本亦残泐不清，而《隋汇》所据拓本很清晰，作“仁”，录作“仁”。《隋汇》这几处录文都是正确的，而后出的《墨香阁》却因图版问题反而缺录或误录。

其次，二书在确定墓志制作时间上也偶有可商者。例如：

58. 北齐孙显墓志："但天不佑善，降年不永，春秋七十八，大齐天统元年岁次大梁月在星纪六日甲寅，卒于邺城之左。于时里绝相杵之音，邦有殄悴之痛。即以其月廿四日壬申，窆于邺城之右豹祠西南四里。"（《墨香阁》138）

按："星纪"是十二次之一，对应十二辰之丑，"月在星纪"即为丑月，十二月为建丑之月。检《二十史朔闰表》，北齐天统元年十二月己酉朔，则六日正是甲寅，廿四日正是壬申。故此志葬日应是天统元年十二月廿四日。《墨香阁》标作"十一月廿四日"，非是。十一月为建子之月，对应十二次之"玄枵"，而非"星纪"。

59. 北齐崔宽墓志："七年二月乙未朔十三日丁酉，安厝于山零寿县临山南。君识心虚迴，干略过人，忠孝为基，慈义为本。一十有三先夫人孤弃，水浆不入口者累日，号戚便越成人。"（《图录》139）

按："乙未"之"未"拓本作"酉"，乃是"酉"字。据拓本，"于山"间尚有一字"常"，当据补。检《二十史朔闰表》，天保七年二月丙午朔[①]，干支不合。此处拓本有改刻痕迹，原作"七年二月丙午朔四日己酉"，下至"一十有三"之前，共二十九字，皆被凿去，已不可辨识。改刻后将"二"改作"干"，当是改作"十"，而上面的横画却未凿去。崔宽第一次下葬应是天保七年二月四日，墓志即是第一次下葬时所制作。第二次改葬应是"天保十年十月乙酉朔十三日丁酉"，与其父崔孝直、其母李幼芷同日下葬，仍用前志，只是做了如上改刻。但改刻时"七年"之"七"字盖因疏忽而未改，从而造成干支不合。"一十有三"前本当是"年"，其母李幼芷去世时，崔宽正年十三。第二次改葬时，凿去"年"而改刻作"本"，但如此一改，"一十有三"四字与上下文皆失去联系。《图录》指出此志书刻时间为天保七年（556 年）二月四日，这实际上是第一次的书刻时间，第二次改刻是在天保十年（559 年）十月十三日。《图录》如果能将第二次改刻时间亦揭示出来，对于读者了解该志的完整制作过程无疑是有帮助的。

（梁春胜：河北大学文学院，071002，保定）

---

① 陈垣：《二十史朔闰表》，古籍出版社 1956 年，第 77 页。